中华优秀传统文化大众化系列读物

山东省委宣传部　组编

中华智慧精华

翟江月　沈志佳 等　编著

齊魯書社　中華書局

作者：翟江月　沈志佳　艾　恺　王晓燕　路庆兰
插图：张宏宏　密善国　乙丙丁文化传媒

前　言

伟大的中华民族创造的优秀而灿烂的文化，是世界文明宝库中的珍宝。中华文化精华如璀璨浩瀚的银河，源远流长，泽被广远。以欧美一些国家为代表的西方国家接触中华文化，大概是从传教士翻译介绍中国经典开始的。这些传教士，本身大多也是优秀的翻译家和汉学家，客观上，他们对中华文化的译介无疑做出了不小的贡献。西方人开始接触中国传统文化时，他们比较感兴趣的是《周易》、老庄道家，后来是《孙子兵法》等的兵家思想和儒家学说，再后来，在国际范围内出现了“新儒家”一派。

历数家珍，首屈一指的还是《周易》，阴阳、五行、八卦、两仪四象、六十甲子等理论，我们不应该简单地将其视同为封建迷信，这是古人观天象、地理、人文，通过深入思考而总结出来的哲学规律与知识。这些深奥的哲理，既标志着古老中国文化的独创性，又体现了跟基督教“创世说”的某些方面在不同程度上的不谋而合。文化本身就有相通之处，这不足为奇，反而可以互相验证。

在《周易》之后诸子百家的活跃，标志着中国思想史上的繁荣局面，也是文化史上的空前盛事。思想哲学界百花盛开，名列群首的儒家和道家学派争相把《周易》作为自己的经典。好东西人人景仰，这也是人之常情。儒家积极入世，通常可以看作在朝派的主导思想。道家关注自我，看透人情淡泊，由庙堂转向乡野。但是道家思想因为参透人情世故以及对生命的求索而显得入骨深刻，因而也有不少的追随者。

道家思想有其深刻辩证的特点，其逻辑性和思辨性无疑都超过了儒家学说，因而受到众多学派的追捧。韩非子的法家思想里，有浓厚的道家成分。《韩非子》一书中的《解老》《喻老》篇，直接就是对《老子》的解读与诠释。韩非子可以说对老子情有独钟，《韩非子》中很多观点和说法受老子思想的影响是必然的，也是不言而喻的。

先秦诸子中，是不是只有韩非子对老子如此钟情呢？答案当然是否定的。备受全世界追捧，甚至被列为世界顶级“管理学”指导经典的《孙子兵法》，仔细读来，不难发现，其受老子浸染颇深。孙子很多光辉战略与战术的指导思想，得益于《老子》的启发。

老子的道家思想，有其过人之处。中华文化，除了《周易》，西方学界关注最多的就是道家了。儒家思想的传播和接受，在欧美，应该是晚于道家和《周易》的。“新儒家”的出现，也是相对较晚的事情。

跟《周易》与老庄道家相比，儒家思想的政治性更强，思辨性较弱。政治向来是要影响到文化的,思辨或许更多波及科学。也许正是这个原因,儒家思想的优势会在现代社会越来越凸显,会在国际政治文化大舞台上发挥越来越大的作用。

儒家思想长久以来汇集成中国意识形态的主流,繁荣复兴传统文化,就必须高扬儒家和其他各派思想学说的精华。在本书中,我们梳理了中国传统文化中有代表性的核心精华观点与学说。

本书主要从以下几方面概括介绍中华优秀传统文化:

第一,学习之道 先哲认为做人的一个重要标准就是"博学于文,约之以礼"。以此为基础,孔子最早提出了终生学习的理论,他说"吾十有五而志于学","朝闻道,夕死可矣"。他认为学习要专心致志、锲而不舍;要有诚实的学习态度——"知之为知之,不知为不知";要广泛学习,博采众家所长,所以他说:"三人行,必有我师。"他强调要把学习和思考结合起来——"学而不思则罔,思而不学则殆"。孔子十分推重《诗经》,重视《诗经》的价值、意义和功用,概括说来就是"兴观群怨"。他说:"小子何莫学夫诗。"孔子教学的一个重要科目就是《诗经》。

第二,教学之道 以孔子为代表的先贤提出了先进的教学理论和教育理念,如"有教无类""因材施教""不愤不启,不悱不发""教学相长"等。这些理论和理念,在今天仍然具有现实意义和指导意义。

第三,修身之道 先圣前贤的修身之道,至今仍然有很多值得我们学习和借鉴的,比如"贤贤易色""不怨天,不尤人"

“恭宽信敏惠”“无欲速，无见小利”“小不忍则乱大谋”“弃道听途说”“敏于事而慎于言”“行己有耻,使于四方,不辱君命”“不患莫己知,求为己知”“不迁怒,不贰过”“反求诸己”“生于忧患,死于安乐”“祸兮福之所倚,福兮祸之所伏”“知足不辱,知止不殆”“难得之货,令人行妨”“不敢为天下先”“上善若水”“仰不愧于天,俯不怍于人”“内省不疚,无恶于志”,等等,道出了为人处世、立身行事的最基本的道理。这些古训,披沙拣金,字字珠玑,千百年之下,依然可以指导我们的现实生活,成为我们做人的准则。

第四,交往之道　现今社会,越来越需要借鉴古人的交往之道,克服和消除戾气,让人与人之间互相尊重、保持和谐。人人都应该做到“居处恭,执事敬,与人忠”“推己及人”,时刻怀有“恻隐之心”,做到“老者安之,朋友信之,少者怀之”。“爱人者,人恒爱之;敬人者,人恒敬之”。如果人人都能“老吾老,以及人之老;幼吾幼,以及人之幼”,社会将充满阳光,处处和谐。

第五,君子之道　有道是“君子固穷”。一个堂堂正正的人,一个君子,不会为物质利益所困扰,任何时候,都能恪守“君子三戒”“见贤思齐”“吾日三省吾身”“躬自厚而薄责于人”“以人为本”“不以言举人,不以人废言”“过勿惮改”“德位相配”“修其身而天下平”。“德不配位,必有灾殃”这句古训,依然是颠扑不破的真理。

第六,廉洁之道　如何培养自己的德行,以配得上高位呢?“养心莫善于寡欲”。欲望是令人堕落的魔鬼。一个有修养的君子，必定能做到“富贵不能淫，贫贱不能移，威武不能屈”。古人说过，“不义而富且贵，于我如浮云”。做官从政，是为了实现富国安民、维护和平的政治理想，而不是为了自己发财致富、腐化享乐。在上位者，要时时处处把国家和人民的利益放在第一位，要处理好人民内部的关系，公平公正，服务大局，用一句古语来概括，就是“不患寡而患不均，不患贫而患不安”。

第七，仁勇之道　对照先贤，检视一下自己，看看这些标准——“克己复礼”“己所不欲，勿施于人”“己欲立而立人，己欲达而达人”“君子无终食之间违仁”“仁者安仁，知者利仁”“杀身成仁”“举直错枉”“仁以为己任”“勇者不惧”“见义勇为”，我们自己做到了哪些？

第八，孝悌之道　“百善孝为先”。这句古训，应该道出了真理吧。“孝弟者，人之本”，既然我们的身体发肤受之父母，我们也应该用自己的爱心回报、回馈父母，以报答养育之恩。孝悌，是做人的根本。每个为人父母的，都备尝生儿育女的艰辛。羊有跪乳之恩，鸦有反哺之义，禽兽都能报答养育之恩，何况人呢？

第九，治国之道　孟子说：“得道多助，失道寡助。”有道之君，必然“为政以德”“节用爱人，使民以时”。要“富之，教之”，改善人民的生活，让人民过上好日子，这才是硬道理。生活改善了，物质丰富了，还要提高国民的素养，要“道之以德，齐之以礼”，这样整个社会才能共赢互利。作为君主，自身要端正。“其身正，不令而行”，要“以正治国”，国家才能长治久安，社会才能和谐稳定。

第十，用兵之道　“兵者，不祥之器”，战争的最高境界就是消灭战争。如果真有强敌压境，不得不殊死一战的时候，就要有足够的智慧赢得战争。这一部分探讨了很多军事原理和成功战例，诸如“以奇用兵”“兵不厌诈”“利而诱之”“以逸待劳”“以仁激勇”“上兵伐谋”“远交近攻”“金蝉脱壳”“避实击虚”“知彼知己”“攻心为上”“避锐击惰”“动如雷震”“攻其不戒”“合于利动”，等等，都是军事战略的精华。

总之，中华文化博大精深，滋养了中华民族数千年，还将继续为华夏子孙提供精神和心灵的给养。不仅如此，中华优秀传统文化与智慧的精华还将惠及世界，激励和鼓舞世界人民，在国际舞台上熠熠生辉，闪闪发光。

翟江月

2017年春

目　录

第一编　学习之道

一　吾十有五而志于学

【经典】

zǐ yuē wú shí yòu wǔ ér zhì yú xué sān shí ér
子曰："吾十有（又）五而志于学，三十而

lì sì shí ér bù huò wǔ shí ér zhī tiān mìng liù shí ér ěr
立，四十而不惑，五十而知天命，六十而耳

shùn qī shí ér cóng xīn suǒ yù bù yú jǔ
顺，七十而从心所欲，不逾矩。"

lún yǔ wéi zhèng
——《论语·为政》

【解读】

孔子说："我从十五岁开始一心向学；三十岁时，便能明道守礼，立身于社会；四十岁时，便能通达事理，心无困惑；五十岁时，便能通晓天命；六十岁时，对所听到的一切都觉得可以理解；七十岁时，便能随心所欲，而不违背法度规矩。"

【人生智慧】

西方有句谚语live and learn，意思是“活到老，学到老”，也可以解读为“学无止境”。人活着，就是一个不断汲取知识、增益自己才智的过程。

孔子本人可谓终生学习的典范。不仅如此，孔子还抓住各种机会，通过各种方式，启发教育身边的人努力学习，把学习当作终生事业来坚持。

子贡是孔子弟子中比较有名的一位。在孔门四科中，子贡与宰我是“言语科”的代表。这表明，子贡和宰我都是很有口才、能言善辩的，“演讲与口才”这门课学得比较好。宰我就是那个被孔子骂作“朽木不可雕”的不成器弟子。可能他油嘴滑舌，光说不练，虽然说得动听，做得却远远不够，以至于孔子最初也被他忽悠了，后来孔子觉得这不过是个“巧言令色”的家伙，便再也不相信他的花言巧语了，于是决定“听其言而观其行”。

从现存史料来看，口才极佳的子贡，倒是没有什么不良记录。可是有一天，子贡却精神不振地对孔子说：“老师，我太累了，我要休息。总是不停地学习学习再学习，我已经厌倦了。我不想学了。”

孔子问他不学了要去做什么。

子贡说：“我打算去侍奉君主。”

孔子微微一笑，说："你忘了，《诗经》中说：'从早到晚都要温和而恭敬地去料理本职内的事务，谨慎而且严格。'你以为侍奉君主轻松吗？侍奉君主十分繁难，你怎能得到休息？"

子贡愣了，想了想，说："那我就回家侍奉父母吧，这样总能得到休息了吧？"

孔子还是微微笑着，说："你忘了，《诗经》中说：'孝顺父母，不敢荒废，不断努力，才会得到上天的赏赐。'侍奉父母也是很繁难的，你怎能得到休息？"

子贡又愣了，心里暗暗感叹自己学过的东西怎么都不记得了呢?他说："无论如何，我还是不想学了。既然侍奉君主和父母都不容易，那我就待在家里守着老婆孩子，这样总该得到休息了吧？"

孔子又笑了，说："《诗经》中说：'男子汉要给妻子做出榜样，要用正能量影响兄弟，这样才能治理好整个国家。'妻子、孩子的事情也是很繁难的，你怎能得到休息？"

子贡急了，说："那我就跟朋友们在一起吧，他们不会让我难受的。"

孔子继续笑着说："《诗经》中说：'朋友之间应该互相帮助，要本着严肃的态度相互支持。'朋友相处也很繁难，你怎能得到休息？"

子贡心中叹服老师的博学与智慧，嘴里却强辩道："大不了我回乡务农，这样总行了吧？反正，不管怎样，我就是不学了。"

孔子说："你忘了，《诗经》中说：'白天得去打茅草，晚上得去搓草绳，房子要赶快盖好，还得马上下地播种五谷。'白天黑夜，春夏秋冬，都有忙不完的农活，你怎能得到休息？"

子贡沮丧极了，无奈地看着孔子，说："这么说来，我就没有休息的机会了？"

"有啊，"孔子指着远处说，"你看那边高高隆起的坟墓，那么高，那么大，那就是休息的去处。"

子贡终于明白了。

生命来之不易，人的一生充满各种挑战与机遇，的确需要我们每一个人终生奋斗与努力。任何率性的放纵与放弃，都是对自己、对家庭、对社会的不负责任。我们要尽早树立终生学习的志向，并持之以恒，不断增加自己的知识。只有这样，才能体现出生命的价值。

二 专心致志

【经典】

jīn fú yì zhī wéi shù xiǎo shù yě bù zhuān xīn zhì zhì zé
今夫弈之为数，小数也；不专心致志，则
bù dé yě yì qiū tōng guó zhī shàn yì zhě yě shǐ yì qiū huì èr
不得也。弈秋，通国之善弈者也。使弈秋诲二
rén yì qí yī rén zhuān xīn zhì zhì wéi yì qiū zhī wéi tīng yī rén
人弈，其一人专心致志，惟弈秋之为听。一人
suī tīng zhī yī xīn yǐ wéi yǒu hóng hú jiāng zhì sī yuán gōng zhuó ér
虽听之，一心以为有鸿鹄将至，思援弓缴而
shè zhī suī yǔ zhī jù xué fú ruò zhī yǐ wèi shì qí zhì fú ruò
射之，虽与之俱学，弗若之矣。为是其智弗若
yú yuē fēi rán yě
与？曰：非然也。

mèng zǐ gào zǐ shàng
——《孟子·告子上》

【解读】

下围棋只是个小技艺,但是不专心致志,便达不到较高的境界。弈秋是全国棋艺最精湛的人,让他同时教两个人下围棋,其中一人专心致志,倾心聆听弈秋的教导;另一个人虽然看上去也在听,却一心幻想着天鹅要飞来,想象着张开弓矢把它射下来,他虽然和前者一起学,却怎么也比不上人家。是他的智力水平不如人家吗?不是的,只是他不够专心罢了。

【人生智慧】

学习,最关键的就是专心。研究结果显示,学习成绩最好的学生,通常都是学习时注意力最集中的学生。俗话说,一心不能二用,也是这个道理。如果一边听讲,大脑一边开小差,幻想着别的与学习无关的情景,或者是三天打鱼,两天晒网,不能持之以恒,都不会取得令人满意的效果。相反,一个人如果集中精力用心体悟所学的内容,便会有意想不到的收获。比如:孔子学琴过程中的深刻透彻的领悟,就让他的音乐老师——赫赫有名的乐师师襄大吃一惊。

孔子曾师从鲁国著名的乐师师襄学琴。一首曲子,孔子整整用心练习了十天。师襄说:"你可以学新曲子了。"孔子却摇摇头,说:"不行。我才学会这首曲子,节奏还把握得不够准确。"

又过了些时日,师襄说:"行了,现在你的节奏已经把握得很准确了,继续学新内容吧。"孔子又摇摇头,说:"不行。我还没有领会乐曲的主旨。”孔子继续操练同一首曲子。

师襄等了一段日子，建议道：“现在你已经把握了乐曲的主旨，可以学习新曲子了。”孔子仍然摇头，说：“还是不行。我觉得自己还没有深刻理解曲作者本人。”

就这样，很长时间过去了，终于有一天，孔子说：“现在我琢磨出来了，作者是一个思想深邃、积极乐观而且目光远大的人，应该是个王者。莫非就是周文王？除了文王，还有谁能做出这样的曲子？”

师襄听了他的话，不由得肃然起敬，钦佩地说：“是啊，当初我的老师教我时，也说这些乐章相传是周文王所作的《文王操》。”

俗语说，书读百遍，其义自见。其实，这句格言可以延伸到任何跟学习有关的领域，无论是学习知识，还是钻研艺术。

弈秋诲弈

孔子专心求学的故事，孟子的劝学名句，激励了百代而下的学子。我们上面引用的这段经典，或许也是孟子自身成长过程中经验教训的总结吧。

据说孟子小时候不愿意上学，一次逃学回家，他母亲正在埋头织布，见他回来，就问道："怎么回来这么早？"孟子漫不经心地说："不愿意学就回来了。"孟母见他一副无所谓的样子，感到十分恼火，操起剪刀，一下剪断了织好的布。

孟子第一次看到母亲这么生气，害怕极了，就问母亲为什么这样做。孟母说："你荒废学业，就如同我剪断织机上的布一样。有德行的人，学习是为了树立名声，增益智慧。智者才能安居，行事也能免于祸患。你现在荒废了学业，就难以在将来成就事业，而且难以避免祸患。假如半途而废，靠什么获取衣食来养家糊口？一个女人失去了生活来源，一个男人不能进德修业，不是沦为盗贼就是堕为奴仆。"

孟子听了很震撼，从此，他从早到晚勤奋学习，孜孜不倦，终于成为天下有名的大学者。

三　锲而不舍

【经典】

wéi shān jiǔ rèn gōng kuī yī kuì

1.为山九仞，功亏一篑。

shàng shū zhōu shū lǚ áo

——《尚书·周书·旅獒》

zǐ yuē pì rú wéi shān wèi chéng yī kuì zhǐ wú zhǐ

2.子曰："譬如为山，未成一篑；止，吾止

yě pì rú píng dì suī fù yī kuì jìn wú wǎng yě

也。譬如平地，虽覆一篑；进，吾往也。"

lún yǔ zǐ hǎn

——《论语·子罕》

mèng zǐ yuē yǒu wéi zhě pì ruò jué jǐng jué jǐng

3.孟子曰："有为者辟（譬）若掘井，掘井

jiǔ rèn ér bù jí quán yóu wéi qì jǐng yě

九轫（仞）而不及泉，犹为弃井也。"

mèng zǐ jìn xīn shàng

——《孟子·尽心上》

bù jī kuǐ bù wú yǐ zhì qiān lǐ bù jī xiǎo liú wú

4.不积跬步，无以至千里；不积小流，无

yǐ chéng jiāng hǎi qí jì yī yuè bù néng shí bù nú mǎ shí jià

以成江海。骐骥一跃，不能十步；驽马十驾，

gōng zài bù shě qiè ér shě zhī xiǔ mù bù zhé qiè ér bù shě

功在不舍。锲而舍之，朽木不折；锲而不舍，

jīn shí kě lòu

金石可镂。

xún zǐ quàn xué

——《荀子·劝学》

【解读】

1.堆九仞高的山，缺少一筐土，也不能完成。

2.孔子说："学习不可半途而废，这好比堆一座山，只差一筐土就完成了，这时停下来的话，便会前功尽弃，这是自己停下来的！学习必须自强不息，如同在平地上堆土为山，即使每次只倒一筐土，但继续倒下去，终究可以积土成山，那也是自己不懈努力的结果！"

3.孟子说："做一件正事，就好像挖井一样，不能半途而废。一口井挖到九仞深，还没挖到泉水，如果就此打住，不再深挖下去的话，仍然是一口无用的废井。"

4.不一步一步地积累，就无法到达千里之外；不汇集众多小的溪流，就不能形成江海。即便是骏马，也不能一下子跳十步；劣马跑十天，照样可以到达千里，它的成功就在于向前走，不停留。用刀子刻东西，如果半途放弃，即便是腐烂的木头也不能刻断；如果持之以恒，坚持不懈，就连金属和石头都能雕空。

【人生智慧】

行百里者半九十。唐朝名儒、大诗人韩愈说:"业精于勤荒于嬉,行成于思毁于随。"每位有成就的伟人,都是十分勤奋努力的。

牛顿是举世闻名的大科学家,他的学问,常人难以望其项背,然而他谦虚无比。他在临终时说:"我所知道的,不过是泰晤士河河滩上的一粒沙子而已。"可见学问是无止境的,必须日复一日、年复一年、孜孜不倦地勤奋学习,不断积累,最终才能获得巨大的成就。

宋朝大文学家、政治家欧阳修,四岁丧父,家中极其贫困。他母亲就用芦苇秆在沙地上教他写字,告诫他多诵读古人的

愚公移山

篇章，让他学习写诗的方法。等他稍稍长大些后，家里没有书可读，他就去邻近乡里的读书人家中借书来读，读到或优美或精辟之处，便抄写摘录下来。有时还没抄录完，他已经能够背诵。他白天黑夜刻苦攻读，废寝忘食，真正把读书当作自己的事业，所以，他从小写的诗歌、文章就非常有文采。

葛虚存《清代名人轶事》中，记载了清初大儒顾亭林好学、乐学的一则故事：顾亭林先生从少年直到老年，都是手不释卷。每次出门，都用一两匹瘦弱的马驮着书随行。路过边塞亭障时，他就招呼老兵在道路旁边喝酒，对坐痛饮，向他们咨询风土人情，考察本地情况。假如所听到的内容跟自己平生所掌握的不相吻合，他就翻阅书籍详加考证，一定做到心中没有任何疑点。骑在马上没什么事儿，他就靠着马鞍默诵各种经典及其注疏，神思专注，遇到朋友故旧也认不出来，即便坠落山谷，也无怨无悔。顾亭林先生精专勤奋到这般地步，所以才能取得别人难以匹敌的成绩，成为一代大儒、宗师。

说实话，学习是件枯燥的事情，被动学习无疑是一种痛苦。如果能够主动学习并深入地钻研下去的话，就会乐在其中。

世间任何事物都是优胜劣汰。学习也是如此。不用心学习的人，也终会被淘汰。历史的滤网中胜出的，都是努力而用心的精英。

四 知之为知之，不知为不知

【经典】

zǐ yuē yóu huì rǔ zhī zhī hū zhī zhī wéi zhī

1.子曰："由！诲女(汝)知之乎！知之为知

zhī bù zhī wéi bù zhī shì zhì yě

之，不知为不知，是知(智)也。"

lún yǔ wéi zhèng

——《论语·为政》

zhī zhī yuē zhī zhī bù zhī yuē bù zhī nèi bù zì yǐ

2.知之曰知之，不知曰不知，内不自以

wū wài bù zì yǐ qī

诬，外不自以欺。

xún zǐ rú xiào

——《荀子·儒效》

【解读】

1.孔子说："仲由，我教给你对待知或不知的正确态度吧！知道就是知道，不知道就是不知道，这才是真正的智慧。"

2.知道就说知道，不知道就说不知道，对内不欺骗自己，对外不欺骗别人。

【人生智慧】

一次，孔子到东方去游历，路上看见两个小孩正在激烈辩论，争得面红耳赤，谁也说服不了谁。孔子看了觉得有趣，就对跟在身后的弟子说："咱们过去听听孩子们在争辩什么，顺便歇歇脚，好吧？"

孔子走过去，和蔼地跟那两个孩子说："我叫孔丘，看见你们争论得这么热烈，我也想加入进来，可以吗？"

"哦，原来你就是那个孔夫子啊。听说你很有学问。好吧，那就请你来给我们评评理，看谁说得对！"一个孩子说。

孔子笑着说："好吧，你俩一个个地讲来听听吧。"

一个孩子说："我们在争论太阳什么时候离我们最近。我认为早上近，他认为中午近。你说，我们两个谁对呢？"

孔子认真地想了一会儿说："这个问题我过去没考虑过，不敢随便乱说，还是先请你俩各自把理由讲讲吧。"

一个孩子抢着说："你看，早上太阳又大又圆，像个车盖；可到了中午，太阳就变小了，只有个盘子那么大。难道不是离我们近的东西看起来大，远的东西看起来小？"

另一个孩子接着说："他说得不对。早上的太阳凉丝丝的，因为它离我们太远了；可到了中午，太阳却像开水一样热，这不

两小儿辩日

说明中午太阳离我们近吗？”

说完，两个孩子一齐看着孔子，等待他给出评判。孔子却被难住了，他反复思考了半天，还是觉得两个孩子各有道理，分不清谁对谁错。于是他老老实实地承认道：“这个问题我回答不了，等我找机会向更有学问的人请教一下，再来回答你们吧。”

两个孩子听后哈哈大笑，说：“都说你是个圣人，原来你连我们的问题都解答不了啊！”说完就转身跑了。

世界著名的物理学家丁肇中先生，四十岁时便获得了诺贝尔物理学奖。在接受采访或回答别人的提问时，他最常给出的回答竟然是“不知道”。例如有一次，他在一所大学作学术报告时，学生问他：“您觉得人类在太空能找到暗物质和反物质吗？”

他回答:“不知道。”

有个学生问:“您觉得从事的科学实验有什么经济价值吗?”他又回答:“不知道。”

又有一个学生问:“您能不能谈谈物理学未来二十年的发展方向?”他仍回答:“不知道。”

这位卓越的科学家这样说:“不知道的事情绝对不要去主观推断,而最尖端的科学很难靠判断来确定是怎么回事。”他又说:“拿诺贝尔奖,只是对很小的特殊领域有贡献,一个人不可能因为拿了诺贝尔奖,就把自己当成了什么都懂的‘万能专家’,对任何事情都可以评价,我可没有这么大的能耐。”

丁肇中先生中肯而实事求是的言行,最好地诠释了“知之为知之,不知为不知”的精髓与要义。

每个人,无论多么博学广识,都不可能是一部大百科全书。人的知识和认识总是会有一些盲区,这是无可争辩的事实。因此,完全没有必要不懂装懂。一个真正有学问、有修养的人,一定是实事求是的,对于自己未知的领域,绝对不会自欺欺人。无论学习,还是做人,都要秉承孔子的遗训——知之为知之,不知为不知,这才是最高的智慧。

五　学如不及

【经典】

zǐ yuē　xué rú bù jí　yóu kǒng shī zhī

子曰："学如不及，犹恐失之。"

lún yǔ　tài bó

——《论语·泰伯》

【解读】

孔子说："做学问好像(追逐什么似的)生怕赶不上，(赶上之后)还生怕弄丢了。"

【人生智慧】

孔子主张终生学习。他本人最看不惯的就是那种"饱食终日，无所用心"的生活方式。

逝者如斯，浪费时间就是荒废生命，荒废的生命最终会被湮没在时间的长河里。"人过留名，雁过留声"不仅仅是一句口号，更是对于生命价值和人生意义的追寻和求索。

孔子在实现政治理想无望、现实让他极端灰心失意之际，毅然选择转向典籍寻求精神慰藉，期待与古圣先贤在灵魂上的共振与共鸣。正是这种精神上的追求，让他在无望中仍然坚持一丝希望。这无疑是孔子精神上的支撑。所以，孔子晚年，集中精力校对古籍，对人类文化做出巨大的贡献。校对的过程，本身就是全心投入的学习研究过程。在这漫长的学习探索过程中，孔子曾经发出由衷的感慨，他说：“加我数年，五十以学《易》，可以无大过矣。”可见孔子深爱《易》，相见恨晚，后悔自己没有更早开始深入钻研《易》，他以为那样一来，或许可以避免人生的一些重大失误。

古今中外，好学的例子不胜枚举。马克思五十多岁时还毅

然开始学习新的外语。中国春秋时期的晋平公，作为一国之君，他政绩不凡，学问也好。七十岁时，他依然希望多读书，多长智慧，总感觉自己的知识还远远不够。毕竟七十岁的人再去学习，有很多的困难。因此，晋平公有点拿不定主意。犹豫徘徊之际，他决定去咨询贤明的臣子师旷。师旷说："我听说，人在少年时代好学，就如同获得了早晨温暖的阳光，太阳越照越亮，时间也持续得久长。人在壮年时好学，就好比获得了中午明亮的阳光，虽然中午的太阳已行进过半，可它的能量还很强大，时间也还剩许多。而人到老年时好学，虽然貌似到了日暮时分，没有了充足的阳光，可他还可以借助蜡烛啊。蜡烛的光亮虽然不够明亮，也很有限，但也总比在黑暗中摸索要好很多啊。"晋平公听后恍然大悟，高兴地说："你说得很好，的确如此！我知道该怎么做了。"

晋朝著名诗人左思，相貌丑陋，说话结巴。外形上的缺陷往往会影响一个人的心理，外表有不足的人内心也比较容易自卑。自卑的心理影响到左思的性格，他不爱交友，是个典型的宅男。但是左思内心并不屈服，他努力进取，发愤读书，终成大器。据说，他开始筹划写《三都赋》("三都"指魏都、吴都和蜀都)的时候，家中触目可及的地方，都摆放了纸和笔，床头、饭桌甚至厕所无不如此。脑海中晃动的每一个灵感的火花，心中闪现的每一个奇妙的字句，都被他及时捕捉并记录下来，连睡觉、吃饭、如厕时都不放过。他做秘书郎时，有机会接触并阅读大量的皇家图书；为了收集素材，他还曾经专程拜访另一位文学家张载，详细了解四川的情况。

十年磨一剑，左思花费了整整十年，呕心沥血，把创作融入了生命，实在令人感佩。《三都赋》完成后，一批大学者纷纷为之作序作注，给予高度评价，认为此赋的水平已经超越了名家班固、张衡的同类作品。于是，洛阳的读书人争相买纸，抄写此赋，使得洛阳城纸价飞涨，这就是“洛阳纸贵”这一典故的来历。

据说当时的另一位大文豪陆机，本来筹划创作《三都赋》，听说一个名不见经传的名叫左思的乡野鄙夫也要写《三都赋》，不禁冷笑着对他的弟弟陆云说：“等他写完了，就用那些破纸来做酒坛盖子吧。”但当陆机看到左思的《三都赋》后，大为叹服，竟然放弃自己创作《三都赋》的想法了。

六 三人行，必有我师

【经典】

zǐ yuē sān rén xíng bì yǒu wǒ shī yān zé qí shàn zhě ér
子曰：“三人行，必有我师焉。择其善者而
cóng zhī qí bù shàn zhě ér gǎi zhī
从之，其不善者而改之。”

lún yǔ shù ér
——《论语·述而》

【解读】

孔子说：“几个人一起走路，其中必定有可以做我老师的人。我学习他的优点，看到他身上的缺点就反思自我，进而改正自己身上类似的毛病。”

【人生智慧】

博学如孔子，最难能可贵的，还是他不处处好为人师的谦逊态度。一个智者，总是抓住一切机会学习。孔子有句名言——“不耻下问”，就是敢于向身份、地位、学识、年龄等均不如自己的人请教，因为孔子清楚地意识到，尺有所短，寸有所长，只要别人在某一方面有超过自己之处，就值得自己虚心学习。

孔子无疑是时人公认的智者。如果说在孔子的时代，还有什么人的整体认知水平能超越孔子的话，这个人无疑就是老子了。史上流传着孔子向老子请教学问的故事：

在孔子的家乡鲁国，尽管孔子的政治理想不被当权者采纳，但是鲁国权臣孟僖子坚持让自己的儿子孟懿子和南宫敬叔拜孔子为师。这说明，孔子的能力和才华，还是得到一些当权者钦佩的。南宫敬叔的身份、地位，对鲁国君主有不小的影响力。有一次，孔子表示想去拜望请教老子，南宫敬叔决定帮助自己的老师完成这一夙愿。于是，南宫敬叔就去跟鲁昭公请求说：“请让我和老师孔子一起前往周国京城洛邑。”鲁昭公就给了他一辆车、两匹马、一个童子、一个车夫，我们推测应该还有一笔不菲的盘缠，让他们前往洛邑向老子请教周礼。

周朝的京城洛邑有着悠久的历史和丰富的文化，老子在那里担任国家图书馆馆长。

孔子很高兴地拜会了老子，向老子请教了很多东西。老子的博学，孔子的虚心，都给彼此留下了良好而深刻的印象。孔子走的时候，双方居然都有些依依不舍了。

临别时，老子对孔子说：“我听说，富贵人家，拿财物赠人；

仁义之人，用言语赠人。我无财无势，只好冒充一下仁义之人，送几句话给你。你常说的那些东西，都是古人留下的，他们已经死了，连骨头都烂了，只留下这些话，你不能死死抱住不放。作为一个君子，遇上好世道，就坐着车子去做官；遇不上好世道，就不如像蓬草一样随风飘转。我还听说，精明的生意人都把货物囤起来，不让外人知道，就像没有货似的；品德高尚的君子都谦恭朴实，看上去傻乎乎的。你要去掉骄傲，去掉贪欲，去掉做作，去掉不切实际的妄想，这些对你都没好处。一个人聪慧明白、洞察一切，就会惹来杀身之祸，因为那样他会喜欢议论别人的是非长短；一个人博闻善辩、宽广宏大也会招来危险，因为那样他会抨击别人的丑恶。身为别人儿子时，就要忘记自身的存在；身为别人臣子时，也要忘记自身的存在。”

回国的路上，孔子反复咀嚼、思索回味着老子这番话。回到鲁国后，孔子当着弟子们的面赞美老子，觉得老子就像传说中的龙一样无法捉摸。孔子说："鸟会飞，可还是会被人射下来；鱼会游，可还是会被人钓上来；兽会跑，可还是会落网被人捕捉；只有龙，云里来，风里去，没有人能掌控它。老子就是一条龙啊。"

据说，孔子参加祭祀的时候，总是小心翼翼地询问当地的礼节，唯恐自己做得不合适，有什么失礼之处。这些小节，无疑也是孔子好学的表现。

被尊称为"诗圣"的唐朝大诗人杜甫，在总结前人和时人创作经验的诗歌《戏为六绝句》中，有两首这样写道：

其五

不薄今人爱古人，清词丽句必为邻。

窃攀屈宋宜方驾，恐与齐梁作后尘。

其六

未及前贤更勿疑，递相祖述复先谁？

别裁伪体亲风雅，转益多师是汝师！

杜甫提倡祖述前贤，转益多师，向古人学习，也向有成就的今人学习。在其《奉赠韦左丞丈二十二韵》一诗中，他写道："读书破万卷，下笔如有神。"一个有成就的人，总是谦逊而善于学习的。只有学习，才能弥补自己的不足，才能不断进步。

七　学而不思则罔，思而不学则殆

【经典】

zǐ yuē　xué ér bù sī zé wǎng　sī ér bù xué zé dài
子曰："学而不思则罔，思而不学则殆。"

lún yǔ　wéi zhèng
——《论语·为政》

【解读】

孔子说："只读书，不思考，就会陷入迷茫；只空想，不学习，就会陷入困境。"

【人生智慧】

以上几句话的意思是，一定要把学习和思考联系起来。德国哲学家叔本华也说："读书而不加以思考，决不会有心得，即使稍有印象，也浅薄而不生根，大抵在不久后又会淡忘丧失。"

叔本华的说法,跟孔子如出一辙。英国著名哲学家、经验主义的创始人洛克曾经说过:“阅读只能供给知识的材料,若要据为己有,必须依靠思索之力。”古今中外学习与思考结合的理论,应用到现实中,就要求把理论和实践结合起来。学习和思考脱离,理论和实践脱节,往往导致事倍功半。

这里,我们举一个反面的例子予以说明。战国时期,赵国大将赵奢曾以少胜多,大败秦军,被赵惠文王提拔为上卿。赵奢的儿子赵括,从小熟读兵书,张口谈论军事,没有人能说得过他。赵括因此很骄傲,自以为天下无敌。父亲赵奢却感到很担忧,认为他不过是纸上谈兵。赵奢预言说:“将来赵国不用赵括为将便罢,如果任用他为将军,他一定会使赵军遭受失败。”

后来,秦国大军进犯,赵军在长平(今山西高平市附近)坚决抗敌。那时,赵奢将军已经去世,廉颇负责指挥全军。廉颇将

军虽然年事已高，但战略战术仍然十分高明，秦军无法取胜。

秦国知道，远征别国，战事拖延下去对己方必然不利，想速战速决，于是就策划实施了反间计。秦国派人到赵国散布“秦军最害怕赵奢的儿子赵括”的言论。赵王闻听，连忙派赵括代替廉颇指挥作战。赵括自认为饱读兵书，死搬兵书上的条文，完全改变了廉颇的作战方案。结果，四十多万赵军被斩杀、活埋，赵括自己也被秦军乱箭射中而身亡。

八 小子何莫学夫诗

【经典】

zǐ yuē xiǎo zǐ hé mò xué fú shī shī kě yǐ xīng kě

子曰："小子何莫学夫诗？诗，可以兴，可

yǐ guān kě yǐ qún kě yǐ yuàn ěr zhī shì fù yuǎn zhī shì jūn

以观，可以群，可以怨。迩之事父，远之事君；

duō shí yú niǎo shòu cǎo mù zhī míng

多识于鸟兽草木之名。"

lún yǔ yáng huò

——《论语·阳货》

【解读】

孔子说："年轻人怎么不用心钻研诗呢？读诗，可以触发人的感情意志，可以考察社会政治和人心之得失，可以团结朋友，可以抒发怨愤不平之志。近可以侍奉父母，远可以侍奉国君；还可以多认识鸟兽草木的名称。"

【人生智慧】

有一天，孔子的弟子陈亢看见孔子的儿子孔鲤独自站在院子里，觉得是个好机会，就走上前试探孔鲤："你父亲有没有给你开过小灶，单独教过你什么？"

孔鲤很认真地说："没有啊！有一天父亲独自站在院子里，我快步从他身边经过时，他叫住我，问：'你学诗了没？'我老实回答：'没有。'他就说：'你不学诗，就没法开口跟人交谈。'我回去后就赶紧开始学诗。还有一次，他又独自站在院子里，我快步从他身边走过时，他又叫住我，问：'你学礼了没有？'我只得乖乖地承认说：'没有。'他说：'你不学礼，就不能立身行事。'我回去后就赶紧开始学礼。我就听过这两次。"

听了孔鲤一番话，陈亢很高兴，回去就跟人说："我问了一个问题，明白了三个道理：一是学诗的重要性，二是学礼的重要性，三是知道了君子不偏袒私爱自己的儿子。"

从这个故事，我们可以看出，孔子对于自己的亲生儿子和其他弟子都一视同仁，没有心存私念而单独给自己的儿子开小灶。孔子要求年轻人必须努力学习"诗"和"礼"。关于"礼"，我们将在下文展开论述。这里先探讨一下"诗"。

孔子要求儿子学习的"诗"，实际上就是后来人经常提到的《诗经》。孔子晚年政治失意转而治学的时候，曾经整理过《诗经》。孔子十分重视《诗经》这部优秀的典籍，他曾经说过，年轻人一定要好好学习《诗经》。在孔子看来,《诗经》的作用十分广泛,意义非常深远。在另一种场合,他同样教育孔鲤要读《诗经》,尤其要仔细琢磨推敲《诗经》中的《周南》《召南》,孔子强调说,如果一个人不深入学习《周南》《召南》,就很容易在人生之路上碰壁。

在孔子所处的时代,《诗经》毫无疑问是文学创作史上具有集大成意义的巅峰之作。在今天看来,《诗经》的内容及其所反映的社会生活都非常丰富,所以孔子认为《诗经》具有“兴观群怨”的强大功能。但是孔子对于《诗经》,更多的还是从其儒家正统的视角予以关注。孔子曾经说:“《诗经》三百篇,用一句话来概括它,就是‘思无邪’。”“思无邪”的意思就是心思纯正,内心不存私欲和杂念。相传,他还亲自整理过《诗经》,并将其作为向学生教授的六艺之一。在《论语》中,我们可以注意到,孔子与人交谈时,经常引用《诗经》中的句子,信手拈来,如话家常。这些都可以看出,孔子对《诗经》十分熟悉,也体现出他对《诗经》由衷的喜爱。

九 博学于文，约之以礼

【经典】

zǐ yuē jūn zǐ bó xué yú wén yuē zhī yǐ lǐ yì kě
1.子曰："君子博学于文，约之以礼，亦可
yǐ fú pàn yǐ fú
以弗畔（叛）矣夫！"

lún yǔ yōng yě
——《论语·雍也》

zǐ jiàn zī cuī zhě miǎn yī cháng zhě yǔ gǔ zhě jiàn zhī
2.子见齐衰者、冕衣裳者与瞽者，见之，
suī shào bì zuò guò zhī bì qū
虽少，必作；过之，必趋。

lún yǔ zǐ hǎn
——《论语·子罕》

xiāng rén yǐn jiǔ zhàng zhě chū sī chū yǐ
3.乡人饮酒，杖者出，斯出矣。

lún yǔ xiāng dǎng
——《论语·乡党》

zǐ yuē jūn zǐ yì yǐ wéi zhì lǐ yǐ xíng zhī xùn
4.子曰："君子义以为质，礼以行之，孙

yǐ chū zhī xìn yǐ chéng zhī jūn zǐ zāi
（逊）以出之，信以成之，君子哉！”

lún yǔ wèi líng gōng
——《论语·卫灵公》

【解读】

1.孔子说：“君子广泛地学习文化知识，再用礼节来约束自己，就不至于离经叛道了。”

2.孔子遇见穿着丧服的人、穿戴礼帽礼服的人，以及盲人的时候，即使他们比自己年轻，孔子也一定要站起身来；走过他们身边的时候，一定会快走几步。

3.孔子行乡饮酒礼之后，一定要等到老年人都出去了，自己才肯出去。

4.孔子说：“君子（对于事业），以合宜为原则，依礼节实行它，用谦逊的言语表达它，用诚实的态度完成它。这才是君子啊！”

【人生智慧】

在上一节的“人生智慧”部分，我们已经提到了孔子对自己的儿子孔鲤说“不学礼，无以立”。在《论语》中，“礼”字出现的次数绝不少于“诗”，而且仔细品读《论语》，我们就会发现，孔子对礼的重视也绝不亚于《诗经》。

在学生孟懿子、樊迟向孔子问孝道时,孔子回答说:“生,事之以礼;死,葬之以礼,祭之以礼。”在讲到治民之道时,孔子又说:“道之以德,齐之以礼,有耻且格。”孔子还说“克己复礼”为仁。孔子所谓的“礼”,主要是指“周礼”。孔子终身的理想就是要恢复周礼,他认定周朝的礼法是值得百世万代传承的。从现在流传下来的文献来看,周朝的礼法相当复杂,渗透在国家和人民生活的各个方面。比如,周天子每年秋冬之交把历书颁给诸侯。诸侯接受了历书藏于祖庙,每逢初一便杀一只羊祭庙,然后到朝廷听政。到了孔子生活的年代,已经礼崩乐坏,鲁国国君不亲临祖庙,也不听政,只是杀一只羊应付了事。所以孔子的学生子贡提议干脆把祭庙的那只活羊也免了,孔子听后,非常感慨地说:“子贡啊!你爱惜那只羊,但我更爱惜圣贤传下来的礼啊。”

在孔子之后的另一位儒家代表人物荀子,也非常强调礼的重要性,积极倡导人们学习礼。他认为凡是运用血气、意志、智慧和思虑的时候,遵循礼法就会通达顺利,不遵循礼义就会导致谬误错乱,行为就会迟缓怠惰;在吃饭、穿衣、居处及活动时,遵循礼义的行为就和谐适当,不遵循礼义就会触犯禁忌而生病;人的容貌、态度、进退、行止,遵循礼义就温雅可亲,不遵循礼义就显得傲慢、固执,甚至粗野而邪僻。他在《劝学》篇中就以“若挈裘领”的比喻来说明学礼对系统掌握知识的重要意义。

他说:要追溯先王的道德,寻找仁义的根本,学习礼法正是那令人四通八达的途径。就像提起皮衣的领子,弯曲五个手指

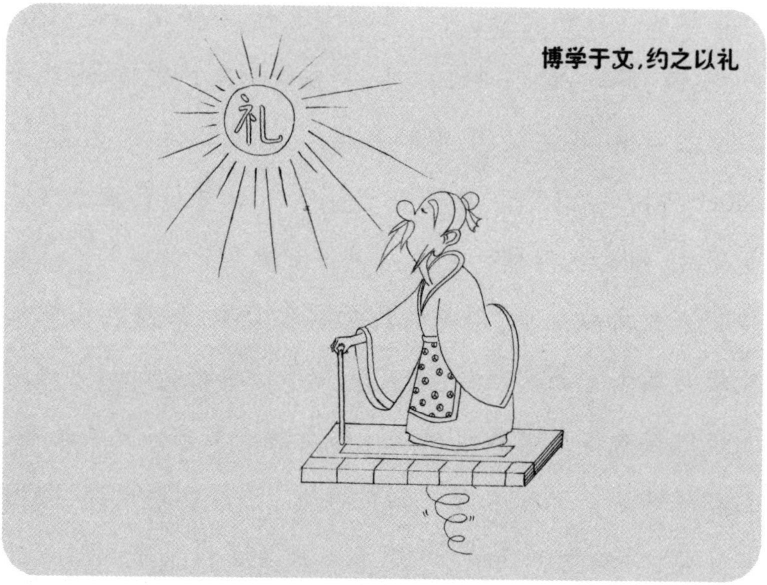

去理顺皮衣的绒毛，皮衣的绒毛就很容易被理顺了。不遵循礼法，而仅仅学习《诗经》《尚书》，这就犹如用手指去测量河的深浅，用长矛之类的兵器来舂米，用锥子代替筷子来吃饭一样，是不能达到目的的。所以尊崇礼法，即使对其精义理解得不够透彻，也不失为一个崇尚礼法的学士；不尊崇礼法，即使学识渊博，也不过是一个散漫士人。

孔子为人处世有一套奉行终生的标准：如果一个人问的事不合礼法，不要告诉他；如果他告诉你的事不合礼法，不要去追问他；别人谈论的事不合礼法，不要去听；态度蛮横的人，不要和他争辩。所以，只有按照礼义之道来请教的人，才可接待他；反之，就回避他。前来请教的人礼貌恭敬，才可以同他谈论道义的学习方法；言辞和顺，才可以和他谈论道义的条理；乐于听从，才可以和他谈论道义的精义。

孔子更是以身作则,时时处处严格按照礼的标准来要求自己。孔子参加太庙举行的祭祀的时候,每件事都要仔细询问请教过之后才去做,旁边有人看到他处处请教,就误以为他本人什么都不懂。孔子解释道:“事事请教,就是礼。”

不太了解孔子的人,可能误认为他是个在生活上十分挑剔的人。《论语》中有一段记录,大致的意思是:饭菜的颜色不正,孔子不吃;饭菜的味道不正,孔子不吃;饭食切割得不方方正正,孔子不吃;作料搭配得不到位,孔子也不吃。所以孔子形容自己的饮食是“食不厌精,脍不厌细”。而且孔子吃饭就是吃饭,睡觉就是睡觉,从来不在吃饭睡觉的时候滔滔不绝地说话。座席摆放得不正,孔子也坚决不会坐上去。不明就里的人,一定觉得孔子是个无端挑剔的人,可是,孔子这么做,真正的意义还在于严格执行他尊崇的周礼。孔子的用心,可谓良苦。

十 朝闻道，夕死可矣

【经典】

zǐ yuē zhāo wén dào xī sǐ kě yǐ
子曰："朝闻道，夕死可矣。"

lún yǔ lǐ rén
——《论语·里仁》

【解读】

孔子说："早上得知真理，即便当晚离世也死而无憾。"

【人生智慧】

孔子在这里，应该是在探索生命的价值和意义。人生一世，草木一秋。草木到了深秋，就会枯萎黄落。人的生命，或长或短，最终也会终结。天不老，地不荒，每个人都是苍茫宇宙之间的匆匆过客。绝大多数的生命，如同恒河沙一般被淹没在时间的

长河里，甚至还来不及体悟真知就悄然消逝。孔子认为，不能“闻道”的生命，基本是没有意义的。

生命的价值和意义，到底是什么？汉代伟大的史学家司马迁在《报任安书》中自我明志，他说，“人固有一死，或重于泰山，或轻于鸿毛”。这是对生命意义最好的诠释。终其一生，司马迁都在努力追寻生命的价值和意义。他忍辱苟活，就是为了“究天人之际，通古今之变，成一家之言”，写下一部不朽的名著，“藏之名山，传之其人”，以期后世的知己能够读懂自己的苦心。司马迁的《史记》，是光耀千古的巨著，是对人类文明做出的巨大贡献，司马迁真的成就了“经国大业”，成就了“不朽盛事”，他的生命也因此得以永恒。

众所周知的古希腊著名哲学家、伟大的数学家阿基米德，为了捍卫自己终生追求的知识和真理，就身体力行了这一点。公元前212年，罗马人占领了叙拉古城。此时，阿基米德不知城门已破，还在凝视着木板上的几何图形沉思着。当罗马士兵的利剑指向他时，他却用身子护住木板，大叫："不要动我的图形！"阿基米德要求把原理证明完再走，但激怒了那个鲁莽无知的士兵，他竟用利剑刺死了年逾古稀的老科学家。

《世说新语·自新》中记载，有个叫周处的人，年少时曾经为害乡里。乡人把周处和猛虎、蛟龙合称"三害"。周处自己得知后，内心矛盾激荡，想悔改，却又担心洗刷不掉之前的坏名声，就去找当时很有名望的陆云请求教诲。陆云对他说："古人贵朝闻夕死，何况您还有大好的生命前途啊。而且，人都是担心不能立下远大志向，并持之以恒地追求，何必担心自己不能美名远扬啊！"周处便改过自新，振作起来，终于成了有名的忠臣孝子。

第二编　教学之道

十一　有教无类

【经典】

zǐ yuē　　yǒu jiào wú lèi
子曰："有教无类。"

lún yǔ　wèi líng gōng
——《论语·卫灵公》

【解读】

孔子说："施教不分等类，机会均等。"

【人生智慧】

有教无类，是孔子一生遵行的原则。作为一名师者，只要有缘成为其弟子的，孔子都不拒绝，都会尽力施教，用他自己的话说："无论是谁，哪怕是只带了一捆风干肉前来拜师学习的，我都从来没有拒绝过。"

《荀子·法行》中记载：南郭惠子问子贡：孔门弟子中，怎么什么样的人都有？

子贡的回答是：君子一视同仁，一碗水端平，想来投师的，老师都不会拒绝；想退学走人的，老师都不会阻止。如同一个医术精湛的名医，肯定有各种各样的病人前来求医；一个能工巧匠，能把弯曲不直的木头加工成精美家具和器皿。因此，孔门学子也很繁杂。

孔门弟子的出身、个性的确各不相同。我们且来认识一下几位比较有名的孔门弟子：

颜回，鲁国人，字子渊，小孔子三十岁，最为孔子所钟爱，一再受到孔子的褒奖："贤哉，回也！一箪食，一瓢饮，在陋巷，人不堪其忧，回也不改其乐"；"用之则行，舍之则藏，唯我与尔有是夫"；"有颜回者好学，不迁怒，不贰过"。颜回因为穷而好学，营养极度不良而用脑过度，导致严重早衰，二十九岁头发尽白，三十一岁就早早夭逝。颜回死后，孔子极其悲恸，忍不住放声大哭。

闵损，鲁国人，字子骞，小孔子十五岁，以德行著称。孔子称赞他的孝道。闵子骞忠孝仁爱，品格高尚。济南至今有一条以闵子骞命名的路——闵子骞路，这条路就在山东最高学府山东大学旁边，闵子骞的精神依然砥砺着莘莘学子。

冉耕，鲁国人，字伯牛，也以德行著称。冉伯牛曾得恶疾，难愈，孔子亲自去探望卧病的学生，一看到冉伯牛奄奄一息地躺在病床上，孔子甚至来不及走进屋里，情急之下，直接就从窗子伸进手去，紧紧拉住冉伯牛的手，连连叹息感慨道：“怎么让这个人得这种病呢！怎么能让这个人得这种病呢！”在病痛面前，孔子甚至开始怀疑并质询命运了。

冉雍，鲁国人，字仲弓。仲弓的父亲不肖，是出了名的恶人。但是仲弓并未因父亲的罪过而嫌弃他。孔子认为仲弓本人很有德行，说：“雍也可使南面。”南面就是坐北朝南，也就是指挥江山，掌管社稷。能够有资格担当一国之君这一重任的人，应该并不多见。可见孔子十分认可仲弓的才干。

冉求，鲁国人，字子有。冉有小孔子二十九岁，是鲁国权臣季氏的管家。孔子对于季氏家族十分不感冒，但是并不因此而将冉有拒之门外。冉有颇有才艺，以政事闻名，有相当的政治才能，在“孔门四科”中，是“政治科代表”，可以担当治国安邦的重任。

仲由，字子路，小孔子九岁，性格粗鄙，喜好勇力，个性耿直，曾经对孔子相当粗暴无礼。但是，孔子不计前嫌，以礼诱导子路，子路于是儒服委质，师从孔子。子路后来仍多直言，几番顶撞孔子。孔子均大人大量，宽和容忍。子路同样以政事闻名。子路死于卫国之乱，被剁成肉酱。孔子十分悲恸，从此不食肉糜。

宰予，字子我，鲁国人，口才极好。可能开始的时候，他凭着三寸不烂之舌博得了孔子的好感和喜爱，可是后来光说不练，老师上课他睡觉，被孔子骂作“朽木不可雕也，粪土之墙不可圬也”的就是他了。孔子很不喜欢这位巧舌如簧的门生，每每拿

话来噎他。口才好是老天赐给宰我的巨大财富，宰我也凭借口才在齐国混了个临淄大夫的官，但后来参与田常作乱被杀，株连宗族。孔子对此感到耻辱，并把宰我作为反面教材。所以，孔子认为评价一个人，不要听他说了什么，而是要看他做了什么。孔子是这样说的："始吾于人也，听其言而信其行；今吾于人也，听其言而观其行。"这句话的意思是，开始我对人比较轻信，人家说什么，我就听信了什么。后来，我不这么轻信别人的说辞了，而是要看看他究竟做了什么，是否能兑现说辞。而且，孔子还补充了一句："于予与改是。"——是宰予教我改变了做法，教我学会了如何衡量人。

端木赐，字子贡，卫国人。子贡口才同样极好，孔子却对他青眼有加。齐相田常伐鲁，子贡奉命出使救鲁。子贡去齐国、吴国、越国、晋国转了一圈，凭着三寸不烂之舌，竟做下了桩天大的事业，存鲁，乱齐，破吴，强晋而霸越，一次出使而动五国之政。子贡又精通经济，会做生意，赚到盆满钵满，富得流油。每次子贡出使，车仆之盛，拟于王侯，又仗着孔门高徒的名分，与诸侯相抗礼。儒学之昌盛，子贡大声势大排场的宣传功不可没。子贡是真正的聪明人，孔子十分喜欢他。

言偃，字子游，吴国人，小孔子四十五岁。言偃以文学著名，做过武城长官，政绩颇佳，把该地治理得不错。

卜商，字子夏，卫国人，小孔子四十四岁。孔子曾经说过这样一句话："起予者商也！始可与言《诗》已矣。"这句话的意思是，卜商这个人，可以跟他探讨《诗经》了。要知道，这可是很高的评价。孔子是极其看重《诗经》的，认为不好好学习《诗经》，那是话都说不好的。学好《诗经》，博学多闻，就可以引经据典，可以出口成章。孔子坚持要求弟子们深入钻研《诗经》。卜商因为《诗经》钻研得深入透彻，受到孔子赏识。孔子进而鼓励他要做"君子儒，无为小人儒"。孔子死后，卜商在西河行教，治学严谨，敢于怀疑经史之谬误。子夏曾听人说史志中有"晋师三豕涉河"的说法，子夏当即质疑道："'三豕'应该是'己亥'之笔误。"读史志的人请教了大学问家，发现果然是"己亥"之误。卜商名重天下，卫人将他尊为圣人。魏文侯也尊他为老师，并向他咨询国政。

曾参，字子舆，南武城人，小孔子四十六岁。曾参是有名的大孝子，后母待他不好，而他孝行越发谨慎。因为妻子给婆婆蒸的梨不熟，他就把妻子休了。一天他去田里除草，不小心弄断了一根瓜秧。他爹曾点发起火来，操起大棍，打得他昏死过去。所幸曾参命大，又活了过来，苏醒后，马上强做出一副活蹦乱跳的样子，以表示自己没有受伤，从而让父亲安心，并哭丧着脸向父亲请罪，说因为打他而让老人家费力，自己真是该死。然后曾参又蹦蹦跳跳着进屋弹琴，以免老爹还为这事内疚。曾参这么做，可能真的有点违心过分了，所以孔子听说了此事，也大发脾气，骂他不懂“小棰则待过，大杖则逃走”的道理，其实是大不孝。孔子的意思是：“明知道老爹拿着那么粗的大棍子发狠要打自己，还不赶快跑着躲开？如果真被打死了，岂不是陷父亲于不义不慈之地，让父亲背个恶名吗？”曾参意识到了自己的错误并向孔子请罪。

澹台灭明，字子羽，武城人，小孔子三十九岁（《孔子家语》中作四十九岁）。他相貌丑恶，孔子有点不喜欢他。后来他南游江淮，为人果敢，率直重诺，从游弟子达三百人，名闻诸侯。孔子听说后，感慨道：“（吾）以貌取人，失之子羽。”看来，颜值确实重要啊，就连孔子他老人家也容易犯以貌取人的毛病。但是，孔子敢于承认自己的缺点还是难能可贵的。

宓不齐，字子贱，鲁国（一说宋国）人，小孔子三十岁（《孔子家语》中作四十九岁）。宓子贱做过单父宰，有才智，心怀仁爱，把当地治理得卓有成效。孔子称赞他是君子。

原宪，字子思，宋国人，小孔子三十六岁。原宪清静守节，安贫乐道。孔子死后，原宪退隐草泽中。子贡做卫相时，摆着大排场去看原宪，见其衣衫褴褛，有点瞧不上，说：“夫子居然乐于过这种生活，真是有病！”原宪答道：“我听说，没钱花是贫穷，辛辛苦苦学了道却不去行道，才是有病。像我这样，是贫穷，而不是有病。”子贡感到惭愧，为自己轻易说错了话而后悔。如此看来，原宪作为老庄道家的门徒也很称职啊。

公冶长，字子长，鲁国人。据说，公冶长身怀绝技，能听懂鸟兽的语言。用现代标准衡量，公冶长可能是个优秀的动物学家。不仅如此，公冶长为人很有肚量，能忍人所不能忍。孔子认为公冶长“可妻也”，还真把他招为自己的女婿。孔子他老人家的择婿标准，真的值得后人学习参考。首先，得有一技之长，公冶长精通鸟兽语言，就是一般人难以企及的长处。其次，为人一定要厚道！一定要厚道！孔子怎能安心把自己亲生的女儿托付给一个不厚道的人呢？至于孔子他老人家把这两个标准中的哪一个排在第一，我们应该不难推知吧。

南宫适（《史记》作南宫括，古代“括”“适”同音，读kuò），字子容。南宫适做人有大智慧，世清不废，世浊不污。孔子曾赞叹道：“这人真是君子啊，这人高尚得很啊！”孔子把自己的亲侄女儿——跛脚哥哥孟皮的女儿嫁给了他。

曾点，曾参之父，就是拿着大棒差点把孝子曾参打死的那位。孔子曾使诸弟子各言其志，独称曾点“浴乎沂，风乎舞雩，咏而归”的潇洒。可是谁想象得到，就是这位高蹈脱俗之人，竟因为一棵瓜秧儿差点要了儿子的命！

颜无繇（《孔子家语》作颜繇），字路（《孔子家语》作季路）。颜回的爸爸，父子俩共同师从孔子。颜回死后，他打过孔子车子的主意，想把孔子的车子卖了给儿子买棺椁，孔子没有答应。

高柴，字子羔，齐国人，小孔子三十岁(《孔子家语》作四十岁)。高柴姓高，但长得比较矮，是个侏儒，身长不足五尺，相貌也很丑陋。孔子以为他愚钝，不怎么看重他。高柴曾被子路提携，做了个费郈宰。后来卫国内乱，子路被杀，高柴全身逃归。孔子又称赞高柴明大义、善保身。

孟懿子、司马牛是贵族子弟，仲弓出身贫贱，颜渊家清贫到箪食陋巷，原宪家简陋到蓬户瓮牖，子贡迫于生计去做买卖，子路粗野勇决，子羔身材矮小，澹台灭明相貌丑陋，曾参鲁钝等，然而他们都在孔门进学受业，这正是孔子“有教无类”的表现啊。

十二　因材施教

【经典】

zǐ lù wèn　wén sī xíng zhū　zǐ yuē　yǒu fù xiōng zài
子路问："闻斯行诸？"子曰："有父兄在，
rú zhī hé qí wén sī xíng zhī　rǎn yǒu wèn　wén sī xíng zhū
如之何其闻斯行之？"冉有问："闻斯行诸？"
zǐ yuē　wén sī xíng zhī　gōng xī huá yuē　yóu yě wèn　wén
子曰："闻斯行之！"公西华曰："由也问'闻
sī xíng zhū　zǐ yuē　yǒu fù xiōng zài　qiú yě wèn　wén sī xíng
斯行诸'，子曰'有父兄在'；求也问'闻斯行
zhū　zǐ yuē　wén sī xíng zhī　chì yě huò　gǎn wèn　zǐ
诸'，子曰'闻斯行之'。赤也惑，敢问？"子
yuē　qiú yě tuì　gù jìn zhī　yóu yě jiān rén　gù tuì zhī
曰："求也退，故进之；由也兼人，故退之。"

lún yǔ　xiān jìn
——《论语·先进》

【解读】

子路问:“听到一件合于义理的事,就要去做吗?”孔子说:“有父兄在上,怎能一听到就去做?”冉有问:“听到一件合于义理的事,就要去做吗?”孔子说:“听到了,就去做。”公西华因而问道:“仲由问‘听到一件合于义理的事,就要去做吗’,先生说‘有父兄在上’;冉求问‘听到一件合于义理的事,就要去做吗’,先生说‘听到了,就去做’。(对同一个问题,先生前后的回答不同,)这令我感到迷惑,请问这是什么缘故?”孔子说:“冉求生性退缩,所以鼓励他进取;仲由生性好胜,所以要让他懂得退让。”

【人生智慧】

据说,华佗在世时,有一次府吏倪寻、李延一起来找他看病,都称自己头痛发烧,身体不适的其他症状也基本相同。华佗说:“倪寻应当用泻药,李延该吃发汗的药。”有人提醒华佗相同的病却用不同的药将会出人命。华佗说:“两人身体状况不同,一个属于外实,一个内实,所以治疗方法不同。”华佗随即给他们二人开了不同的药。两人吃了华佗的药,第二天一早,病都好了。

又如,美国前总统小布什,出身豪门,父亲就是大名鼎鼎的美国总统老布什。小布什从小就叛逆甚至有些顽劣。十三岁时,小布什开始偷偷地学抽烟,还学会爆粗口骂人,欺负自己的

弟弟更是家常便饭。母亲带他去教堂的时候，他会对修女说：“嗨，小妞，你看起来很性感。”一切没有礼貌的举动让他父母感到脸上无光。喜欢表现自己、爱出风头的小布什，在学习上表现平平，甚至有些糟糕。他每天都穿得邋里邋遢，到上课时才匆匆赶到教室，好像是刚从被窝里钻出来。他常常坐在教室的最后面，不是嘴里嚼着口香糖，就是吸他的鼻烟，以至于让他班上的同学不敢相信——他是当时共和党全国委员会主席的公子。

小布什的语言表达能力也不强，说话经常出现口误。即便他母亲花不少时间亲自为他补习英文，也无济于事。但是，他对历史情有独钟，因为他的历史老师汤姆·尼昂年轻且充满才华与激情。在尼昂的影响下，小布什对历史产生了兴趣，讲起历史事件来如数家珍，引人入胜。正如小布什回忆起自己的历史老师时说："他对历史有一种激情。他把这种激情传染带给他的学生。他教导我，历史通过过去及其教训给我们以历史的借鉴，并帮助我们预见未来。汤姆·尼昂对形成美国政治史的历史事件的生动描绘，抓住了我的想象力。他不仅是一个伟大的历史老师，而且是一位能激励鞭策人的人。"正是这位才华横溢的历史老师，透过小布什的特点和兴趣点，点燃了小布什对于历史的爱好，照亮了这位纨绔子弟的心灵，让他最终找到了自信，走向了辉煌的人生。

十三　不愤不启，不悱不发

【经典】

zǐ yuē　bù fèn bù qǐ　bù fěi bù fā　jǔ yī yú　bù
子曰："不愤不启，不悱不发。举一隅，不
yǐ sān yú fǎn　zé bù fù yě
以三隅反，则不复也。"

lún yǔ　shù ér
——《论语·述而》

【解读】

孔子说："不是到了内心反复求索而得不到答案时，我就不会去开导他；不是到了想表达而说不出来时，我就不会去启发他。好比一个方形的东西，已经给提示了一个角，却不能类推出其余的三个角来，就不必再浪费口舌了。"

【人生智慧】

这段话表明,孔子作为一个教育家,已经观察总结出学习的积极性与主动性的重要。只有积极主动地学习与思考,才能收到良好的效果。一个人,如果被动学习,出于各种原因被强迫着学任何知识和理论,内心却没有学习的愿望和兴趣,所学的东西根本不会入脑,更不会入心。这样的学习,达不到理想的效果。

德国著名诗人里尔克,某次写信给一位酷爱文学的青年诗人介绍创作经验时,他说,一定要感觉心中真正到了不吐不快的时候,才去动笔写作,一定不要无病呻吟。对于作家而言,只有有感而发的主动写作,才能写出好作品。

在这则箴言中,除了学习的主动性,孔子似乎还很注重弟子们的“悟性”。在任何领域取得卓越成就的人,必定都是有着极好悟性的人。

修禅的人,最讲究悟性。佛教中有几个关于参悟的题为“放下”的故事,可以与我们本节的主题互相阐发。

故事一:

有一个名叫黑氏梵志的仙人,运用神力,双手举着合欢花和梧桐花来供养佛。

释迦牟尼佛说:“放下吧。”黑氏梵志放下了左手的一枝花。

释迦牟尼佛又说:“放下吧。”黑氏梵志又放下了右手的一枝花。

释迦牟尼佛还是对他说:“放下吧。”

黑氏梵志说:“世尊，我已经两手空空，您还要我放下什么?”

释迦牟尼佛对他说:“我不是要你放下你手中的花,而是要你放下外六尘、内六根、中六识。等到你没有什么可以放弃时,就进入了不生不死的境界了。”

黑氏梵志听完佛说的话,当即就悟到了无生法忍。

故事二:

两位禅者走在一条泥泞的道路上。他们走到一处浅滩时,看见一位美丽的少女在那里踯躅不前。她穿着丝绸的罗裙,无法跨步走过浅滩。

“来吧!小姑娘,我背你过去。”师兄说罢,把少女背了起来。

过了浅滩,他把小姑娘放下,然后和师弟继续前进。

师弟跟在师兄后面,一路上心里不悦,但他默不作声。晚上,住到寺院里后,他忍不住了,对师兄说:“我们出家人要守戒律,不能亲近女色,你今天为什么要背那个女人过河呢?”

“你说的是那个女人啊!我早就把她放下了,你到现在还挂在心上啊?”

佛教修行尤其注重悟性,悟性极为关键,决定了一个人能否修成正果。悟性极差的人,修行的路上注定是要失败的。悟性差的人,除非极端努力,否则在学习上一般不会创造奇迹。

孔子富有教学经验,他已经充分意识到“主动学习”的重要性。对于重要知识点的领悟，一定要学生本人心中先生发出求知的强烈渴望，内心备受百思不得其解的折磨，在这种情况下，老师再进行画龙点睛的点拨，就会取得神奇的效果。相反，如果一个人内心缺乏学习的积极性和主动性，任凭多么优秀的老师，也很难把知识强行灌输到他的脑海里去。即便当时灌进去了，也是水过地皮湿。

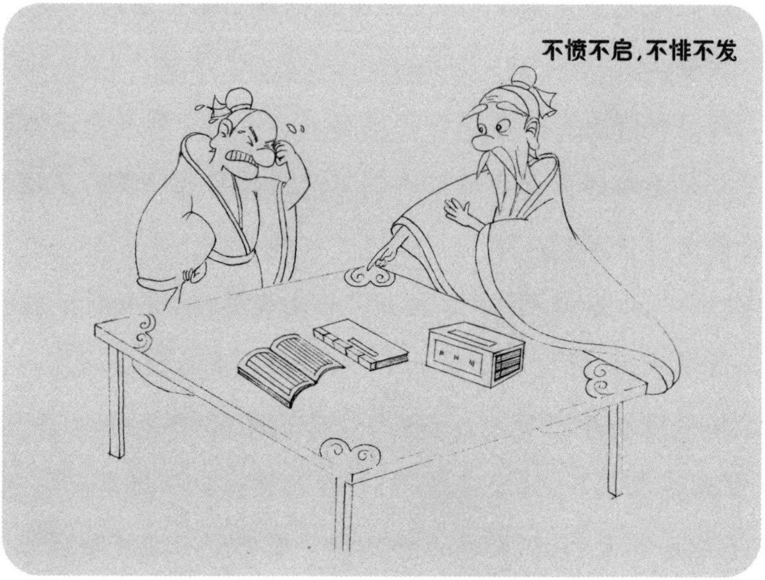

十四　教学相长

【经典】

shì gù xué rán hòu zhī bù zú jiào rán hòu zhī kùn zhī bù
是故学然后知不足，教然后知困。知不
zú rán hòu néng zì fǎn yě zhī kùn rán hòu néng zì qiáng yě gù
足，然后能自反也。知困，然后能自强也。故
yuē jiào xué xiāng zhǎng yě
曰：教学相长也。

lǐ jì xué jì
——《礼记·学记》

【解读】

学习了以后才知道自己的不足，教育别人之后才会发现自身的困惑。知道自己的不足之后，才能反省自己。感到困惑之后，才能提升自己。因此说，教与学可以互相促进。

【人生智慧】

“唐宋八大家”之一的韩愈写过一篇著名的文章——《师说》。在这篇文章中，他说：“弟子不必不如师，师不必贤于弟子。闻道有先后，术业有专攻，如是而已。”就是说，学生不一定在各方面都不如老师，老师不一定各方面都比学生高明。掌握知识、懂得道理有先有后，专业技术上各有自己潜心钻研与擅长的领域，如此而已。

现实中也确实如此。一般情况下，在特定的专业领域，老师的整体水平比起学生自然要强好多。但是学海无涯，对于某一项专门的知识，不排除这样的可能——学生比老师了解得更多更深入，或者是对于一个问题的某个角度，有的学生考虑得比老师更为周到，这是很正常的。

发生在孔子和他的学生身上的一个小故事，就向我们证实了这个道理。

子夏是孔子后期学生中的佼佼者，才思敏捷，以“文学”著称，被孔子称赞为其“孔门四科”之一的“文学科”的高才生。

子夏少时家贫，苦学而入仕，曾做过鲁国莒父宰。子夏才气过人，《论语》中记载了许多他的格言名句，如：“博学而笃志，切问而近思，仁在其中矣”“百工居肆以成其事，君子学以致其道”“日知其所亡，月无忘其所能，可谓好学也已矣”“虽小道，必有可观者焉”“仕而优则学，学而优则仕”等等。据《史记·儒林列传》等记载，孔子去世后，子夏来到魏国的西河（今山西河津）讲学，授徒三百，当时的名流吴起、田子方、李悝、段干木、公羊高等都是他的学生，连魏文侯都“问乐于子夏”，尊他为师，这就是有名的“西河设教”。

子夏在跟随孔子学习时，曾问孔子《诗经》中的“巧笑倩兮，美目盼兮，素以为绚兮”是什么意思，孔子回答说：“这是说先有白色底子，然后才画图画。”子夏又问：“那么，是不是礼乐的产生在仁义以后呢？”孔子听了之后，非常高兴，回答说：“卜商啊，你真是能启发我的人。现在我可以同你讨论《诗经》了。”

聪明的子夏从孔子所讲的“绘事后素”中，领悟到“仁为先，礼在后”的道理，这反过来又进一步启发了孔子，所以孔子很高兴，认为可以和子夏一块探讨《诗经》了。博学如孔子，也并不是无所不知、无所不晓的，他在教育学生的过程中，有时也会受到学生的启发，进一步丰富自己的学识。这就是教学相长，古人早就知道了。这个道理对于今人同样具有指导意义。

第三编　修身之道

十五　贤贤易色

【经典】

zǐ xià yuē xián xián yì sè shì fù mǔ néng jié qí lì
子夏曰："贤贤易色；事父母，能竭其力；
shì jūn néng zhì qí shēn yǔ péng yǒu jiāo yán ér yǒu xìn suī yuē
事君，能致其身；与朋友交，言而有信。虽曰
wèi xué wú bì wèi zhī xué yǐ
未学，吾必谓之学矣。"

lún yǔ xué ér
——《论语·学而》

【解读】

子夏说："尊敬贤人，轻视美色，侍奉父母能竭尽心力，侍奉君上能献身职守，跟朋友交往诚实守信。这样的人，即便没有上过学，我也一定要说他已经学过了。"

【人生智慧】

三国时魏人许允，娶了阮家的女儿。妻子长得非常丑，新婚交拜之后，许允不肯入洞房。后来经过朋友桓范再三劝说，许允才勉强入了洞房。许允一看见新娘子，马上又要退出去。新娘子赶紧拉住他的衣襟。许允刁难新娘子说："妇女应具备四德，你有几种？"新娘子说："我缺的只是美貌而已。然而士有百行，你自己又具备多少？"许允说："皆备。"新娘子说："百行以德为首，您好色而不好德，怎么能说皆备？"许允面有惭色，觉得妻子确实是知书达理之人，从此夫妻之间互相敬重。后来许允被晋景王司马师所害，幸亏他妻子镇定应付周旋，才保全了儿女，许家子嗣才得以延续。

孔子曾经说过这样一句话："吾未见好德如好色者也。"一个人如果时时处处以很高的道德标准来规范自己、要求自己，这是不太容易做到的。即便孔子最钟爱的弟子颜回，充其量也只能做到"三月不违仁"。在孔子看来，作为一个普通人，每天，甚至每个月，发一次善念，就已经很不错了。

战国时期齐国的无盐，是中国四大丑女之一。无盐长得太丑了，脑袋像石臼，眼睛深陷，鼻孔朝天，大大的喉头，黑黑的皮肤，头发稀疏，驼背粗脖。因为太丑，无盐四十岁了还没有嫁出去。

无盐看到齐宣王不理朝政，沉溺酒色，忠奸不分，百姓怨声载道，便决定去规劝齐宣王。无盐来到王宫，对守门的士兵说：“请禀报大王，我就是齐国嫁不出去的丑女，听说大王圣贤，我要给大王当妃子。”

齐宣王闻听此言，觉得这丑女不一般，便传令召见。宣王问无盐：“宫中嫔妃齐备，你想进宫做妃子，你有什么过人之处？”

无盐说：“回禀大王，小女子并无过人之处，只不过略知隐语术。”说着就举目、咧齿、挥手、拍膝，并高呼：“危险！”如此反复四遍。

满朝文武莫名其妙，齐宣王也十分惊诧，心想这丑女子装神弄鬼的，到底在做什么？就急忙追问无盐这隐语术是怎么回事。

无盐说："回禀大王，举目是替大王观察烽火变化；咧齿是替大王惩罚不听劝谏的人；挥手是替大王赶走阿谀奉承之徒；拍膝是替大王拆除专供游乐的渐台。"

齐宣王又问："那你连呼四遍'危险'又是什么意思？"

无盐答道："回禀大王，四声'危险'意味着齐国目前潜伏着四种危机：第一，齐国西有强秦之患，南有强楚之仇，朝廷上下奸臣很多，大王又爱听信奸邪小人的谗言，大王百年之后，江山就不稳固；第二，大王大兴土木，高筑渐台，耗资巨大，民不聊生，怨声载道；第三，阿谀奉承之徒得到重用，贤能之才却隐居山林，忠奸不分，忠言难进；第四，大王整天饮酒作乐，不理朝政，内忧外患视而不见。所以我说了四遍'危险'！"

齐宣王听了不寒而栗，长叹一声道："唉！你这一席话，真是深刻透辟，从未有过像你这样直言规劝寡人的，寡人的确处在危险境地啊。"

从此以后，齐宣王勤于朝政，下令停止修筑渐台，罢免阿谀奉承的奸邪小人，招纳贤能之士，整顿兵马，齐国逐渐大治。齐宣王还将丑女无盐纳为王后。

在这件事上，我们不能不称赞齐宣王的"贤贤易色"。他看重丑女无盐的贤才而不在乎其外貌，听从了她的劝告，励精图治，终于使齐国大治。

十六 发愤忘食，乐以忘忧

【经典】

yè gōng wèn kǒng zǐ yú zǐ lù zǐ lù bù duì zǐ yuē rǔ
叶公问孔子于子路，子路不对。子曰：“女

xī bù yuē qí wéi rén yě fā fèn wàng shí lè yǐ wàng
（汝）奚不曰‘其为人也，发愤忘食，乐以忘

yōu bù zhī lǎo zhī jiāng zhì yún ěr
忧，不知老之将至’云尔！”

lún yǔ shù ér
——《论语·述而》

【解读】

叶公向子路问孔子为人怎么样，子路不回答。孔子对子路说：“你为什么不这样说：他的为人，用起功来便忘记吃饭，快乐起来便忘记忧愁，不知道衰老将要到来，如此罢了。”

【人生智慧】

孔子醉心于学问，用起功来连吃饭都会忘记，这是一点都不夸张的。晋代大诗人陶渊明也说自己“好读书，不求甚解；每有会意，便欣然忘食”。

英国17–18世纪的大科学家牛顿，每天有十八九个小时埋头在实验室里搞研究，对科学的热爱也到了废寝忘食的地步。他的一位好友斯凯勒博士，常到牛顿家来讨论学问或聊天。有一天，斯凯勒来了，菜肴都上齐了，可是牛顿突然好像想起什么似的，二话没说，丢下斯凯勒，就钻进自己的实验室去了。斯凯勒左等右等，仍不见牛顿归来，有点恼火，但是知道牛顿的脾气，也就不去打扰他，自个儿把鸡肉吃得一干二净，并将骨头放入盆中。

不知过了多久，牛顿才从实验室里回来。他看到吃剩的骨头时，惊讶地说：“我还以为肚子饿着呢，原来已经吃过了。”遂又返回了实验室。

在中国历史上，还有一位终生发奋努力的典型，他曾经写过这样一首广为流传的四言古诗——《龟虽寿》：

神龟虽寿，犹有竟时。
螣蛇乘雾，终为土灰。
老骥伏枥，志在千里。
烈士暮年，壮心不已。

盈缩之期,不但在天。

养怡之福,可得永年。

幸甚至哉,歌以咏志。

这首诗的作者,就是大名鼎鼎的魏武帝曹操。尽管《三国演义》中把曹操塑造得狡猾奸诈,刻薄寡恩,但这并不是历史上真实的曹操形象。实际上,通过这首古诗所表达的对于生命的解读和人生暮年的感悟,我们看到的是一位乐观豁达的主人公。明知生命是一条不能回头的路,明知自己已经接近这条路的终点,主人公依然不放弃对生命的热爱和对自己所追求事业的孜孜努力。这种精神,一直激励着后世,这首诗,无疑也成为励志名篇。

与曹操的达观进取、终生努力相一致的,是他刻苦学习的精神。据史料记载，曹操酷爱读书，常常是白天纵横疆场，晚上挑灯夜读。即便在行军打仗休息的空隙，他都要把随身携带的书拿出来读一会儿。这种努力与勤奋，超过一般人的想象。我们读曹操本人的作品时，无论是诗歌，还是散文，都会发现他引用和化用先圣前哲的诗篇和名句，信手拈来，出神入化。曹操的引用，不仅涉及《诗经》《周易》《论语》《孟子》等广为流传的经典，甚至包括《管子》等著述。如果没有深厚的文史哲功底，怎能达到如此之高的水平呢？法国大哲学家卢梭说过："努力学习直到生命的最后一刻是件美好的事。"孔子和曹操都身体力行了把学习当作终生事业的人生理念。

十七 不怨天，不尤人

【经典】

zǐ yuē mò wǒ zhī yě fú zǐ gòng yuē hé wéi qí
1.子曰："莫我知也夫！"子贡曰："何为其
mò zhī zǐ yě zǐ yuē bù yuàn tiān bù yóu rén xià xué ér
莫知子也？"子曰："不怨天，不尤人，下学而
shàng dá zhī wǒ zhě qí tiān hū
上达。知我者其天乎！"

lún yǔ xiàn wèn
——《论语·宪问》

zì zhī zhě bù yuàn rén zhī mìng zhě bù yuàn tiān yuàn rén zhě
2.自知者不怨人，知命者不怨天。怨人者
qióng yuàn tiān zhě wú zhì
穷，怨天者无志。

xún zǐ róng rǔ
——《荀子·荣辱》

【解读】

1.孔子感叹道："没有人了解我啊！"子贡道："为什么说没

有人了解您呢？”孔子道：“不怨恨上天，不责怪别人，通过深入学习掌握高深的道理。了解我的，只有上天吧！”

2.有自知之明的人，不会埋怨别人；懂得天命的人，不会埋怨上天。抱怨别人的人，就会困窘而无法摆脱；抱怨上天的人，没有进取的志向。

【人生智慧】

不怨天，不尤人。其中包含了多么深刻的哲理与智慧！只有有着丰富的生活阅历并且勤于探掘人生真意的独具慧根的智者，才能达到如此境界吧。

试想，普通人犯了错误，最通常的表现是什么？是不是怨天尤人，推脱责任？一个真正的智者，必定勇敢而有担当，不会把自己的过失转嫁到别人身上。

20世纪20年代末30年代初，美国深陷有史以来最严重的经济大萧条，无数家庭破产。1931年，当时在耶鲁大学读大二的邓普顿从他的父亲那里得到一个极坏的消息：家里连为他付学费的一美元都拿不出来了，这个消息对邓普顿而言真是厄运临头。

后来邓普顿却发现，这不仅不是灾难，反而是上帝给他的恩赐。按照普通人的思维模式和行为方式，邓普顿完全有理由去华尔街抗议，举块牌子，上面写道：“我要学费！”如果他因此辍学，他完全有理由去抱怨那场经济危机，怪罪造成这场危机的资本主义制度。

然而,邓普顿没有抱怨。为了获得奖学金,他勤奋学习,同时还兼打几份工。他不仅成功读完大学,还因学业优异获得了著名的罗兹奖学金(Rhodes Scholarship),赢得了去英国牛津大学深造的机会。从牛津学成归来,他选择了去华尔街工作,而不是去那里抗议。作为投资者,邓普顿正是孔子所赞赏的那种君子:不怨天,不尤人!这一品格正是邓普顿所崇尚的那种内在财富。

如果邓普顿是一个抱怨者,他就不可能成为青史留名的投资大师。邓普顿说,健康的态度是投资者巨大的内在财富。而不怨天,不尤人,拒绝抱怨,则是最健康的人生态度。

还有这样一个故事:

有个国王热衷打猎，喜欢和宰相一起微服私访，而宰相最常挂在嘴边的一句话就是"一切都是最好的安排"。

一天，国王到森林打猎，一箭射倒了一只花豹。国王下马检视花豹。谁想到，花豹使出最后的力气，扑向国王，将国王的小拇指咬掉了一截。国王叫宰相来借酒浇愁，诉说自己的不幸，谁知宰相却微笑着说："大王啊，想开点儿，一切都是最好的安排！"

国王听了这种幸灾乐祸的话，十分愤怒，"如果我把你关进监狱，这也是最好的安排？"宰相微笑说："如果是这样的话，我也深信这是最好的安排。"国王更加生气，立即命人将宰相关入监狱。

一个月后，国王养好了手上的伤，独自出游。他来到一处偏远的山林，忽然从山上冲下一队土著人，把国王五花大绑，带回了他们的部落。

这个栖息在山上的原始部落，每逢月圆之日就会下山寻找祭祀满月女神的牺牲品，土人们准备将国王烧死用来祭祀。国王得知自己将被烧死，陷入绝望之际，祭司忽然大惊失色，原来祭司发现国王的小指头少了一小截，不是个完美的祭品，献上这样带有残缺的祭品，满月女神会发怒的，反而会惹祸上身。于是，土人们便将国王放了。

国王欣喜若狂，回宫后立即叫人释放宰相，并设宴款待，席间国王向宰相敬酒说："你说的真是一点也没错。一切都是最好的安排！如果不是被花豹咬了那一口，真的会连命都丢了。"

国王忽然想起了什么，于是问宰相："你无缘无故在监狱里蹲了一个多月，这又该怎么说呢？"

宰相慢条斯理地喝下一口酒，缓缓地说："如果我没有被关在监狱里，那陪您微服私巡的人一定是我。当土人们发现大王您不适合做祭品，那岂不是就轮到我了？"

国王忍不住哈哈大笑，说："没错！一切都是最好的安排！"

不怨天，不尤人，才是真正成熟、智慧的人生态度。普通人遇到麻烦，通常的表现就是怨天尤人，仿佛别人都错了，唯有自己没有任何错，总是喜欢把过错推到别人身上，而自己拒绝承担任何责任和不利后果。

每个人的修养不同，天资悟性也不尽相同，但是，一个人的智慧真正修炼到一定程度，遇到事情就会先找自身的原因。只有确保不是自己做错了，才能认定是别人的错。既然是别人错了，自己内心也会释然，不会承担过多的自我谴责。正如中国古代一本关于立身处世哲学的名著——《菜根谭》中所说的："反己者，触事皆成药石；尤人者，动念即是戈矛。"

十八　工欲善其事，必先利其器

【经典】

zǐ yuē gōng yù shàn qí shì bì xiān lì qí qì
子曰："工欲善其事，必先利其器。"

lún yǔ wèi líng gōng
——《论语·卫灵公》

【解读】

孔子说："工匠要想把工作做好，一定要先磨利所使用的工具。"

【人生智慧】

古时候，有两个樵夫，一个叫来旺，一个叫来财，他们约好一起上山砍柴。第一天，两人都砍了四捆柴。

来旺想："多砍一捆就多一份收入，我明天可要起得更早，在天亮之前抵达。”

来财回家后就抓紧时间磨刀，并且准备第二天把磨刀石也带上山。

第二天，来旺比来财先到山上。他一开始就使尽浑身力气拼命干活儿，舍不得歇息一会儿。来财虽然上山较晚，砍柴的速度却比前一天快了很多。

中午，来财停下来休息，并拿出磨刀石磨刀。他向来旺建议：“不如你也休息一会儿吧。先把刀和斧头磨一磨，再继续砍也不迟。孩子闹着要吃山楂，我们也可顺便采些回去。”

来旺拒绝了来财的建议，心想：“我才不会休息，更不会浪费时间去磨刀。趁着你休息的时候，我还可以抓紧时间多砍几

捆柴。”

转眼间，一天又结束了。来旺只砍了五捆柴，而来财除了所砍的九捆柴，还摘了一大捧哄孩子开心的山楂。

来财看着来旺说道：“砍柴除了技术和力气，更重要的是我们手里的刀斧。我经常磨刀，刀锋锐利，砍的柴当然多；而你从来都不磨刀，虽然费的力气比我多，刀斧却越来越钝，砍的柴当然就会少了。”

孔子早就告诉我们，“工欲善其事，必先利其器”。“磨刀不误砍柴工”，在工作之前先做好充分准备，使用得手的工具，是可以事半功倍的。

十九　恭宽信敏惠

【经典】

zǐ zhāng wèn rén yú kǒng zǐ　kǒng zǐ yuē　néng xíng wǔ zhě yú
子张问仁于孔子。孔子曰:“能行五者于

tiān xià　wéi rén yǐ　qǐng wèn zhī　yuē　gōng　kuān　xìn
天下,为仁矣。”“请问之?”曰:“恭、宽、信、

mǐn　huì　gōng zé bù wǔ　kuān zé dé zhòng　xìn zé rén rèn yān
敏、惠。恭则不侮,宽则得众,信则人任焉,

mǐn zé yǒu gōng　huì zé zú yǐ shǐ rén
敏则有功,惠则足以使人。”

lún yǔ　yáng huò
——《论语·阳货》

【解读】

子张向孔子请教怎样培养仁德。孔子说:“能在天下实行五种德行,便是仁了。”“请问是哪五种德行?”孔子说:“恭敬、宽厚、诚实、勤敏、慈惠。对人恭敬,就不会遭受侮辱;待人宽厚,就

能获得众人拥戴;待人诚实,就可以取得信任;做事勤敏,就会功劳显著;待人慈惠,就足以役使民众。”

【人生智慧】

谢安辅政时,中原战乱频仍,百姓流离失所,兵员差役时常逃亡,大多就近躲在秦淮河南岸的船里。有人请求谢安展开地毯式排查,搜索所有船只,谢安却不答应。他说:“如果不能心怀宽恕,又怎能治理好京都!”这就是“宽则得众”的道理。

战国时期的吴起,是一位有名的将领。在治军方面,吴起继承了孙子“令之以文,齐之以武”的思想,主张严刑明赏、教戒为先。吴起军纪严明,而且身体力行,和最下层的士卒同衣同食。吴起睡觉时不铺席子,行军时不骑马坐车,自己背着干粮,和士卒一起分担劳苦。

传说一次他手下的一个士卒生了脓疮,吴起亲自用嘴为生疮的士卒吸脓。这个士卒的母亲知道后大哭起来。别人觉得很奇怪,问她:“你儿子不过是个普通士卒,将军对他这么好,亲口为他吸脓治疮,你为什么哭呢?”

这个母亲说:“以前,吴将军曾经为他的父亲吸过疮里的脓,他父亲感激将军爱护之恩,作战时就一往无前地拼命冲杀,战死疆场。现在吴将军又为我儿子吸疮里的脓,我不知儿子又将死在哪里了。所以我才哭啊。”

正因为吴起既懂得用兵治军,又爱惜、体恤士卒,所以他总

是战无不胜，攻无不克。公元前409年，他率兵攻取秦河西地区的临晋、元里。第二年，吴起率军攻秦至郑，筑造洛阴、合阳两城，把秦国的河西之地全部占领，设置西河郡，吴起出任西河郡守。公元前389年，在一次战争中，吴起凭借五万魏军，五百辆战车，三千骑兵击败了十倍于己的秦军。此战成为中国战争史上以少胜多的著名战役，也使魏国发展壮大，成为战国初期的强国。俗话说，“小惠全大体”，看来不无道理。吴起带兵，充分印证了“惠则足以使人”的道理。

二十　无欲速，无见小利

【经典】

zǐ xià wéi jǔ fǔ zǎi wèn zhèng zǐ yuē wú yù sù wú
子夏为莒父宰，问政。子曰：“无欲速，无
jiàn xiǎo lì yù sù zé bù dá jiàn xiǎo lì zé dà shì bù chéng
见小利。欲速则不达，见小利则大事不成。”

lún yǔ zǐ lù
——《论语·子路》

【解读】

子夏当了莒父的邑宰，向孔子请教如何施政。孔子说：“不要急于求成，不要只看小利。急于求成就不能达成目标，只看小利就成不了大事。”

【人生智慧】

《孟子》中记载了这样一个故事：

宋国有个农夫，总嫌自家田里的禾苗长得太慢。他成天围着田地转悠，隔一会儿就蹲下量量秧苗长高了没有，可是他发现禾苗好像总还是那么高。他就想：用什么办法可以让禾苗长得快一些呢？边想边围着田地转圈。转啊想啊，终于灵光一闪，他想出了一个办法："既然禾苗自己长不高，我为什么不帮它长高呢？我把苗往高处拔一拔，禾苗不就能一下子长高一大截吗？那样的话，人家田里的庄稼还没长足个头的时候，我们家就可以收获粮食了！"说干就干，他就动手把禾苗一棵一棵地拔高了。他从中午一直干到太阳落山，才拖着发麻的双腿往家走。一进家门，他一边捶腰，一边嚷嚷："哎哟，今天可把我给累坏了！"他儿子忙问："爹，您今天干什么重活了，累成这样？"农夫洋洋自得地说："我帮田里的每棵禾苗都长高了一大截！咱家的庄稼很快就会成熟了！"他儿子觉得很奇怪，拔腿就往田里跑，到田边一看，天呐！田里的禾苗已经枯萎了。

禾苗的生长有自己的规律。如果急于求成，只能像那个宋国的农夫一样，不仅不能达到期望的结果，反而会把事情搞得更糟。

公元前262年，秦国武安君白起攻打韩国，夺取了不少土地，并切断了上党与韩国本土之间的道路。韩国派阳城君到秦国谢罪，割让上党之地请和，另一方面，通知上党郡守靳黈撤离上党。靳黈不肯，韩桓惠王派冯亭接替他的位置。

冯亭到达上党一个月后，对其他官员说："上党与韩国之间的联络已经中断，秦国军队每天不断逼近，我们不能应付，不如将上党送给赵国。赵国接受了上党，秦国一定会进攻赵国；赵国被秦国攻击，必定会与韩国亲近；到时韩、赵两国联手，就一定可以对抗秦国。"大家认为这个办法好。于是冯亭派遣使者到赵国，对赵孝成王说："韩国不能守住上党，决定将上党割让给秦国，但是当地百姓都不愿接受暴秦的统治，听说赵王您宽厚仁爱，他们都甘愿做赵国子民。现在上党有城池十七座，臣愿意全部奉献给大王，请大王您酌量处置。"

赵王十分高兴，将此事告诉了赵豹，赵豹说："臣听说，无功

而受禄,必定会招来祸害。”赵王说:“他们仰慕寡人的宽厚仁爱,怎能说是无功而受禄呢?”赵豹回答道:“秦国为了蚕食韩国的土地,故意切断上党和韩国的联络,认为如此就能轻易夺取上党。韩国之所以把上党献给我们,是企图把战祸转嫁给我们赵国。秦国蒙受疲劳,而我们坐享其利。强秦不能从弱小的韩国得到上党,那我们弱小的赵国又怎能从强秦手里得到上党呢?大王不要接受啊。”赵王将此事告诉了平原君赵胜,赵胜认为赵豹是杞人忧天,请求赵王接受韩国的上党。赵王就派赵胜前往接收上党。

事情果然如赵豹所料,不久秦国就攻打赵国,赵国大将廉颇率军对抗秦国军队。但赵王又中了秦国的反间计,改用只会纸上谈兵的赵括来代替老将军廉颇。结果,赵国40万大军被秦坑杀。

赵王只顾眼前利益,却没有考虑到大局,故有长平之祸,为亡国埋下了祸根,教训是相当惨痛的,真正应了这句话——“见小利则大事不成”。

二十一 小不忍则乱大谋

【经典】

zǐ yuē qiǎo yán luàn dé xiǎo bù rěn zé luàn dà móu
子曰："巧言乱德。小不忍则乱大谋。"

lún yǔ wèi líng gōng
——《论语·卫灵公》

【解读】

孔子说："花言巧语，搬弄是非，会败坏德行，丧失操守。小事不能忍让就会败坏大事。"

【人生智慧】

"六尺巷"的来历，几乎成了家喻户晓的故事：

清朝时，安徽桐城有个名门望族，父子两代为相，权势显赫，这就是张英、张廷玉父子。

清康熙年间，张英在朝廷任文华殿大学士兼礼部尚书。张英老家桐城的老宅与吴家为邻，两家府邸之间有块空地，供双方来往通行。

后来邻居吴家准备扩建房子，要占用这个通道的一部分。张家不同意，双方把官司打到县衙门。县官考虑矛盾双方都是名门望族，不敢轻易了断。

张家写了一封信，给在北京做大官的张英，要求张英出面干涉此事。

张英收到信后，认为邻里之间应该谦让，不要为了这么一点小事伤了和气，便给家里回了一封信，信中写了四句话：

千里来书只为墙，
让他三尺又何妨？
万里长城今犹在，

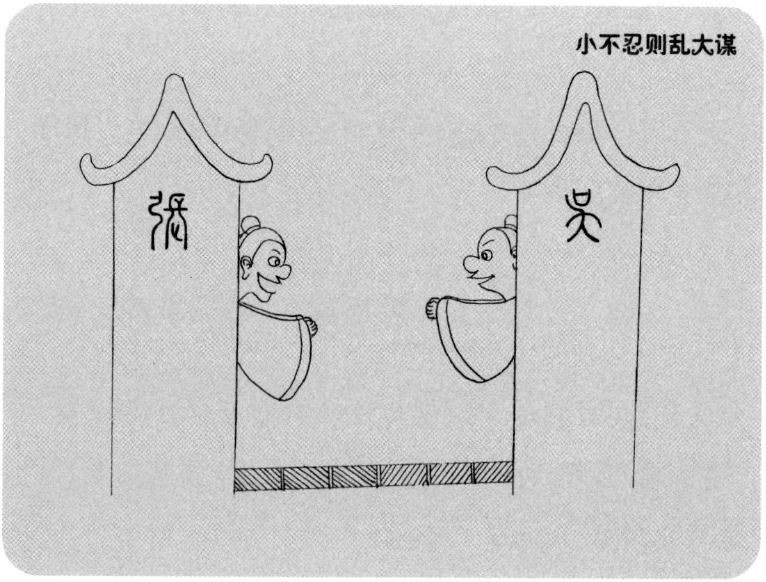

不见当年秦始皇。

张家人读罢,明白其中的意思,便主动让出了三尺空地。

吴家见状,深受感动,也主动让出了三尺地,这样就形成了一个六尺宽的巷子。两家礼让之举和张家不仗势压人的做法传为美谈。

俗语说:"忍一时风平浪静,退一步海阔天空。"说的就是宽容与退让。如今的中国社会,懂得宽容、知道退让,尤为重要。经济的飞速发展,如果不能伴随着国民素质的同步提高,过分追求物质与效益,人文素质不被重视,整个社会必将充斥着戾气。戾气会导致人们行为的极端化,会产生极其恶劣的后果。举个常见的例子,比如"路怒"。很多人开车不守规矩,随意超车变道,乱停乱放,乱过马路,导致了很多本不该发生的悲剧。有的人一气之下开着车互相撞击,有的人因为被超了车,盛怒之下把对方的车别住,下车将超车之人打骂一顿。这样的事情时有发生。不能控制自己的情绪,任凭自己被满腔愤怒点燃爆发,不思及后果,结局是极其可怕的。酿成的苦果,往往足以让自己后悔甚至负罪一生。

二十二 弃道听途说

【经典】

zǐ yuē dào tīng ér tú shuō dé zhī qì yě
子曰："道听而涂(途)说，德之弃也。"

lún yǔ yáng huò
——《论语·阳货》

【解读】

孔子说："路上听到传言就四处传播，有德行的人不会这么做。"

【人生智慧】

这里，我们给大家讲两个小故事，一个是曾子杀人：

时光倒退回春秋时期，一个安静的下午，一个安静的妇人坐在织机前埋头织布。时间如同停止了一般，静谧之中，只传来一阵"哒哒哒"的声音，那是梭子在织机上来回穿行发出的声响。这个安静忙碌的妇人，就是孔子的得意门生曾参的母亲。

这时，突然蹿过来一个人，急急火火地告诉曾母："曾参杀了人。"

曾母平静地说："我儿子是不会杀人的。"然后继续低头织布。

没隔多久，又有一个人跑到曾母面前说："曾参在外面杀人了。"

曾母仍然不去理会这句话，还是坐在那里不慌不忙地穿梭引线。

又过了一会儿，第三个报信的人跑来对曾母说："大家都说曾参的确杀了人。"这一刻，曾母心里骤然紧张起来，急忙扔掉手中的梭子，端起梯子，越墙逃走了。

那么，事情究竟如何呢？原来，在曾参的家乡，还有一个与他同名同姓的人，杀人的是彼曾参而不是此曾参。

另一个故事是三人成虎：

魏国大臣庞葱(恭)，将要陪魏太子到赵国去做人质。他很担心离开时间长了，会有人在魏王面前诋毁自己，以至于魏王会逐渐疏远自己。于是，临行前他委婉地对魏王讲了一个故事，说："现在有一个人来禀报，说集市上出现了一只老虎，大王会相信吗？"

魏王说："不信。"

庞葱说："第二个人又来禀报，说集市上出现了一只老虎，大王会相信吗？"

魏王说："我怀疑这是真的。"

庞葱又说："第三个人又来禀报，说集市上出现了一只老虎,大王会相信吗?”

魏王说:“我相信了。”

庞葱趁势说:“集市上没有老虎是明摆着的事,但是有三个人说有老虎,就变成真的有老虎了。我即将奔赴的赵国都城邯郸,离魏国大梁比这里的集市远多了,而在大王面前议论我的人也一定会超过三个。希望大王能考察识别那些人的话,不要轻信。”

魏王说:“我自然知道这个道理。”

于是庞葱告辞而去。很快就有许多谣言传到了魏王耳朵里。后来太子结束了当人质的生涯,回到了祖国。庞葱跟太子回国后,果然再也没有得到魏王的召见。

看来魏王还是听信了传言。庞葱临行前苦口婆心的表白,根本抵不过谗言与诽谤。

只有智者才不会轻易相信传言。

二十三 放于利而行,多怨

【经典】

zǐ yuē fǎng yú lì ér xíng duō yuàn

子曰:“放于利而行,多怨。”

lún yǔ lǐ rén

——《论语·里仁》

【解读】

孔子说:“依照自己的私利而行动,会招致很多怨恨。”

【人生智慧】

古罗马哲人西塞罗说:“对金钱的欲望必须尽力摒除。唯爱财富之心使人度量狭小,精神卑鄙。”

墨西哥哲人利萨尔迪也说:“当金钱说话时,真理都缄默了。”

英国的莎士比亚说:“有钱路路通。”莎翁还说:“权力是一头固执的熊,可是金子可以拉着它的鼻子走。”

中国也有句俗话——“有钱能使鬼推磨”。

可见,金钱对人具有不可或缺的重要性。在很大程度上,金钱能给人带来安全感。一个身无分文、吃了上顿没下顿的人,是没有安全感的。金钱,能给人提供最基本的衣食住行的保障,在更高层面上,还能给人带来尊崇与荣耀。这些都是毋庸置疑的。我们不否定金钱的功能与作用。人有了钱,能够活得更舒适。但是,金钱毕竟是为人服务的。很多人的可悲之处就是没看清这一点,从而让自己沦为金钱的奴隶,自己的一生也败在金钱手里。

孔子时代,季孙氏是鲁国的权臣望族,拥有无尽的财富,而孔门弟子冉求继续为季孙氏聚敛财富。孔子得知后说:“冉求不遵从我的教诲,就不算是我的学生了,你们可以鸣鼓攻击他了。”

俗话说,“人不为己,天诛地灭”。一个人看重私利是在所难免的。有的时候,你的私利或许不会妨碍他人,但在大多数情况下,对私利的无尽追逐会有害于他人,遭怨也就难免了。人争取利益是可以理解的,但一定要以义为准则,不仅要满足自己适度的生存需求,还要顾及他人的存在。对大多数人来说,完完全全舍利取义是不大可能的,但是,完全“放于利”也是万万不可取的。大肆聚敛财富的贪官,就为我们提供了极好的反面教材。

中国历史上，有一个巨贪，他不是王侯将相之后，又非出身名门，却想将全天下据为己有，这个人就是吕不韦。吕不韦本是濮阳人，在邯郸做生意，一次偶然看到在赵国做人质的秦国王子异人。吕不韦回到家中对他的父亲说："种地的利润能有几倍？"

父亲说："十倍。"

"贩卖珍珠美玉的赢利，有多少倍？"

父亲说："一百倍。"

"拥立一个国家的君主，赢利是多少倍？"

父亲说："无数倍。"

吕不韦说："如今我们辛辛苦苦地耕田种地，也不能穿暖吃饱，家里没有余粮。如果现在建立一个国家，拥立一个国君，子孙后代也可以享用我们的恩泽。我想办成这件事。”

那时，秦国王子异人被送往赵国做人质，住在聊城。秦、赵两国关系恶化，不时发生战争，异人倍受冷遇。他缺少出行的车马和日用的财物，生活困窘，颇为失意。吕不韦特意前往聊城，为他出谋献策，对他说：“子傒具备继承王位的基础，还有他母亲在宫中帮他。如今您没有母亲在宫中，又托身于一个不可知的国家，一旦秦国和赵国背弃盟约，你就会化为粪土。如果您根据我的安排行事，请求回到秦国，就可以拥有秦国。”异人说：“可是我现在身为人质，怎样才能回到秦国呢？”吕不韦自告奋勇地答道：“我为您出使秦国，秦国一定会来请您回国的。”

接下来，吕不韦又跑到秦王后的弟弟阳泉君那里，劝说阳泉君道：“您已经犯下了死罪，您自己知道吗？您手下的人个个都身居高官显职，太子手下的人却没有一个显贵的。您的府库里藏满珍珠宝贝与美玉，马厩里充斥着骏马，后院里充斥着美女。大王年事已高，一旦哪天与世长辞，太子执政，您的形势就会非常危险，怕是不可能活到第二天了。”吕不韦一番话，把阳泉君激了个透心凉，一股寒气沿着脊柱直升脑门。吕不韦接着说：“有一个办法可以让您享受千万年的富贵，稳如泰山，一定能消除任何危险和忧患。”

阳泉君离开自己的座位，神色慌张地问吕不韦有什么办法可以帮他消除隐患。吕不韦说：“大王年事已高，王后没有儿子，子傒有继承王位的基础，又有士仓辅佐他。一旦哪天大王去世了，子傒继位，士仓执掌国政，王后门前一定会生满野草。王子异人非常贤德而有才能，他被遗弃在赵国，宫里也没有母亲，他伸长脖子向西张望，希望有朝一日能够回归秦国。如果王后能请回异人并且将他立为太子，这样一来，王子异人本来没有国家也可以拥有国家了，王后本来没有儿子也可以有儿子了。到时候，您不仅不会再有任何忧患，而且会继续尽享荣华富贵。”

阳泉君认为这真是一个绝妙的万全之策，就去劝说王后，王后于是请求赵国让王子异人回国。

在赵国把异人送回去之前，吕不韦又对赵国说：“王子异人，是秦王非常宠爱的儿子，他在宫中没有母亲了，王后想立他为儿子。假使秦国想攻打赵国，不会因为顾及一个儿子而放弃这个计划，那这个人质就没有任何实际的意义了。假如让王子异人回国并且立为太子，赵国奉上丰厚的礼品送他回国，他一定不会背叛赵国的恩德，定会因此而与赵国交好。如果不是这样的话，一旦如今的秦王去世，赵国虽然拥有异人作为人质，也不足以结交秦国。”赵国觉得这番话分析得很有道理，于是遣送异人回国。

异人回到秦国后，吕不韦让他穿上楚地的衣服去拜见王后。王后很欣赏他的外表与装扮，认为他很有智慧，说：“我来自楚国啊。”并且认他为儿子，给他改名叫楚。秦王让他诵读诗书，他说：“我从小被抛弃在外国，不曾有老师教我学习经书，我不习惯读书。”秦王不再勉强他。异人还是留下来了。过了一段时间，他说:“陛下曾经在赵国停留过，结交了不少赵国的豪杰。如今大王回国以后,他们都向西凝望。大王没有派一个使者去问候他们,我担心他们心中会有些不满。不如命令边境早闭晚开,加强戒备。”秦王认为他说得有道理,惊叹他的心机。王后劝秦王立异人为太子。秦王于是召来相国,命令他对全国下令说:“我的儿子中没有谁能比得上楚。”随后就把楚立为太子。

太子楚即位后,封吕不韦为相国,赐号文信侯,封给他蓝田十二个县作为采邑,王后被封为华阳太后。

二十四　敏于事而慎于言

【经典】

zǐ yuē jūn zǐ shí wú qiú bǎo jū wú qiú ān mǐn yú shì

子曰："君子食无求饱，居无求安，敏于事

ér shèn yú yán jiù yǒu dào ér zhèng yān kě wèi hào xué yě yǐ

而慎于言，就有道而正焉，可谓好学也已。"

lún yǔ xué ér

——《论语·学而》

【解读】

孔子说："君子，吃不求饱足，居不求舒适，做事勤敏，言谈谨慎，跟有道之人学习以匡正自己，这样就可以算得上好学了。"

【人生智慧】

燕国的太子丹在秦国做人质，他逃亡回国，发现秦国即将灭掉其他六个国家,秦军已经逼近易水。太子丹害怕灾祸会降临到自己的国家,忧心忡忡,找太傅鞠武商量对策。

过了一段时间,樊於期将军从秦国逃亡到了燕国,太子丹接纳了他,却遭到太傅鞠武的坚决阻拦。鞠武认为此举必定触怒强秦,燕国必定招致秦国更为迅猛的进攻。太子丹却认为樊将军陷入穷途末路,投靠自己,自己不能不顾念旧情。

鞠武无奈, 只得向太子丹推荐了燕国足智多谋的勇士田光。太子丹派鞠武去拜见田光,并迎请田光入宫。

田光到来时,太子丹跪在地上迎接他,为他带路,为他擦拭座席。

田先生坐好了,周围没有别人,太子丹离开自己的座位请教说:“燕国和秦国势不两立,希望先生留意啊。”

田光说:“我听说骐骥盛年健壮的时候,一天就能奔驰一千里,等到它衰老的时候,劣等的马也能跑到它前面。如今太子听说我盛壮时候的情形, 不知道现在我已经老了。尽管如此,我不敢耽误了国家大事。我有一个好朋友荆轲,您可以找他商量。”

太子丹问道:“我希望通过您跟荆轲结交,可以吗?”

田光说:“恭从命令。”随即就站起来,快步走了出去。太子丹送他到门口,说:“我所禀报先生的,是国家大事,希望先生不要泄露啊!”

田光俯身笑了笑,说:“好的。”

田光去见荆轲,说:“我跟您是好朋友,燕国人没有不知道的。现在太子听说了我盛年时候的情形，不知道我的身体已经不行了，有幸听他教导我说：'燕国和秦国势不两立，希望先生留意啊。'我没有把您当外人，就把您推荐给了太子，希望您到宫中去拜访太子。"

荆轲答应了。

田光说："我听说有德行的人做事，不要让人对自己起疑心。太子告诫我说：'我所说的是国家大事，希望先生不要泄露。'这表明太子怀疑我。为别人做事却使人怀疑自己，不是有气节的侠士。希望您赶紧去拜访太子，就说我已经死了，向他表明我没有把国家大事泄露。"随后田光自杀了。

太子丹得知田光死了，伤心不已，泪如雨下。

田光用自己的生命向太子丹宣示了忠诚，他们之间的筹划绝对不会泄露，真是烈士之举啊。筹划一件大事，必须谨慎周密，绝对不能泄露，这是"慎于言"的一个方面。

话说荆轲履行自己对于朋友田光的承诺，准备为太子丹效劳。

太子丹把荆轲尊为上卿，让他住在上等的宾舍，每天亲自问候他，供给他锦衣玉食和珍贵罕见的宝物。

过了很长时间，荆轲还是没有出发的意思。秦国大将王翦攻破赵国，俘虏赵王，占领赵国全部领土，向北进军侵略土地，到达燕国南部边界。

太子丹惊恐了，对荆轲说："秦兵随时都会渡过易水，虽然我想长期伺候您，但怎么能做到呢？"

荆轲说："太子不说，我也想谒见您。现在出行如果没有信物，那还是不能赢得秦国的信任啊。那位樊於期将军，秦王出一千金、一个拥有一万户人家的城邑悬赏他。如果能得到樊於期将军的头，以及燕国督亢地区的地图，献给秦王，秦王一定高兴见我，这样我才能报答太子。"

太子说："樊将军在穷途末路的时候来投靠我，我坚决不能这么做，希望您再想别的办法。"

荆轲知道太子不忍心这么做，于是就私自去见樊於期，说："秦国对待您可以说够狠毒的了，父母和宗族都被杀戮了。如今我听说他们悬赏重金和大片的土地来交换您的脑袋，您将怎么办？"

樊於期仰天长叹，流着泪说："我每次想到这里，经常感到痛彻骨髓，就是想不出什么办法啊！"

荆轲说："我有一个办法，可以为燕国解围，并且为您报仇，怎么样？"

樊於期上前说："怎么办呢？"

荆轲说："我想得到您的脑袋献给秦王，秦王一定会很高兴，而且见面的时候会善待我。我用左手抓住他的衣袖，用右手刺穿他的胸膛。这样一来，您的仇就报了，而且燕国受的欺凌也可以昭雪了。您愿意这么做吗？"

樊於期脱下一只衣袖，露出一条胳膊，用左手抓住右手手腕，走上前说："这是我日夜感到切齿痛心的，今天才得到教导。"于是自杀了。

在田光、荆轲和樊於期身上，我们都看到了成大事之人的决断和果敢。这就是所谓的“敏于事”“慎于言”吧。

“言之不出，耻躬不逮”，君子有时候筹划一件事，即便内心拿定了主意，也未必要嘴上说出来。事情还没办成，就搞得尽人皆知，万一做不到，怎么收场？用事实说话，最有力量。只有华而不实的人，才会夸夸其谈，因为他们本不打算为自己说出的话负任何责任。

敏于事而慎于言

二十五　行己有耻，使于四方，不辱君命

【经典】

zǐ gòng wèn yuē hé rú sī kě wèi zhī shì yǐ zǐ
子贡问曰："何如斯可谓之士矣？"子
yuē xíng jǐ yǒu chǐ shǐ yú sì fāng bù rǔ jūn mìng kě wèi
曰："行己有耻，使于四方，不辱君命，可谓
shì yǐ
士矣。"

lún yǔ zǐ lù
——《论语·子路》

【解读】

子贡请教道："怎样才可以称得上是一位士人呢？"孔子说："做事时，要能知耻而有所不为；奉命出使别国，能顺利完成任务，不辱君上命令。这种人，可称得上士了。"

【人生智慧】

法国著名作家司汤达说："羞耻心是人的第二内衣。"我们说，羞耻心也是一个人的行为底线。没有羞耻心，做事就没有底线。没有底线，那就什么自私自利的事情都能做出来了。

一个有羞耻心的人，不会轻易招致耻辱，也不会让自己受到侮辱。刘向的《说苑》中记载了"晏子使楚"的故事。晏子身材短小，出使楚国时，楚人为了羞辱他，只打开一扇小门迎接他。晏子拒绝从小门进入，他说："使臣到了狗国，就从狗门进入。如今我出使楚国，不应当从这个门入城。"楚国只得开了大门，晏子入见楚王。晏子的机智与勇敢，为自己赢得了敬重与尊严，避免了对方的羞辱。

蔺相如"完璧归赵"的故事也被传为美谈。公元前283年，秦昭襄王派使者带着国书去邯郸城见赵惠文王，说秦王愿出十五座城来换赵国珍贵的"和氏璧"，请赵王一定答应。赵惠文王很是为难，不想答应。答应的话，怕上了秦国的当，失去和氏璧，还拿不到秦城；不答应的话，又怕得罪秦国。赵国君臣上下都不知道该怎么办。

这时，有人推荐蔺相如，说他有胆有识，赵惠文王就把蔺相如召来，想听他的意见。蔺相如说："秦强赵弱，不答应不行。"赵惠文王说："要是把和氏璧送去，秦国得到和氏璧，却不兑现城池，怎么办？"蔺相如说："秦国拿十五座城来换一块璧玉，出的价够高了。要是赵国不答应,错在赵国。大王把和氏璧送了去,要是秦国不交出十五座城,那错在秦国。所以,综合考虑,不论结果怎样,我们都应该答应。”

赵惠文王说:“那就请先生去一趟秦国吧。万一秦国不守信用,怎么办?”蔺相如说:“秦国交出十五座城,我就把和氏璧留下;不然的话,我一定把璧完好无损地带回来。”

蔺相如带着和氏璧到了咸阳。秦昭襄王得意地在别宫接见他。蔺相如献上和氏璧。秦昭襄王接过来看了又看,十分高兴。他又把璧递给美人和左右侍臣,让大伙儿传看。大臣们纷纷向秦昭襄王道贺。蔺相如站在朝堂上等了老半天,秦王也不提换城的事。他明白秦王不是真心要拿城来换璧。

蔺相如急中生智,上前对秦王说:“这块璧虽说名贵,可也有点不太明显的瑕疵,让我指给大王看看。”

秦王信以为真,就吩咐侍从把和氏璧递给蔺相如。

蔺相如一拿到和氏璧,往后退了几步,靠着宫殿上的一根大柱子,瞪着眼睛,怒气冲冲地说:“大王您派使者到邯郸来,承诺用十五座城交换和氏璧。赵王诚心诚意派我把和氏璧送来。可是,大王并没有交换城池的诚意。如今璧在我手里,大王要是逼我的话,我宁可把自己的脑袋和这块璧在这根柱子上一同撞碎!”说着,蔺相如拿着和氏璧,对着柱子做出要砸的样子。

秦王怕蔺相如真砸坏了璧,连忙向他赔罪说:“先生别误会,我哪能食言?”说着命令大臣呈上地图,把准备交换给赵国

的十五座城指给蔺相如看。

蔺相如担心再次上当，就说："赵王送和氏璧到秦国来之前，斋戒了五天，还在朝堂上举行了一个很隆重的仪式。大王如果诚心诚意换和氏璧，也应当斋戒五天，然后再举行一个受璧仪式，我才敢把和氏璧奉上。"

秦王觉得胜券在握，就满口答应下来，并吩咐人把蔺相如送到宾馆去歇息。

蔺相如回到住处，叫一个随从打扮成生意人的模样，把璧贴身藏着，偷偷地从小道跑回邯郸去了。

过了五天，秦王召集大臣及在咸阳的别国使臣，在朝堂举行接受和氏璧的仪式，并吩咐蔺相如上朝。蔺相如不慌不忙地走上殿去，向秦王行礼。秦王说："我已斋戒五天，现在你把和氏璧拿出来吧。”

蔺相如说:“秦国自秦穆公以来,前后二十几位君主,没有一个讲信义的。我怕受欺骗,丢了和氏璧,对不起赵王,所以把和氏璧送回邯郸去了。请大王治罪吧。”

秦王大发雷霆,说:“是你欺骗了我,还是我欺骗你?”

蔺相如镇定地说:“大王请息怒,让我把话说完。天下都知道秦强赵弱。天下只有强国欺负弱国,绝没有弱国欺压强国的道理。大王真要和氏璧的话,请先把那十五座城割让给赵国,然后打发使者跟我一起到赵国去取和氏璧。赵国得到了十五座城以后,绝对不敢不把和氏璧交出来。”

秦王权衡利弊,还是放蔺相如回邯郸去了。

同晏子一样,蔺相如也是机智果敢,不辱使命,令人赞叹。这样机智英勇的士人,为自己赢得了美名,也为国家争得了荣誉。

二十六　不患莫己知，求为可知

【经典】

zǐ yuē bù huàn wú wèi huàn suǒ yǐ lì bù huàn mò jǐ zhī qiú wéi kě zhī yě

1．子曰：“不患无位，患所以立；不患莫己知，求为可知也。”

lún yǔ lǐ rén

——《论语·里仁》

zǐ yuē jūn zǐ bìng wú néng yān bù bìng rén zhī bù jǐ zhī yě

2．子曰：“君子病无能焉，不病人之不己知也。”

lún yǔ wèi líng gōng

——《论语·卫灵公》

【解读】

1.孔子说：“不必忧心没有职位，该忧心的是有没有胜任这一职务的才德；不必担心没有人了解自己，要努力提升自己的才德争取被人赏识。”

2.孔子说："君子只担忧自己没有才德，不担心别人不知道自己。"

【人生智慧】

毛遂自荐的故事已家喻户晓了：

战国时，秦军在长平一战中大胜赵军。秦军主将白起领兵乘胜追击，包围了赵国都城邯郸。

大敌当前，赵国形势万分危急。平原君赵胜奉赵王之命，去楚国求兵解围。平原君把门客召集起来，打算挑选二十个文武双全的门客一起去。经过精挑细选，最后还缺一个人。此时，门下有一个叫毛遂的人走上前来，向平原君自我推荐说："听说先生要到楚国去签订'合纵'盟约，约定与门客二十人一同前往，现在还少一个人，希望先生就以毛遂凑个数出发吧！"平原君说："先生来到赵胜门下几年了？"毛遂说："三年。"平原君说："贤能的人处在世界上，就好比锥子处在囊中，它的尖梢立即就要显现出来。现在，您在赵胜门下已经三年，左右的人对您没有称道，赵胜也没听到赞语，这应该是因为先生没有什么才能的缘故，所以先生不能一道前往。"毛遂说："我不过今天才请求进到囊中罢了。如果我早就处在囊中的话，就会像锥子那样，整个锋芒都会露出来，不仅是尖梢露出来而已。"平原君终于答应了毛遂，允许毛遂一道前往。

到了楚国，楚王只接见平原君一人。两人坐在殿上，从早晨谈到中午，还没有结果。毛遂大步跨上台阶，远远地大叫道：“出兵的事，非利即害，非害即利，简单而又明白，为何议而不决？”

楚王非常恼火，问平原君：“此人是谁？”平原君答道：“此人名叫毛遂，是我的门客。”

楚王喝道：“给我退下！我和你的主人说话，有你说话的份儿吗？”毛遂见楚王发怒，不但不退下，反而又走上几层台阶。他手按宝剑，说：“如今十步之内，大王性命在我手中！”

楚王见毛遂那么勇敢无畏，就给了毛遂一个机会，听他把话讲完。毛遂就把出兵援赵有利楚国的道理做了精辟分析。毛遂一番话，说得楚王心悦诚服，答应马上出兵。不几天，楚、魏等国联合出兵援赵，秦军撤退。平原君回到赵国后，待毛遂为上宾。

晋代文豪陆机在《文赋》中有这样一句话：“石韫玉而山辉，水怀珠而川媚。”是金子就一定会发光，所以，不必担心自己的亮度不够，当务之急，是先把自己炼成金子。

二十七　不迁怒，不贰过

【经典】

āi gōng wèn dì zǐ shú wéi hào xué kǒng zǐ duì yuē yǒu yán huí zhě hào xué bù qiān nù bù èr guò bù xìng duǎn mìng sǐ yǐ jīn yě zé wú wèi wén hào xué zhě yě

哀公问："弟子孰为好学？"孔子对曰："有颜回者好学，不迁怒，不贰过，不幸短命死矣！今也则亡，未闻好学者也。"

lún yǔ yōng yě

——《论语·雍也》

【解读】

鲁哀公问孔子："您的弟子中，哪一位好学？"孔子回答说："有一名叫颜回的弟子最好学，他从不把心中的愤怒转嫁到无关的人身上，也从不重复犯同样的错误，可惜他不幸短命死了！现在没有了，再也没听说有这么好学的人了。"

【人生智慧】

古希腊哲学家德谟克利特说过:“人不会两次踏进同一条河里。”有人对此的解读是,时间是不停运行的,即便一个人再次踏入同一条河流,但是环境已经发生变化了,实际已经不是同一条河了。

也有人引申为同样的错误不能犯第二次。聪明的人不会犯相同的错误,因为他会从第一次的错误中吸取经验教训。聪明的人也不会把怒气发泄到不相干的人或事上。迁怒于人,重复犯同样的错误,是一般人的通病。正因如此,不迁怒,不贰过,就成了检验一个人真正成熟与具有智慧的重要标准。这话说起来很容易,实践起来却很难,这也是孔子之所以突出强调这两个特点来夸奖自己的爱徒颜回的原因吧。

颜回是孔子最看重的学生,非常爱学习,也很有悟性,品德高尚。有一天,颜回出去办事,看见一家布店前围着很多人,吵吵嚷嚷。他看了一会儿,挤进去问原因,才知道是买卖双方发生了纠纷。

买方大嚷大叫:“三八二十三,三八就是二十三,你为啥要我二十四钱?”

颜回听了,走到买布的跟前,鞠了一躬,说:“这位大哥,三八二十四,怎么会是二十三呢?你算错了,不要吵啦。”

买布的自然不服气，说：“你是谁？你说三八二十四就是二十四了？你算老几？要评理只有找孔夫子，错与不错只有他说了算！走，咱找他评理去！”

颜回见他火气很大，没法让他立刻平静下来，只好说：“那好吧。不过，要是孔夫子也说你错了怎么办？”

买布的说：“说我错了，就把我的头输给你。要是你错了呢？”

颜回说：“要是我错了，就把我的帽子输给你。”

二人一边打赌，一边来到孔子的住处。孔子问明情况后，对颜回笑笑，说：“三八就是二十三！颜回，你输啦，把帽子取下来给人家吧！”

颜回向来听话，孔子说他错了，他就老老实实摘下帽子，交给了买布的。那人接过帽子，得意扬扬地走了。可颜回表面上

服从，心里实在想不通。他认为孔子已经老了，决定回家，不再跟孔子学习了。

第二天，颜回声称家里有事，要请假回去。孔子明白颜回的心事，也不点破，就痛快地同意了。

临走前，颜回跟孔子告别。孔子告诉他办完家里的事，马上就回来，并嘱咐他两句话："千年古树莫存身，杀人不明勿动手。"

颜回走到半路，突然乌云滚滚，狂风暴雨，雷鸣电闪。颜回发现路旁有棵大树，树干上裂了个大洞，一个人刚好可以容身，他便钻进这个庞大的树洞里以避风雨。正要庆幸自己找到了这个避风港时，颜回猛然想起孔子跟他说的"千年古树莫存身"，心中一惊，便又从树洞里走出来。

就在他刚刚离开不久，一个炸雷把那棵大树劈断了。颜回大吃一惊：老师一句话救了我的命！

颜回一边回味着这番惊险的经历一边赶路，赶到家时已是深夜，他不想惊醒家人，就用随身佩戴的剑拨开了妻子卧室的门闩。颜回走到床前一摸，床上居然睡了两个人，不禁怒从心头起，举起剑就要砍下去，忽然脑中闪过孔子的话——"杀人不明勿动手"。他点灯一看，床上睡的是妻子和自己的妹妹。

颜回彻底服气了，等天一亮，就迫不及待地回到孔子那里，一见老师便跪下，说："老师，您真的料事如神呐！"

孔子把颜回扶起来，说："昨天天气燥热，估计会有雷雨，所以提醒你‘千年古树莫存身’。你心怀怒气，身上还佩着剑，所以告诫你‘杀人不明勿动手’。”孔子接着说：“我知道你请假回家是假，以为我老糊涂了不愿再跟我学习是真。你想：我说三八二十三，你不过只输个帽子；我要是说三八二十四，便是判定他输了，那他可是要输给你脑袋啊！你说帽子重要还是人命重要？”

这件事情，让颜回对自己的老师心悦诚服：老师才是真正的智者，把丰富的人生阅历都转化凝练为生命的智慧。

二十八　反求诸己

【经典】

mèng zǐ yuē　ài rén bù qīn　fǎn qí rén　zhì rén bù zhì

孟子曰：“爱人不亲，反其仁；治人不治，

fǎn qí zhì　lǐ rén bù dá　fǎn qí jìng　xíng yǒu bù dé zhě　jiē

反其智；礼人不答，反其敬。行有不得者，皆

fǎn qiú zhū jǐ　qí shēn zhèng　ér tiān xià guī zhī　shī yún

反求诸己；其身正，而天下归之。《诗》云：

yǒng yán pèi mìng　zì qiú duō fú

‘永言配命，自求多福。’”

mèng zǐ　lí lóu shàng

——《孟子·离娄上》

【解读】

孟子说：“爱别人却得不到别人的亲近，那就应反问自己是否具备足够的仁爱；管理别人却不能管好，那就应反问自己是否具备足够的管理才能；礼貌待人却得不到别人的以礼相

待,那就应反问自己的言行是否足够恭敬。凡是行为得不到预期的效果,都应进行自我反省。自身行为端正了,天下人就会归服。《诗经》中说:‘长久与天命配合,就能享受更多的福报。’”

【人生智慧】

这话很有道理,遇到一些事情的时候,我们的确应该先从自己身上找找原因。有一个小故事,令人很受启发:

从前有一个乞丐,他很想过正常人的生活,所以他每天总要把乞讨的一些粮食积攒起来。可是积攒了好多年,他的粮食还是只有那么一点点。他不明白是怎么回事。他打算弄个明白。

一天夜里,他悄悄地躲在一个角落看着他的粮食。结果,他看见一只大老鼠来偷吃他的粮食。他很气愤,就对老鼠喊道:“富人家那么多粮食你不去吃,为什么偏偏偷吃我辛辛苦苦攒下的这点可怜的粮食?”突然,老鼠说话了:“你命里只有八分米,走遍天下不满升。”乞丐问老鼠:“这是为什么?”老鼠对他说:“我也不知道,你去问佛祖好了。”

乞丐下了决心,要去西天向佛祖问个明白,看看到底是什么原因让他有这样的命运。

乞丐第二天就出发了。他一路乞讨,走了好多路。有一天,他赶到天黑才好不容易见到一户人家,便上前敲门,出来一个管家问他有什么事,他说讨点饭吃。正好这家的主人李员外出来看见了,就问他为什么这么晚了还在赶路。乞丐就说了他要去西天问佛祖的想法。员外听了赶紧把他请到屋里坐下,给他拿了好多干粮和一些银子。乞丐问员外为什么对他这个素不相识的人这么好。员外说明了缘由,原来他家女儿都16岁了,还不会说话,他曾经发过誓说谁能让他的女儿说话,他就把女儿嫁给谁,可是一直没有人能够做到。他想拜托乞丐去西天帮忙问问佛祖是什么原因。

乞丐心想反正是去西天顺便的事,于是答应了。

乞丐又走了许多山路,走到一座山上看见一座庙,就进去讨水喝,看见一个老和尚拄着一根锡杖,很老的样子,但很精神。老和尚给了他水喝,并且叫他休息一会儿,遂问他要到哪里去。乞丐说明去向。老和尚拉住他的手说:“拜托你一定帮我去西天问问佛祖,我都修行500多年了,按说早该升天了,为什么还飞不起来。”乞丐也答应了这个老和尚的请求。

乞丐再往前走,又过了许多沟沟坎坎。乞丐来到一条大江边上,江里没有一条船。他着急了:这可怎么办?怎么过去?乞丐哭了起来,心想:“难道我的命就该这么苦吗?”

突然,江里一只老龟浮出水面。老龟说人话了,问乞丐在这里哭什么。乞丐把事情的经过说了一遍。老龟对他说:“我都修行1000多年了,按说早该成龙飞走了,为什么还是一个老龟?如果你去了西天能够帮我问问佛祖,我就把你驮到对面。”乞丐很痛快地答应了。

又走了不知多少天,乞丐还没有见到佛祖。他心里纳闷了:佛祖到底在哪里?西天按说早该到了啊。乞丐很伤心,迷迷糊糊地就睡着了。突然佛祖出现了,乞丐很高兴,佛祖问:“你这么大老远来这里,一定是有什么很重要的事要问吧?”乞丐说:“是的,我要问几个问题,希望佛祖能够给我说个明白。”

佛祖说:“好啊,不过有个条件,你最多只能问三个问题。因为一直以来都没有人问三个以上的问题。”乞丐答应了,心里想:我问哪三个呢?

乞丐觉得自己的问题太不重要了,老龟修行了1000多年,很不容易,它的问题应该问问;老和尚修行500多年了,也很辛苦,他的问题也应该问问;员外的女儿很可怜啊,不能说话怎么嫁得出去?她的问题也应该问问。

于是乞丐问了第一个问题。

佛祖告诉他,老龟是因为舍不得它那背上的龟壳才变不成龙的,它的龟壳里藏有24颗夜明珠。如果它把龟壳去了,就可以化成龙了。

第二个问题,佛祖回答说,老和尚整天都拿着他的宝贝锡杖,心里整天记挂着他的锡杖是个宝物,用它在地上一扎,地上就会有清泉出现。如果老和尚舍得扔掉那根锡杖,他就可以升天了。

乞丐很高兴,又问了第三个问题。佛祖回答,哑巴女孩见到她的心上人自然就会说话了。刚说完,佛祖就不见了。

乞丐觉得有些失落,但再想想,事已至此,自己的事也没有什么了,还是继续乞讨过日子吧,于是就往回赶路。他来到那条江边,老龟已经算到他该回来了,一直在等他,就急着问佛祖是怎么说的。乞丐说:“你先把我渡过江去我跟你说。”老龟把他渡了过去。乞丐说了缘由。老龟一听就明白了,就把龟壳脱了下来送给乞丐说:“这里面有24颗夜明珠,是无价之宝,对我已经没有用处了,我就把它送给你了。”老龟变成龙飞走了。

乞丐拿着24颗夜明珠又往回赶路,来到山上见了老和尚。老和尚急着问佛祖怎么回答的。乞丐说了缘由。老和尚一听非常高兴,就把那根宝贝锡杖送给了乞丐。老和尚马上就腾云飞走了。

乞丐来到员外家门口。突然从里面跑出一个姑娘,大声喊道:“那个问佛祖话的人回来了。”员外也跑了出来,他很吃惊他的女儿怎么突然会说话了。乞丐说了佛祖的话。员外非常高兴,就把女儿嫁给了乞丐。

爱出者爱返,福往者福来。

为别人着想,一定也有人想着你,这就是规律。

一个故事,不同的人总是可以从中读出不同的寓意。那么,这个故事跟我们所探讨的“反求诸己”,又有什么关联呢?稍加推敲,我们不难发现:老龟不能化龙,是因为舍不得自己宝贵的珍珠;老和尚不能升仙,是因为舍不得自己宝贵的锡杖。一个人在生活中遇到的任何不如意，如果都能先从自身找找原因，答案恐怕就在不远处了。孔子的哲学都是一脉相承的，“反求诸己”，也是“不怨天，不尤人”的延伸吧。

二十九 生于忧患，死于安乐

【经典】

mèng zǐ yuē shùn fā yú quǎn mǔ zhī zhōng fù yuè jǔ yú bǎn
孟子曰：“舜发于畎亩之中，傅说举于版
zhù zhī jiān jiāo gé jǔ yú yú yán zhī zhōng guǎn yí wú jǔ yú shì
筑之间，胶鬲举于鱼盐之中，管夷吾举于士，
sūn shū áo jǔ yú hǎi bǎi lǐ xī jǔ yú shì gù tiān jiāng jiàng dà
孙叔敖举于海，百里奚举于市。故天将降大
rèn yú shì rén yě bì xiān kǔ qí xīn zhì láo qí jīn gǔ è qí
任于是人也，必先苦其心志，劳其筋骨，饿其
tǐ fū kōng fá qí shēn xíng fú luàn qí suǒ wéi suǒ yǐ dòng xīn rěn
体肤，空乏其身，行拂乱其所为；所以动心忍
xìng zēng yì qí suǒ bù néng rén héng guò rán hòu néng gǎi
性，曾（增）益其所不能。人恒过，然后能改；
kùn yú xīn héng yú lǜ ér hòu zuò zhēng yú sè fā yú shēng
困于心，衡于虑，而后作；征于色，发于声，
ér hòu yù rù zé wú fǎ jiā bì shì chū zé wú dí guó wài huàn
而后喻。入则无法家拂士，出则无敌国外患

zhě guó héng wáng rán hòu zhī shēng yú yōu huàn ér sǐ yú ān lè

者，国恒亡。然后知生于忧患而死于安乐

yě

也。"

mèng zǐ gào zǐ xià

——《孟子·告子下》

【解读】

孟子说："舜从田间劳作中成长起来，傅说从筑墙的苦役中被选拔出来，胶鬲从鱼盐买卖中被举任，管仲从一名囚犯被提拔起来，孙叔敖从海边被发现，百里奚从奴隶市场上被选任。所以，上天将要把重大使命降落到某个人身上时，一定要先使他的意志受到磨炼，使他的筋骨受到劳累，让他的身体忍受饥饿，让他备受穷困之苦，做任何事情都不能一帆风顺。用这样的方式来触动他的心志，坚韧他的性情，增长他的才干。人总是要经常犯错误，然后才能改正错误；心气郁结，殚精竭虑，然后才能奋发向上；(内心的情志)在脸上显露出来，从嘴里表达出来，然后才能被人所了解。一个国家，内部没有守法的大臣和辅佐的贤士，外面没有敌对国家造成的忧患，往往容易亡国。由此可知，忧患使人生存，安逸享乐往往使人败亡。"

【人生智慧】

我们先来看看上文中提到的管仲之外的这几个人物的

故事。

舜的故事：

据《尚书·尧典》及《史记·五帝本纪》记载：舜出身贫寒，曾种过田，捕过鱼，做过陶器和多种手工活，还做过小生意。舜的父亲瞽瞍在舜的母亲死后，续了弦，又生了一个儿子名叫象。瞽瞍不明是非，后母嚣张跋扈，象恃宠而骄、狂傲凶暴。这三个人一心想杀害舜。舜每次都设法躲开，而且更加敬慎地侍奉父母，对象也很友善。

可是瞽瞍等人并未迷途知返。有一次，他们要舜爬到粮仓上去干活，却在下面放火焚烧粮仓，舜利用斗笠护身，跳下来逃走了。

后来瞽瞍又要舜挖井，等舜下到井里，瞽瞍便与象把泥土

倒入井中，想把舜活埋。舜只好利用事先已挖好的井中隐秘通道逃走。

尽管如此，舜依然孝顺瞽瞍，爱护象，且赢得了外界更多人的尊敬。

尧把自己的两个女儿许配给舜，又让舜担任各种官职来考察他的才能，结果都令人满意。尧把自己的高位传给了舜。

傅说的故事：

《史记·殷本纪》记载：商王武丁即位时，商朝的国势已经日趋衰微。武丁想复兴商朝当年的盛况，但一时找不到好帮手，因此三年没有发表过任何言论，国家大事也交给冢宰处理，他自己则到处寻访人才。

有一天晚上，武丁做了个梦，梦见一位名叫说的圣人。他把梦中人的样貌描绘出来，要求百官各处寻找，最后终于找到了一个叫说的泥瓦匠。当说被带到武丁面前时，武丁眼前一亮，果然是梦中所见之人。武丁进一步与他交谈，发现他确实是一位贤能之士。武丁立即任命他为国相，协助处理政务。没过多久，商朝再度兴盛起来，这就是历史上著名的"武丁中兴"。

胶鬲的故事：

胶鬲据说是商末周初人，遭逢乱世，他隐身以贩卖鱼盐为生。周文王发现他是一位贤能之士，就把他推荐给商纣。胶鬲因此与比干、箕子等共同辅政。但商纣不仅不重用人才，还妒贤害能，杀死了比干，囚禁了箕子，施政更加暴虐，胶鬲没有可以施展抱负的机会。

武王伐纣时，纣眼见情势危急，就派胶鬲到武王军中斡旋。武王明确告诉了胶鬲进攻商朝都城朝歌的日期，要他转告纣王。后来因为天下大雨，武王的部队行动受阻，但武王担心商纣到时候不见武王军队前来进攻，会以为胶鬲欺骗自己而杀害胶鬲。于是，武王下令冒雨赶路，如期攻打商纣。但此后胶鬲下落不明，很可能又隐居了。

孙叔敖的故事：

孙叔敖是春秋时楚国人。他曾经隐居于海滨，后来有人向楚庄王推荐说他是个人才。楚庄王考验、观察了他三个月后，任命他为令尹。孙叔敖重视经济发展，改善人民生活，并实行一系列改革措施。在他的努力辅助下，楚国日渐强大，奠定了霸主地位。

百里奚的故事：

公元前655年，晋献公以美玉、良马贿赂虞国国君，向虞国借道，准备攻打虢国。

虞国大夫百里奚坚决反对借道给晋，认为虞、虢两国唇齿相依，唇亡齿寒。但虞国国君贪图晋国财货，竟然答应借道。结果晋国军队消灭虢国之后，在回师途中，又顺道把虞国消灭了，并俘虏了虞国国君及百里奚等人。

后来，秦晋联姻，晋献公把女儿嫁给秦穆公，以百里奚作为陪嫁的仆役。到了秦国，百里奚伺机逃跑，却又被楚国人抓住了。

秦穆公听说百里奚贤能，想用重金赎回他，又担心楚国人不答应，就派人向楚国交涉，说："我国的陪嫁者百里奚被留置在楚国，我想用五张黑羊皮赎回他，不知是否同意？"楚国居然很爽快地答应了。

当七十多岁的百里奚被解送到秦国时，秦穆公亲自为他卸除刑具，并和他讨论国家大事。百里奚委婉地拒绝道："我是亡国之臣，不值得下问。"

秦穆公说："虞国国君不听劝谏，才招致亡国，这并非您的过错啊！"秦穆公坚持向百里奚请教。两人一连谈了三天。秦穆公喜出望外，百里奚果然是一位不可多得的人才，随即任命他管理朝政大事。百里奚被称为"五羖大夫"。

孟子的这段话，成为自古以来的励志名言。很多人在逆境中，都是用这段话来安慰自己度过人生中的黑暗。不经历风雨，哪能见到彩虹？阳光总在风雨后。成大器的人，要准备好迎接来自生活的磨难和历练。

三十　逝者如斯，不舍昼夜

【经典】

zǐ zài chuān shàng yuē shì zhě rú sī fú bù shě zhòu yè
子在川上曰："逝者如斯夫，不舍昼夜！"

lún yǔ zǐ hǎn
——《论语·子罕》

【解读】

孔子站在岸上，看着滔滔不绝的流水，不由感慨道："岁月就好比这流逝的水，不分昼夜，一刻不停地奔逝。"

【人生智慧】

晋代著名诗人陶渊明在《杂诗》中写道："盛年不重来，一日难再晨。及时当勉励，岁月不待人。"明人钱福也作了一首十分励志的《明日歌》，诗云：

明日复明日，明日何其多。

日日待明日，万事成蹉跎。

世人皆被明日累，明日无穷老将至。

晨昏滚滚水东流，今古悠悠日西坠。

百年明日能几何，请君听我明日歌。

宋代大儒朱熹也是十分珍惜时间的人，他在一首题为《偶成》的绝句中这样总结自己的心得：

少年易老学难成，一寸光阴不可轻。

未觉池塘春草梦，阶前梧叶已秋声。

这首诗是说，少年时代用心学习，就能学得比较扎实。等到人年纪大了再学习，就比较困难了。所以，要在年轻时珍惜时间，好好学习。生命短暂，庄子曾经形容人的一生如同“白驹过隙”，倏忽一闪间，一辈子可能就没了。正是因为人生短暂，不甘被时间的长河淹没的才子志士们，总是努力追寻生命的价值和意义，力求让自己的一生在历史的滔滔洪流中留下一些永不磨灭的印记，这大概就是魏文帝曹丕所谓的“永恒”与“不朽”吧。曹丕在其文章《典论·论文》中说：“盖文章，经国之大业，不朽之盛事。”从这句话中我们可以看出，曹丕十分重视文章，因为肉体的生命结束后，精神可以通过文章这种载体得以延续。文化史上流传下来的所有名字，不都是通过其在人类文明史上做出的贡献而得到后世的尊重和认可吗？曹丕也渴望通过自己的文章，在文学史上占有一席之地。因此，曹丕特别重视精神追求和创作。这也是魏晋之际文学觉醒的一个重要标志。

有道是“珍惜时间吧，因为时间是组成生命的材料”。鲁迅先生也说过：“时间就像海绵里的水，只要愿挤，总还是有的。”忙忙碌碌的芸芸众生，能在人类历史长河中留下痕迹的，也唯有那些珍惜时间、努力实现自身价值的人。

汉代的孙敬，年少好学，博闻强记，而且视书如命，晚上看书学习常常通宵达旦。邻里人都称他为“闭户先生”。孙敬读书时，随时做笔记，常常一直学习到后半夜。夜里看书时间长了，有时不免打起瞌睡来，一觉醒来，他就会懊悔不已。有一天，抬头苦思的时候，他的目光停留在房梁上，顿时眼睛一亮，随即找来一根绳子，绳子的一头拴在房梁上，一头系在自己的头发上。这样一来，每当他累了困了打瞌睡时，只要一低头，绳子就会猛地拽一下他的头发，一阵疼痛会赶走睡意，把他惊醒。从这以后，他每天晚上都用这种办法发奋苦读。

经过年复一年的刻苦努力，孙敬饱读诗书，终于成为一名通晓古今的大学问家，在当时江淮以北颇有名气，常有不远千里的学子，负笈担书来向他求学解疑、切磋学问。这就是家喻户晓的“头悬梁”的故事。

战国时期，有一个人叫苏秦，是著名的政治家。他年轻时，曾到好多地方做事，力求游说诸侯，谋得高官要职，由于学问不深，结果处处碰壁。苏秦深感失意绝望。当他风尘仆仆、灰头土脸回到洛阳的家中，希望得到家人的温暖与慰藉时，他的嫂子正在做饭，看见他回来，甚至也不多加一把米。他的妻子正在织布，对他视而不见，根本没有走下织机跟他说一句话。家人的冷淡，对苏秦的刺激很大，所以，他决心要发奋读书。此后，他常常读书到深夜，拿一把锥子放在身边，一打瞌睡，就用锥子猛刺一下自己的大腿。猛然袭来的疼痛，让他瞬间清醒过来继续读书。苏秦最终成为名声大振的大纵横家，甚至差点改写了春秋战国时期的历史。

古诗文中，随处可见珍惜时间的生命感悟。

有关勉人惜时进取的名篇佳作很多，能真正努力把握时光的人却很少。孔子此言，毫无教训意味，而是用感慨的口气表达了自己对于生命流逝的体悟。时间的河流带走的是我们不能重来的生命啊，我们能不警醒而更加珍惜时光吗？

三十一　祸兮福之所倚，福兮祸之所伏

【经典】

祸(huò)兮(xī)福(fú)之(zhī)所(suǒ)倚(yǐ)，福(fú)兮(xī)祸(huò)之(zhī)所(suǒ)伏(fú)。孰(shú)知(zhī)其(qí)极(jí)？其(qí)无(wú)正(zhèng)也(yě)。正(zhèng)复(fù)为(wéi)奇(qí)，善(shàn)复(fù)为(wéi)妖(yāo)。人(rén)之(zhī)迷(mí)，其(qí)日(rì)固(gù)久(jiǔ)。

——《老(lǎo)子(zǐ)》第(dì)五(wǔ)十(shí)八(bā)章(zhāng)

【解读】

灾祸啊，幸福正依傍在其中；幸福啊，灾祸也正隐藏在其中。谁能准确预知祸福？它们并没有一个定准。正随时可能转变为邪，善随时可能转变为恶。人们迷惑不解，已经很久了！

【人生智慧】

“塞翁失马”是个家喻户晓的故事：

古时候，边境地区有个老人，他家的马无缘无故跑到北方地区去了。老人丢了马，邻居们都来安慰他，老人却说：“这怎么就不会是一件好事呢？”过了几个月，那匹马带着北方地区的良马回来了，邻居们都前来祝贺。老人却说：“这怎么就不会是一件坏事呢？”家中有很多好马，老人的儿子喜欢骑马，结果从马上掉下来摔断了腿。人们都来安慰老人，老人又说：“这怎么就不会是一件好事呢？”过了一年，战事又起，壮年男子都应征入伍拿起弓箭去作战。青壮年男子绝大部分在战场上牺牲了。唯独老人的儿子因为腿瘸而免于征战，父子俩的性命得以保全。这个故事恰好说明“祸兮福之所倚，福兮祸之所伏”的道理。

民间还流传着发生在光绪年间的一个故事：

江苏有位姓贾的先生，在上海租界一家洋行工作，深得老板信任。端午节前，老板派他去城南一带收欠款，他带上皮袋子就出发了。

事情进展顺利，到中午，他共收得一千八百多块银圆。贾先生走了半天，说了半天，早已口干舌燥，疲惫不堪，正好走到“十六铺”茶楼，就进去匆忙喝了点茶，然后急忙赶回去交差。

贾先生回到商行才发现皮袋子不见了，顿时如雷轰顶、大汗淋漓，吓蒙了。老板看他神色慌张、张口结舌、语无伦次，认为其中有诈，于是厉声斥责他辜负了东家的信任，并声称如不赶快归还银圆，就送他见官。

一千八百多块银圆在当时可是一笔巨款，足够一个人用一辈子了。贾先生有口难辩，绝望地大哭起来。

话分两头，另有一位浦东人，姓义，也在租界经商，因运气不好，赔了个精光，于是买好了那天午间的船票准备渡江回乡。离上船时间还早，义先生也来到“十六铺”茶楼，慢慢喝着茶，消磨这段时光，也好思考下一步怎么走。

义先生刚刚坐下，就发现身边的椅子上有个小皮袋子，也没多加理会，他慢慢喝起茶来。许久仍不见有人来取，义先生疑惑起来，提了一下，感觉沉重，打开一看，他眼珠子差点掉出来——袋子里竟然全是亮晃晃的银圆！

义先生十分激动，惊喜交加，这是一笔大财啊，不但可以改变自己目前穷困潦倒的状态，而且后半生也衣食无虞了。

但他转念一想：这钱我不能要！要是因为我把钱拿走了，失主因此而着急上火，甚至忧郁成疾，我的罪孽可就大了！于是，经过再三的思想斗争，义先生决定将这些银圆物归原主。

到了午饭时候，茶楼的客人只剩了八九个，看他们的神色，没有一个像是丢了钱的，义先生只好饿着肚子等下去。

一直等到掌灯时分，茶客都回家去了，只剩了义先生一人，他仍然聚精会神地注视着过往的人……

突然，一个人面色惨白、踉踉跄跄地朝这里奔来。一进茶楼，贾先生就指着这个茶桌对身后跟随的两人说：“我当时就是坐在这里！”

三人径直向义先生这边走来。义先生看得出他们就是失主，笑着对贾先生说：“你们掉了钱袋吗？”贾先生慌不迭地盯着他一个劲地点头。

“我等你们很久了。”义先生说着拿出那个皮袋子。贾先生感激得浑身颤抖，说：“您真是我的救命恩人！要不是您，我今晚就要上吊自杀了！”

原来，贾先生发现钱丢了，就想返回去沿途寻找，虽然觉得希望渺茫，但也别无选择了。可是主人怕他潜逃，不准他出门，他费尽口舌，主人才叫两个家丁陪他出来寻找，还嘱咐陪同的人务必把贾先生带回去。

贾先生要拿出五分之一的银圆作为酬谢，义先生坚决不要；改为十分之一，义先生还是不要；改为百分之一，义先生生气了，严词拒绝。贾先生不知如何酬谢才好，于是说：“那我请您喝酒，好吗？”义先生仍然坚决推辞。最后，贾先生说：“不谢我心怎安！明天早晨在下在××酒楼恭候，恳请恩公大驾光临，不见不散。”说罢一揖，掉头走了。

第二天早晨，义先生居然来了。贾先生正要施礼再谢，义先生却抢先道谢说：“多亏您昨天丢了钱，让我捡回了一条命！”

贾先生一头雾水，不明就里。义先生接着说：“我昨天原定渡江回乡的，已经买好了午间的船票，因为等您来取钱而耽误了赶路，回到住处得知，那条船行驶到半途中，被急浪打翻，船上23人不幸全部遇难。是您救了我的命啊！”说罢又拜。两人互相感激，热泪盈眶。

周围的客人听了，都纷纷举杯向他们二人祝贺，说义先生一桩善举挽救了两条人命。

故事到此还没结束。贾先生三人回去后，把事情的经过一说，老板也感到十分惊奇。老板感慨地说："这么好的人真是难得啊！"老板一定要见见义先生。

义先生和老板见面后非常投缘，经过一番长谈，老板极力挽留义先生，并高薪聘请他主管账目。几个月后老板就招义先生当了上门女婿，再以后干脆把生意全交给他来打理。

义先生的诚信、仁义赢得了人们的赞叹，大小客商都纷纷找上门来与他做生意，他家的生意越做越大，最终富甲一方。

祸福相依，不是人人都懂得这个道理。但是，人人都想趋福避祸，这是人的本能。其实，趋福避祸也不难，做人做事，只要本着诚信与仁义，不贪不义之财，不觊觎权势富贵，就会远离祸端，日近福祉。

三十二　知足不辱，知止不殆

【经典】

míng yǔ shēn shú qīn shēn yǔ huò shú duō dé yǔ wáng shú bìng
名与身孰亲？身与货孰多？得与亡孰病？
shì gù shèn ài bì dà fèi duō cáng bì hòu wáng gù zhī zú bù rǔ
是故甚爱必大费，多藏必厚亡。故知足不辱，
zhī zhǐ bù dài kě yǐ cháng jiǔ
知止不殆，可以长久。

lǎo zǐ dì sì shí sì zhāng
——《老子》第四十四章

【解读】

名誉与生命，哪一个更亲近？生命与财产，哪一个更贵重？获得名利与失去生命，哪一个更有害？因此，过分吝惜必定招致更大的破费，贮藏得丰厚就会招致惨重的损失。所以，知道满足就不会遭受屈辱，知道适可而止就不会陷入危险，这样才可以长久。

【人生智慧】

春秋时期，楚国有个名叫说的人，以屠羊为生。由于吴国入侵，楚昭王被迫出逃，屠夫说跟随楚昭王一起逃亡。后来昭王收复了国土，返回楚国，屠夫说也跟着回国，重操旧业。楚昭王没有忘记那些与他共患难的官吏和百姓，打算赏赐跟随他逃亡的人，其中包括屠夫说。当昭王的使者把奖赏送到屠夫说家中时，屠夫说谢绝道："当初大王丧失了国土，我也失去了屠羊的职业；大王返归楚国，我也恢复了原先的职业。能够像过去一样从业，就是我得到的报酬，又何必再另外赏赐呢？"楚昭王听到使者的汇报后，命令一定要让屠夫说接受奖赏。使者再次来到屠夫说家，传达了昭王的旨意，但屠夫说仍不接受。屠夫说对使者说："大王失去楚国，不是我的过错，所以我不愿因此而伏法受诛；大王返归楚国，也不是我的功劳，所以我也不能接受赏赐。"得知屠夫说的态度后，楚昭王就对身边的人说："这样吧，我来见见他！"屠夫被传到宫里，昭王又谈到封赏的事，屠夫说："按照楚国的法令，只有立了大功、受过重赏的人才能够得到君王接见的礼遇。论才智，我不足以使国家得到保全；论勇力，又不足以斩杀敌寇。吴军攻入国都时，我怕灾祸缠身，就逃走躲避，并不是有心追随大王。如今大王意欲弃置法令和制度来接见我，我并不希望以这样的方式传扬天下。"

楚昭王对大司马子綦说："屠夫说虽然地位卑贱，陈述的道理却很深刻，你还是替我用三卿之位再把他请来。"于是子綦去见屠夫说，屠夫说知道来由后说："三卿的高位，比起我经营屠羊的行当在是高贵得多；优厚的俸禄，比起我屠羊的收益实在是丰厚得多。然而，怎能贪图高官厚禄而使国君蒙受胡乱施舍的坏名声呢！我实在不敢接受公卿之位，还是让我继续从事宰羊的行当吧。"

直到最后，屠夫还是没接受楚昭王的封赏。楚王也一直对他尊敬有加，这都是因为他"知足"又"知止"的缘故。我们也觉得屠夫说是一个十分明智的人。

范蠡辅佐勾践复国后，辞掉爵位，浪迹江湖。鲁仲连退却强秦大军后，不接受封赏，功成身退。这些人都是洞晓了生命真谛与要义的高人啊。权位与名利的绳索没能把他们绊住，因为他们懂得知足可以长乐的人生哲理。

三十三　难得之货，令人行妨

【经典】

wǔ sè lìng rén mù máng wǔ yīn lìng rén ěr lóng wǔ wèi lìng rén
五色令人目盲；五音令人耳聋；五味令人
kǒu shuǎng chí chěng tián liè lìng rén xīn fā kuáng nán dé zhī huò
口爽；驰骋畋猎，令人心发狂；难得之货，
lìng rén xíng fáng
令人行妨。

lǎo zǐ dì shí èr zhāng
——《老子》第十二章

【解读】

缤纷绚丽的色彩让人眼花缭乱，齐声合奏的音乐让人无法辨别，珍馐美味让人食不知味，纵情狩猎让人狂躁不安，稀有之物会对人形成妨害拖累。

【人生智慧】

早在两千多年前，老子就明确意识到，财富宝物，常常会成为人生的拖累与负担。

人的身体是物质的。生命的维系，需要物质的基础。从这个角度说，人性是很难抵御诱惑的。但是，为天下绝大多数人所觊觎的东西，又是生不带来、死不带去的。从一个人对于物质利益和财富的态度，不但可以判断其道德品质，还可以推知其精神深度，判断其心智的成熟程度。先秦诸子儒、墨、道等各家的思想和学说，大多涉及对于财富的态度。面对巨大的物质利益，如何取舍，反映出一个人的内在道德修养和智慧水准。主张“君子爱财，取之有道”者，有之；主张散财以利天下者，有之；视金钱如敝屣者，有之；贪财丧命者，也大有人在。以老庄为代表的先秦道家，对财富的态度发人深省，很值得后世思考和借鉴。

再者，当一个人博取了巨额的财富，又该怎样立身处世？这个问题，孔子和弟子们探讨过。《论语·学而》篇中记载：“子贡曰：‘贫而无谄，富而无骄，何如？’子曰：‘可也。未若贫而乐，富而好礼者也。’”孔子的爱徒中，有一个叫子贡的人。子贡家里是做生意的，比较有钱，孔子被困于陈蔡边境，断粮断炊，快要饿死的时候，也是子贡变卖了自己一些值钱的东西，买了米和其他食物来供养孔子师徒一行。子贡曾经跟老师探讨过富贵人家应该如何待人接物的问题。孔子的建议是：身处贫困，不谄媚讨好有钱有势的人还不够，还要努力保持快乐的心境；身处富贵，戒骄戒躁还不够，还要谦恭有礼。老子也说："金玉满堂，莫之能守；富贵而骄，自遗其咎。功遂身退，天之道也。"（《老子》第九章）意思是，金玉宝物堆满房屋，没有人能守得住；富贵者骄傲放纵，会给自己留下祸根。功成身退，才是天道。

我们再来看看贪婪的下场。春秋末年，楚国大臣白公胜发动叛乱，杀死执政大臣，并劫持了楚惠王。白公胜控制楚国后，看到堆满仓库的钱财宝物，舍不得分给众人。七天后，勇士石乞对白公胜说："这些都是不义之财，不分给众人，定会招来灾祸。要是不愿给人，不如把它们都烧光，免得被人图财害命。"

白公胜却不舍得这些财物，没听从石乞的建议，仍继续把持着。九天后，楚国将领叶公子高从城外冲入城中，打开仓库，将财物和兵器分给百姓，带领百姓攻打白公胜。十九天后，白公胜战败，自缢而死。

占有财物却不知满足，取得成就便锋芒毕露，这些行为，在老子看来，都埋下了祸根。无论财富，还是名声，甚至于权势，哪个能长久呢？

"不贵难得之货"，是对人性本能的超越，这才是真正的大智慧。

西汉初年，汉文帝信奉老子学说，崇尚节俭，"不贵难得之货"便是他的行为准则之一。一次，有人得到一匹上好的千里马，便带到京城，献给文帝。汉文帝却并不高兴，他说："我出门时，按照从古流传至今的礼仪，旗队开道，车辆随后，一天只走五十里。假如载上军械,就只能走三十里。我怎能独自骑着千里马,离开众人呢?”于是汉文帝命令退还千里马,赐给献马人路费,打发他回去了。

随后汉文帝又下了一道命令:“我不接受任何珍奇稀异之物,各地都不要再来进献了。”汉文帝不看重稀有难得的宝物,正是受了老子思想的影响。

老子认为社会上一旦形成追求珍奇稀异之物的风气,人们便会为此不择手段,从而导致无穷的祸患。

难得之货,令人行妨

三十四　不敢为天下先

【经典】

wǒ yǒu sān bǎo　chí ér bǎo zhī　yī yuē cí　èr yuē jiǎn　sān

我有三宝，持而保之。一曰慈，二曰俭，三

yuē bù gǎn wéi tiān xià xiān　cí gù néng yǒng　jiǎn gù néng guǎng　bù

曰不敢为天下先。慈故能勇；俭故能广；不

gǎn wéi tiān xià xiān　gù néng chéng qì zhǎng

敢为天下先，故能成器长。

lǎo zǐ　dì liù shí qī zhāng

——《老子》第六十七章

【解读】

我有三件宝贝，我持有并坚守着它们。第一件叫慈爱，第二件叫节俭，第三件叫不敢处在天下人的前边。因为慈爱，所以能勇敢；因为节俭，所以能富裕；因为不敢处在天下人的前边，所以能成为万物之长。

【人生智慧】

老子说，我有三件宝，一直保持着，一是慈，二是俭，三是不敢处天下先。汉文帝刘恒喜好黄老之学，也深爱老子的“三宝”。汉文帝在继承皇位前，远在外地为王。他和他的母亲都喜欢研究老子学说，崇尚谦让无争，并不太关心皇室权力争夺。而此时，皇宫里各种势力正在展开激烈的皇位争夺战。后来，大臣们都推举刘恒这位与世无争的皇子。一开始，刘恒并不愿回京城即位，后来在众人劝说下终于应允。汉文帝即位后，仍然时时处处身体力行着老子的“三宝”，奉行谦让不争的“不敢为天下先”精神。正因如此，汉文帝在位的二十多年里，百姓得以休养生息，国家也清平无事。

汉文帝的“慈”，体现在废除酷刑、关心百姓等方面。古代有三种酷刑：一是“黥”，即在罪犯脸上刺字；二是“劓”，即砍掉鼻子；三是“刖”，即砍掉脚趾。这些酷刑给犯人的生理和心理带来巨大的负面影响。汉文帝取消了这三种流传多年的酷刑，并废除了一人犯法、全家连坐的法令。汉文帝还十分关心老人，接济扶助鳏（死了妻子的男人）、寡（死了丈夫的女人）、孤（年少丧父的人）、独（老而无依的人），赐给他们数量不等的米面酒肉和布匹。此外，汉文帝下令减免田租、降低赋税，实行安民富民的休养生息政策，使经历多年战乱的百姓，渐渐过上了安定富足的生活。

汉文帝崇尚节俭，不仅拒绝各地进献的珍奇异宝，在衣食住行方面也处处俭省。他经常穿普通的衣服，禁止宫中妃嫔使用刺绣的床帐。汉文帝在位的许多年里，皇宫的建筑、花园、车马一直没添加。汉文帝死前还下令自己的丧事一定要从简办理。

汉文帝生前深得老子思想的精髓，死后也受到后世敬仰，是清正廉明的好皇帝。

三十五　上善若水

【经典】

shàng shàn ruò shuǐ　shuǐ shàn lì wàn wù ér bù zhēng　chǔ zhòng rén

上善若水。水善利万物而不争，处众人

zhī suǒ wù　gù jī yú dào

之所恶，故几于道。

lǎo zǐ　dì bā zhāng

——《老子》第八章

【解读】

最高境界的善就像水一样。水善于滋润万物却不与万物相争，处于众人不喜欢的低下地方，所以最接近“道”。

【人生智慧】

在老子看来，即便是建立了丰功伟绩的大人物，也要功成身退。使命完成了，就可以像水一样，退到最为低洼的地带去了。不要恃功，不要迷恋自己的功劳所带来的荣华富贵。只有这样，功劳才能恒久。“居善地，心善渊，与善仁，言善信，政善治，事善能，动善时。”人一定要摆正自己的位置。老子说：“夫唯不争，故无尤。”只有无争，才能无尤。历史上，很多立功接受封赏和官位而身居要职、炙手可热的人物，因为不知道收敛，不懂得无争，不明白“上善若水”的真正含义，下场都很悲惨。

向水学习，水最基本的特质，就是甘居下位。庄子可谓深得“上善若水”的精髓。我们来看看庄子推辞楚相的故事：

庄子不喜欢做官，他还有一个习惯，就是经常在濮水边钓鱼。楚威王早就听说庄子满腹经纶，很有学问，就派两位大臣带着随从去请庄子。两位大臣在河边的一棵大树下找到了他。大臣上前向庄子致意，庄子觉得很奇怪，问他们从哪里来、来干什么。大臣回答说：“我们从楚国都城赶来。楚王久闻先生大名，愿将国内政事委托给您,请先生屈就宰相之位。”庄子坐在草地上,手把住钓竿一动不动。大臣觉得有点尴尬,硬着头皮又说了一遍。这时,庄子头也不回,慢慢地说:“我听说楚国有一只神龟,它已经死了三千年了,楚王用精致的竹器装着它,用漂亮的饰巾覆盖着它,珍藏在宗庙里。你们说,这只神龟,是宁愿死去留下遗骨来显示尊贵呢,还是宁肯活着在泥水里拖着尾巴爬行呢?”两位大臣说:“当然愿意拖着尾巴在泥水里活。”庄子说:“这就是了,你们走吧!多谢大王的美意,我还是愿意拖着尾巴自由自在地在泥水里活。”

庄子不屑于做官。并不是每个人都跟庄子一样,比如庄子的朋友惠施就跟庄子不一样。

惠施在魏国做宰相,老朋友庄子前去看望他。有人对惠施说:“庄子之所以来魏国,是想取代你做宰相。”听人这么一说,惠施慌了,连忙派兵在都城里搜寻庄子,整整找了三天三夜。庄子知道后不禁暗笑,就闯进宫里去见惠施,对惠施说:“南方有种像凤凰一样的鸟,名叫鹓雏,你知道吗?鹓雏从遥远的南海出发飞到北海,没有梧桐树它就不会停息,不是洁白的竹实它就不会进食,除了甘美的泉水它根本不会饮用。有只猫头鹰觅到一只腐烂的老鼠,这时鹓雏刚巧从空中飞过,猫头鹰抬头看着鹓雏,怒吼一声:‘吓!走开,看你敢抢我的死老鼠。’如今,你也想用你的魏国来吓唬我吗?”

历史上,还有一个深谙“上善若水”之道的人,名叫范蠡。范蠡也是楚国人,后来投奔越国,辅佐越王勾践,与吴王夫差对抗。勾践在吴国做奴仆的三年时间，范蠡也同在吴国为奴。勾践回到越国后，范蠡辅佐他发展经济、壮大国力。为瓦解吴王夫差的斗志，越国又使用“美人计”，把才貌双全的美女西施送给吴王夫差。夫差沉溺女色，不理朝政，终致荒淫误国。范蠡跟随勾践二十多年，竭忠尽智，为越国最终战胜吴国立下巨大功劳。然而，就在越王摆酒设宴、欢庆胜利时，范蠡却悄然离开。

后来，范蠡来到齐国，隐姓埋名，一边耕种，一边经商，不久就积累了很多财富。范蠡从不吝啬，经常慷慨资助他人，很受人们敬重。齐国君主得知他的才干，邀请他做了相国。三年后，范蠡又一次急流勇退，辞掉官职，分掉财产，离开齐国，来到陶地。在陶地，范蠡白手起家，没过几年，又积累了大量财富。

司马迁评价范蠡“三迁皆有荣名”。正由于范蠡急流勇退，功成不居，才得以善终，并且流芳后世。

三十六　仰不愧于天，俯不怍于人

【经典】

mèng zǐ yuē　jūn zǐ yǒu sān lè　ér wàng tiān xià bù yù cún
孟子曰："君子有三乐，而王天下不与存
yān　fù mǔ jù cún　xiōng dì wú gù　yī lè yě　yǎng bù kuì yú
焉。父母俱存，兄弟无故，一乐也；仰不愧于
tiān　fǔ bù zuò yú rén　èr lè yě　dé tiān xià yīng cái ér jiào yù
天，俯不怍于人，二乐也；得天下英才而教育
zhī　sān lè yě　jūn zǐ yǒu sān lè　ér wàng tiān xià bù yù cún
之，三乐也。君子有三乐，而王天下不与存
yān
焉。"

mèng zǐ　jìn xīn shàng
——《孟子·尽心上》

【解读】

孟子说："君子有三件乐事，然而统治天下是不包括在内的。父母健在，兄弟没有灾难变故，这是第一件乐事；上不愧于

天，下不愧于人，这是第二件乐事；得到天下才华出众的人而对他们进行教导培养，这是第三件乐事。君子有这三件乐事，而统治天下不包括在内。”

【人生智慧】

人为什么活着？有道是“朝闻夕死”，人活着就是为追求知识和真理吗？对于生命来说，知识和真理只具有指导意义。掌握知识和真理，目的是让我们的人生更加丰富而有意义，活得更有价值。那么，生命的价值又何在？

古今中外，很多哲人都在探索这一问题。被誉为“世纪智者”的罗素，是20世纪声誉卓著、影响深远的思想家之一。他中年时期有关道德、政治、教育、和平主义等方面的著述，激励并启发了富于进取精神的一代又一代人。他晚年对于核武器制造和越南战争的反对，鼓舞了全世界有理想的青年。

大家佩服罗素，是因为罗素以哲学家闻名于世，但真正纯哲学的著述，尚不及其全部作品的三分之一。他之所以获诺贝尔文学奖，也不是因为他的哲学与文学，而是因为他的作品“对人类道德文化做出了贡献”。

罗素“对人类道德文化做出了贡献”的标志性著作，正是《论幸福》一书。自由与幸福，是罗素认定的人类两大基本生存价值。他认为知识分子的使命，就是为人类找到“自由之路”与

“幸福之路”。终其一生，罗素都作为一个先驱，引领人们在自由与幸福之路上前行。

自由与幸福的合体就是快乐。快乐应该是幸福最根本的基础。人活着，就是要追求幸福，最重要的就是要让自己快乐，让自己身边的人快乐。一个人带给自己和别人的快乐越多，应该就越幸福吧。

那么，我们再来看看幸福和快乐与什么有关呢？

从前，有位国王，整天端坐宫内，郁郁寡欢，虽然极尽耳目声色之欢娱，却始终闷闷不乐。国王身边的人纷纷献计，有位大臣建议：如果能在国内找到一位快乐的人，把他的衬衣脱下来，给国王穿上，国王就会快乐起来。国王就派出使者四处寻找快乐的人，访遍了朝廷高官要员、富家大户，可是每个人都有心事，家家都有一本难念的经，谁都不快乐。

最后终于找到一位农夫，他耕完了地在树下乘凉，赤裸着上身，大汗淋漓。国王的使者问他：“你快乐吗？”农夫说：“我自食其力，每天都无忧无虑，快乐极了！”使者大喜过望，便向他索取衬衣。

农夫说：“哎呀！我根本就没有衬衣。”

由此可见，快乐本身，跟是否拥有丰厚的物质财富无关。有时候，快乐甚至跟物质财富成反比。

还有一个故事：有一对农家夫妇每天下地劳作，过着节衣缩食的日子，但是两口子很快乐。每天晚上，干完了一天的活儿，农夫两口子就在家唱歌，夫唱妇和，欢快的歌声经常飘进隔壁的地主家里。

地主就很纳闷：这两口子，家里快揭不开锅，还穷开心成这样！而自己家里藏着这么多银两，平时没事儿就天天在家数钱，却感觉不到丝毫快乐。久而久之，地主开始羡慕邻居这两口子，后来，由羡慕生出了嫉妒。

终于有一天，地主想出一个妙招儿。他把一锭黄金隔墙扔到农夫家里。这一招儿果然很灵。从此以后，邻居家里再也听不见欢歌笑语了。

原来，这两口子这辈子第一次看见这么贵重的东西从天而降，真是巨大的惊喜啊。伴随着天降横财而来的，是夫妇两人的担忧。之前，他们很穷，一无所有，也就不用担心失去什么，每天下地干活儿甚至都不用锁门。现在不同了，这个宝贝究竟放在哪里才安全呢？两口子天天从早到晚琢磨着这个难题，于是干

脆每天留下一人在家看守宝贝，一人出门下地干活。白天，再也看不到两口子出双入对的身影了。夜里，两人还要提防盗贼，再也睡不踏实了，自然也没有心情继续唱歌了，而是陷入了深深的忧虑。

幸福与财富、快乐与金钱的关系，或许并不是人们想象中的那样。

三十七 内省不疚，无恶于志

【经典】

shī yuē yì jǐn shàng jiǒng wù qí wén zhī zhù yě gù
《诗》曰：“衣锦尚絅。”恶其文之著也。故
jūn zǐ zhī dào àn rán ér rì zhāng xiǎo rén zhī dào dì
君子之道，暗然而日章（彰）；小人之道，的
rán ér rì wáng jūn zǐ zhī dào dàn ér bù yàn jiǎn ér wén wēn
然而日亡。君子之道，淡而不厌，简而文，温
ér lǐ zhī yuǎn zhī jìn zhī fēng zhī zì zhī wēi zhī xiǎn kě yǔ
而理，知远之近，知风之自，知微之显，可与
rù dé yǐ
入德矣。

shī yún qián suī fú yǐ yì kǒng zhī zhāo gù jūn zǐ
《诗》云：“潜虽伏矣，亦孔之昭。”故君子
nèi xǐng bù jiù wú è yú zhì jūn zǐ zhī suǒ bù kě jí zhě qí
内省不疚，无恶于志。君子之所不可及者，其
wéi rén zhī suǒ bù jiàn hū
唯人之所不见乎！

lǐ jì zhōng yōng
——《礼记·中庸》

【解读】

《诗经》中说:“身穿锦绣衣服,外面罩件套衫。”这是为了避免锦衣花纹太过显露。所以,君子的道深藏不露而日益彰明;小人的道显露无遗而日渐消亡。君子的道,平淡而富有意味,简约而富有文采,温和而富有条理,由近知远,溯风知源,由微知显,这样,就可以进入道德的境界了。

《诗经》中说:“潜藏得虽然深,但也会很明显的。”所以君子自我反省时不愧疚,恶念不存于心中。君子的德行之所以高于一般人,大概就表现在这些不易被人发现的地方吧!

【人生智慧】

对司马光这个名字,大家一定不会感到陌生。司马光“砸缸救人”的故事,早已被传为佳话。他留下的《资治通鉴》,是伟人毛泽东爱不释手的案边卷。

司马光身为宰相,对自己却苛刻到了极点,他常说:“穿衣不过为了御寒,吃饭不过为了充腹。”他过着“食不敢常有肉,衣不敢纯衣帛”的生活。

一次,同事去司马光家吃饭,因为他家向来节俭,招待不起好酒好菜,只提供了一碗热汤,搞得此人四处扬言以后千万别去司马光家吃饭,根本没啥吃的,填不饱肚子。

司马光受邀到一个阔友家吃饭,看到这人吃得如此奢侈,司马光当即与其断绝来往。

对儿子司马康，司马光认真严格地加以教导，还专门写了一篇文章《训俭示康》，告诫自己的儿子一定要恪守节俭之道。司马光的妻子去世后，家里没有钱办丧事。皇帝派人送来白银，司马光立即命儿子送了回去，说："葬妻是家事，岂能动用国财。"钱退回去，司马光又确实拿不出钱办丧事，只好把家里仅有的三顷薄地典当出去，这就是著名的"典地葬妻"的故事。

还有一位名相——曾国藩。曾国藩亲手创立了两淮盐票，定价很便宜，但利息非常高。每张盐票票价为二百两银子，后来卖到两万两，每年的利息就有三四千两。当时谁家要是有一张盐票，就属于富户了。曾国藩特别谕令，曾氏一家不准承领。多年来，他的后人手中都没有一张盐票。

有道是"三年清知府，十万雪花银"。在封建社会很多人当官的目的就是为了敛财。这真的是一条高风险的创收之路。想当官,就别惦记钱财了。惦记钱财的话,就直接经商去吧。来路不正的钱财,迟早都要还回去的。唐代奸臣李林甫,自知作恶多端,时刻担忧刺客,家里修了无数重铁门、墙壁,每晚睡觉都要换好几个地方,连家人也不知道他到底睡在哪儿,连老鼠都不如吧！清代第一巨贪和珅,家产达八亿两白银,结局又怎样呢?一个人活到这份儿上,到底是成功、是荣耀,还是悲哀啊！

与那些贪官相比,司马光和曾国藩身居高位,却坚守廉洁之道,既不仗势欺人,也不在暗地里以公谋私,可以说做到了“内省不疚,无恶于志”了。做官做人,就要这个样子,只有问心无愧,才能堂堂正正！

三十八 耻之于人大矣

【经典】

wú xiū wù zhī xīn fēi rén yě
1.无羞恶之心，非人也。

mèng zǐ gōng sūn chǒu shàng
——《孟子·公孙丑上》

xiū wù zhī xīn yì zhī duān yě
2.羞恶之心，义之端也。

mèng zǐ gōng sūn chǒu shàng
——《孟子·公孙丑上》

mèng zǐ yuē chǐ zhī yú rén dà yǐ wéi jī biàn zhī qiǎo
3.孟子曰："耻之于人大矣！为机变之巧

zhě wú suǒ yòng chǐ yān bù chǐ bù ruò rén hé ruò rén yǒu
者，无所用耻焉。不耻不若人，何若人有？"

mèng zǐ jìn xīn shàng
——《孟子·尽心上》

【解读】

1.没有羞耻心的人，简直不能称之为人。

2.羞耻心是义的发端。

3.孟子说："羞耻心对人来说太重要了，只会卖弄心机变诈巧取的人，羞耻心在他身上是不起作用的。自己道德学问不如人还不以为可耻，还有什么能比得上人家呢？"

【人生智慧】

斯宾诺莎曾经说过："对耻辱的畏惧情绪，可以阻止人出现某些卑鄙的行为。"中国民间也有句俗语："人要脸，树要皮。"老百姓最怕跟不要脸的人打交道。没有羞耻之心，做人没有底线，人就可能变得残忍、冷酷、自私、卑鄙，这是不可思议的事情。

《孟子》中记载了"齐人有一妻一妾"的故事：

齐国有一个人娶了一妻一妾，丈夫每次出门都吃得酒足饭饱才回家。他的妻子问他跟谁一块吃喝，他说都是一些有钱有势的人，还说人家都争着要和他交往呢！妻子觉得不对劲，就对妾说："咱们男人每次出门，都是吃饱了才回家，问他跟谁一块吃喝，说都是一些有钱有势的人，可是从来没有一位有钱有势的人来过咱家。我倒是要看看他到底到什么地方去了。"

第二天一大早，妻子就暗中跟踪丈夫。丈夫走遍城里，没有一个人停下来跟他谈话。最后走到了城外东郊坟场，他走向祭奠的人，讨些祭祀剩下的酒肉吃；不够吃的，他又东张西望地

走向另一处讨要——这就是他饱食酒肉的妙法。

妻子回到家，把看到的情形告诉了妾，说："男人是我们要仰仗依赖一辈子的，现在他竟然这么没出息！让我们怎么办呢？"说罢，妻妾二人便你一句我一句地埋怨怒骂起她们的丈夫，越说越来气，越骂越难过，于是两人在庭院中放声痛哭。可是她们的丈夫还不知情，仍然得意扬扬地从外边走进来，又在妻妾面前自吹自擂了一番。

做人要是像这个乞食祭品的人一样，也真是太悲哀了。如果是遇到了天灾人祸，家里一时揭不开锅，去人家家里讨口饭吃来维持生命，这倒是可以理解的。像上面故事里的这个人，他年轻力壮，本可以自食其力，却跑到人家坟头上讨祭品吃喝。这还不算，关键是他还对自己的妻妾说，自己是和一些有钱有势的人在一起大吃大喝。这种不知耻的行为，使他自己的妻妾都为他感到可悲。

三十九　养浩然之气

【经典】

gǎn wèn fū zǐ wū hū cháng
(公孙丑问曰:)“敢问夫子恶乎长?”

yuē wǒ zhī yán wǒ shàn yǎng wú hào rán zhī qì
(孟子)曰:“我知言,我善养吾浩然之气。”

mèng zǐ gōng sūn chǒu shàng
——《孟子·公孙丑上》

【解读】

(公孙丑问:)“请问先生您有什么特长呢?”

(孟子)说:“我善于分析别人的言语,我善于培养自己的浩然之气。”

【人生智慧】

晋代陆机《猛虎行》中有:“渴不饮盗泉水,热不息恶木阴。”

南朝范晔在《后汉书·列女传》中也记载,乐羊子妻奉劝自己的丈夫说:“妾闻志士不饮盗泉之水。”

唐代白居易在《感鹤》诗中写道:“鹤有不群者,飞飞在野田。饥不啄腐鼠,渴不饮盗泉。”

是的,志士不饮盗泉之水,廉者不受嗟来之食。

据说,古时候齐国出现了严重的饥荒。有个叫黔敖的人,在路边准备好饭食,以供饥饿的路人来吃。这时,有个饥饿的人用衣袖蒙着脸,脚步拖拉,两眼昏昏无神地走来。黔敖左手拿着食物,右手端着汤,说道:“喂!来吃吧!”那个饥民抬起眼看着

他，说："我正因为不吃别人带着轻蔑的态度施舍的食物，才落到这个地步啊！"黔敖追上前去向他道歉。他仍然不吃，最终饿死了。

又据说，曾子听到这件事后，评价说："恐怕不用这样吧！黔敖无礼呼唤时，可以拒绝，但他道歉之后，仍然可以去吃的啊。"

我们且不论黔敖道歉以后，该不该接受他的饭食吧。这位名不见经传的志士，只是留给后人一个传说。但志士的满腔正气，依然感动并鼓舞着我们。

四十 事虽小，不为不成

【经典】

dào suī ěr bù xíng bù zhì shì suī xiǎo bù wéi bù chéng

道虽迩，不行不至；事虽小，不为不成。

xún zǐ xiū shēn

——《荀子·修身》

【解读】

路程虽近，不迈步行走就达不到目的地；事情虽小，不去做就不能成功。

【人生智慧】

晏子，名婴，字仲，谥平，习惯上多称为平仲，夷维（今山东高密）人，春秋时期的名相，历仕齐灵公、庄公、景公三朝，辅佐齐国国君长达五十余年。晏婴以富有政治远见、外交才能和作

风朴素闻名。他聪颖机智，能言善辩，内辅国政，屡谏齐国国君；对外则既富有灵活性，又坚持原则性，出使别国不辱使命，捍卫了齐国的国威和自己的尊严。

晏子的卓越才能和作风受到众人敬仰。有一天，大臣梁丘据对晏子说："我到死也赶不上您了！"面对他人的夸赞，晏子没有沾沾自喜，而是微笑着说："我听说，无论多难做的事，总是坚持不懈地去做，就一定能做成；无论多么遥远的路，总是坚持不懈地走，就一定能到达。我并没有和别人异常的地方。只要你一直努力而不中断，总是前进而不停止，还有什么难以达到的呢？"

晏子的原话是"为者常成，行者常至"。这句至理名言让我们很自然地想起著名思想家荀子的那句话——"道虽迩，不行不至；事虽小，不为不成"，不就是这个道理吗？再近的路，你如果不迈开脚步,也永远不会到达目的地。

孟子也说过:“如果让一个人把泰山夹在胳膊下跳过北海,这人说:‘我做不到。’这是真的做不到。如果让一个人为老年人折一根树枝,这人说:‘我做不到。’这就是不愿意做,而不是做不到。”的确如此,很多事情没有做成,其实不是因为我们能力不够,而是自己没有真正动手去做。

从我做起,从现在做起,从小事做起,真的不是空话,而是切切实实的告诫。

第四编　交往之道

四十一　推己及人，恻隐之心

【经典】

zǐ shí yú yǒu sāng zhě zhī cè wèi cháng bǎo yě
子食于有丧者之侧，未尝饱也。

lún yǔ shù ér
——《论语·述而》

【解读】

孔子在家有丧事的人身旁吃饭，从来没有吃饱过。

【人生智慧】

斯宾诺莎说："同情是一种爱，此种爱使人对他人的幸福感到快乐，对他人的不幸感到痛苦。"茨威格也说："透过同情去理解并且体验别人的痛苦，自己也会内心丰富。"

"非洲之父"史怀哲，20世纪人类良心的见证者，出身于家境不错的牧师家庭。少年时期，村中有一个家境贫寒的顽童，经常刻意挑衅，终于，史怀哲忍无可忍，出手把他制伏。

顽童抗议说："如果我也能像你一样，每周吃到两次有肉的汤，我才不会输给你呢。"

这句话深深刺痛了史怀哲的内心。别人的苦难，在自己心中久久浮现。从那天起，他不再吃肉汤，同时婉拒物质生活享受。他尝试着设身处地地体会别人内心的无奈与苦痛。

史怀哲家乡附近有一位年老的犹太人，每次出现在村中，老人就会遭到孩子们的嬉闹与嘲笑。老人总是一脸无奈地苦笑着，默默忍受。少年史怀哲被老人那种深切的悲哀所击中，由不忍之心进而产生怜恤之情，并从老人那里学会了在内心忍受痛苦。以后在路上遇见这个犹太老人，史怀哲都会亲切地跟他打招呼以表示敬意。

能够推己及人，就是恻隐之心。恻隐之心，是人性中最闪耀、最本质的善良。

四十二　老者安之，朋友信之，少者怀之

【经典】

yán yuān　jì　lù　shì　zǐ　yuē　hé　gè　yán　ěr　zhì　zǐ
颜渊、季路侍。子曰："盍各言尔志？"子

lù　yuē　yuàn chē　mǎ　yì　qīng　qiú　yǔ　péng　yǒu　gòng　bì　zhī　ér　wú
路曰："愿车马、衣轻裘与朋友共，敝之而无

hàn　yán　yuān　yuē　yuàn　wú　fá　shàn　wú　shī　láo　zǐ　lù　yuē
憾。"颜渊曰："愿无伐善，无施劳。"子路曰：

yuàn　wén　zǐ　zhī　zhì　zǐ　yuē　lǎo　zhě　ān　zhī　péng　yǒu　xìn　zhī
"愿闻子之志。"子曰："老者安之，朋友信之，

shào　zhě　huái　zhī
少者怀之。"

lún　yǔ　gōng　yě　cháng
——《论语·公冶长》

【解读】

颜渊、季路在孔子身旁侍坐(孔子坐着，颜渊、季路两人站

在孔子身边)。孔子说:“你们为什么不谈谈各自的志向呢?”

子路说:“愿意把我的车马、衣服和朋友一起分享,用坏了也没有什么可惜的。”

颜渊说:“希望自己能做到不夸耀自己的好处,不表白自己的功劳。”

子路向孔子说道:“希望听听老师您的志向。”

孔子说:“让年老的人得到安逸,让朋友信任我,让年轻人崇敬我。”

【人生智慧】

孔子洞察人性。孔子意识到,不同年龄段的人有不同的需求,对于老年人来说,最重要的就是内心的安全感。老人感觉老有所依,就会心安。对于朋友来说,最重要的就是诚信。朋友之间以诚相待,情谊才会恒久。对于少年,最重要的就是点拨他们心中的迷雾,帮助他们找到目标、看清前进的方向。

说到指点和帮助年轻人, 先决条件就是对他们了如指掌。我们看看孔子对自己弟子的了解吧。谈到最钟爱的弟子颜回,孔子说:“颜回能做到内心三月不违背仁,其余的弟子们,充其量也就每天或者每个月能发一次善念而已。”

孟武伯问:“子路算得上仁吗?”孔子说:“不知道。”孟武伯继续追问。孔子说:“子路,一个千乘大国,可以安排他去征收赋税,不知道他是不是仁。”

“冉求怎么样？”

孔子说：“冉求，一个千户的城邑或者百乘的封地，可以安排他去管理，不知道他是不是仁。”

“公西华怎么样？”

孔子说：“公西华，可以穿戴整齐立于朝堂，送迎接待宾客，不知道他是不是仁。”

这个故事表明，孔子对自己学生的品性德行、才干与专长都是十分了解的，知道他们最适合做什么，而且能给予他们中肯的评价。孔子并不愿意文饰美化自己的弟子，弟子们却对他十分敬仰。

有一次，齐景公问孔子的学生子贡：“你的老师是谁？”

子贡说：“鲁国的孔仲尼。”

齐景公又问：“仲尼是贤人吗？”

子贡回答说：“他是圣人！岂止是贤人啊！”

齐景公哈哈大笑说：“既然他是个圣人，那他究竟多有学问呢？”

子贡说：“这个我可不知道。”

齐景公很不高兴，变了脸说：“你刚刚说他是圣人，现在又说不出他的学问有多大，这是什么意思？”

子贡说：“我们一辈子都头顶苍天，却不知道天究竟有多高；我们一辈子都脚踩大地，却不知大地究竟有多厚。我向孔子学习，就像渴了拿个小瓢从江海中舀一点水喝，哪里知道江海究竟有多深呢？”

齐景公笑了笑说:“你对老师的比喻也太过夸张了吧!”

子贡说:“我怎敢过分夸他,反倒是考虑这样讲是否到位呢。我赞扬他,就好比用双手捧一抔土放到泰山上,这能增加泰山的高度吗?明显是不能的。即便我不赞扬而是反过来贬低他,也不过像用双手从泰山上扒下两把土,这能减低泰山的高度吗?这同样也是明显不能的。”

齐景公听了,无言以对。

子贡处处维护自己的尊师。有一次叔孙武叔在宫廷里当着其他官员的面公然说:“子贡的能力超过仲尼。”子服景伯把这话告诉了子贡。子贡说:“我打个比方,就好像一座围着墙的房子,我的墙高度刚好及肩,外人很容易从墙上往里窥视,发现家饰陈设的美好。先生的墙高几仞,不从大门进入,就不能看见其内部宗庙的华美,百官的繁富。然而能够登门入室的人太少了。难怪别人会说这样的话呢!”

还有一次,叔孙武叔当着子贡的面诋毁孔子。子贡说:“别这样!不能诋毁先生。他人的贤能,如同丘陵,还可以逾越。先生,如同日月,不可能逾越。即便有人试图超越日月并因此丧失了生命,这对日月又能有什么影响呢?顶多表现出那人的不自量力罢了。”

有一次,子贡在老师面前夸口说:“我不喜欢别人强加到我身上的事情,我也不会强加到别人身上。”这正是孔子所强调的“己所不欲,勿施于人”的道理。孔子听后,却直截了当地说:“赐(子贡的名字)啊,这是你根本做不到的啊。”尽管孔子常常毫不客气地批评子贡，毫不留情地指出子贡的不足，但这并不影响子贡内心对孔子的敬重。

事实上，不仅仅子贡坚决捍卫自己的老师，孔子最钟爱的弟子颜回，也是无比敬仰自己的老师。颜回赞叹孔子的一段话也成为后世尊师的典范：“仰之弥高，钻之弥坚。瞻之在前，忽焉在后。夫子循循然善诱人，博我以文，约我以礼，欲罢不能。既竭吾才，如有所立卓尔。虽欲从之，末由也已。”

弟子们对于老师的尊重和敬仰，正好体现了孔子所谓的“少者怀之”吧。

四十三 居处恭，执事敬，与人忠

【经典】

樊迟问仁。子曰："居处恭，执事敬，与人忠。虽之夷狄，不可弃也。"

——《论语·子路》

【解读】

樊迟问怎样才能达到仁的境地。孔子说："日常的生活起居要恭谨，做事情要敬慎，对待别人要真诚。即使是到了蛮夷地区，也不可以废弃以上三项原则。"

【人生智慧】

在孔子3岁的时候，父亲叔梁纥就过世了。

父亲死后,孔子跟母亲回到了外祖父家。因为没有社会地位,又没有父亲,家境贫困,孔子小时候的生活自然是贫苦艰涩的。母亲在操持活计之余,也严格教育孔子学习技能,掌握谋生本领。难能可贵的是,母亲还教导他演习礼仪,树立志向。孔子小时候特别喜欢用泥巴捏成或圆或方的小碗、小盘之类的东西,模仿祭祀的场合,把泥巴玩具像祭祀品一样陈列起来,自己学着行礼。孔子长大后,为帮助母亲维持生计,开始从事各种劳动,饱受困难的磨炼,养成了勤劳俭朴的习惯。

17岁时,少年孔子又失去了母亲。他不知道父亲安葬在什么地方,便把母亲的棺木停放在“五父之衢”,以引起过往路人的注意,期待有人告诉他答案。果然,一个路过的老妇人告诉他,他父亲安葬在防山,在曲阜东面。孔子因此得以把父母亲合葬,遵从了当时的习俗。孔子也从这件事上,确信自己有着光荣的家世,他在心中暗自发誓要重振家族威名。

孔子勤奋好学,读书、思索、求教,成为一个博学多才的人。当时对全才的人所要求的六种技艺——礼、乐、射、御、书、数,也就是礼节、音乐、射箭、赶车、识字、计算各科,他都刻苦练习,把自己锻炼成文武全才。

孔子尽管多才多艺, 可并没有得到重用。二十多岁时,他有幸得到过两次做小官的机会,一次是做“委吏”,管理仓库,他把每笔进出的账目都记得十分清楚,绝无任何差错。还有一次是做“乘田”,管理牛羊,他把牛羊喂养得膘肥体壮、健硕无比。尽管职位卑微,他却做得尽心尽力。

30岁时,孔子真正开始了他一生中最伟大的事业——广收门徒、教授六艺。他奉行"有教无类"的原则,不论穷富贵贱,让愿意学习的人都能得到受教育的机会。据说孔门弟子多达三千人,可以想见孔子的影响。

即便已经成为智胜达人,孔子也毫不自满,还争取机会去周都洛阳,趁机向当时负责周王室图书管理工作的老子求教。

35岁时,鲁国三家掌权贵族孟孙氏、叔孙氏、季孙氏发生矛盾和内乱,鲁昭公逃到了齐国。鲁国处于混乱中,孔子只好也离开鲁国。孔子在齐国住了几年,却因为和齐国执政大臣晏婴在政治主张上的对立,没能被齐景公任用。

37岁时,孔子返回鲁国。一直等到公元前510年,鲁昭公死在晋国(乾侯),孔子都没有得到从政的机会,那年他42岁。

又过了五年,把持鲁国国政的季平子死了,继承他的季桓子依然大权在握,而且季桓子的三大家臣如季桓子威胁鲁定公一般地胁迫季桓子,犯上作乱,孔子还是没有机会施展抱负。时光推移,此时的孔子已经50岁了。这些年里,孔子一心用在治学施教上,并抽时间整理诗、书、礼、乐等典籍,招收的弟子越来越多,声名大振。

孔子51岁那年,也就是公元前501年,机会终于来了。孔子被鲁定公任命为"中都宰",职权相当于如今的某市市长。尽管这是孔子第一次正式担任重要官职,但他观察体悟了这么多年的社会冷暖,又时时处处留心思考,这次从政机会使他得以极好地将那些深思熟虑已久的策略付诸实践。孔子执政短短一年，政绩斐然，使得鲁国西边的一些国家都想来学习孔子的治理方案。孔子从中都宰升为司空，又从司空升为司寇。他在鲁国推行的政策，让鲁国呈现一派欣欣向荣的景象，人们尊老爱幼，路不拾遗，社会安定，风气良好。

孔子从小就身体力行着自己的准则——“居处恭，执事敬”，“与人忠”自不待言了。孔子就是这样，从我做起，从现在做起，从小事做起，一步一步为自己未来的人生——成为伟大的圣人，奠定了坚实的基础。

居处恭，执事敬，与人忠

四十四　友直，友谅，友多闻

【经典】

kǒng zǐ yuē　yì zhě sān yǒu　sǔn zhě sān yǒu　yǒu zhí　yǒu
孔子曰："益者三友，损者三友：友直，友
liàng　yǒu duō wén　yì yǐ　yǒu pián pì　yǒu shàn róu　yǒu pián nìng
谅，友多闻，益矣；友便辟，友善柔，友便佞，
sǔn yǐ
损矣。"

lún yǔ　jì shì
——《论语·季氏》

【解读】

孔子说："使人受益的朋友有三种，使人受损的朋友也有三种：结交正直的朋友，结交信实的朋友，结交博学多闻的朋友，会受益的。结交善于摆威仪、做姿态而讨好人的人，结交善于装出好脸色讨好人而缺乏诚信的人，结交善于花言巧语而没有真才实学的人，会受损的。"

【人生智慧】

交友不慎的例子很多,历史留下的教训也很深刻。我们再以齐桓公为例。辅臣管仲临死的时候,桓公前去探望。桓公拉着奄奄一息的被自己视为父亲、称为“仲父”的管仲的手,征求管仲对齐国政事的处理意见。管仲建议桓公一定要把竖刁和易牙这两个大奸臣赶出宫廷,否则祸患无穷。

当着一个垂死老人的面,桓公满口答应了,而且,回去就把竖刁和易牙打发走了。可是,这两人走后,后宫里变得冷清起来,桓公吃什么都感觉没有味道了。原来,易牙是个顶级美食家,据说把淄河水和渑河水放在一起,他都能品尝出是哪条河里的水。易牙到了桓公身边,就是顶级的御厨,他烹调出来的人间美味,无人能比。难怪易牙走了,桓公吃什么都不香了。桓公就把这两个人都找了回来,继续宠幸他们。

结果,这几个大奸巨邪之人擅权,架空了桓公。桓公被他们囚禁起来,不给饭吃,也不给水喝,最终被活活饿死了。桓公死后,竖刁和易牙二人把持朝政,竟不安排下葬。到最后,桓公的尸体都腐烂了,臭气熏天,尸虫从门缝里爬了出来。堂堂一代霸主,因为不采纳忠臣直谏,就这样葬送在几个邪恶小人手里。

故事涉及的人物,固然是君臣关系,但实际上,齐桓公和这几个恶毒小人的关系形同朋友。阴损的小人,总是要伪装成最高统治者的朋友,这样才能为自己谋取最大化的私利。历史血淋淋的教训,让人刻骨铭心。可是,历史总是不断地重复,血的教训一次次验证。所以,作为一国之君,最需要的是一双洞察世事的眼睛。

孔子曾经做出这样的预言,他说:“我死之后,子夏会比以前更有进步,而子贡会比以前有所退步。”

曾子感到不解,请孔子进一步解释。

孔子说:“子夏喜爱同比自己贤明的人在一起,所以他的道德修养将日有提高;子贡喜欢同才智比不上自己的人相处,因此他的道德修养将日渐降低。如果不了解一个孩子如何,看看孩子的父亲就知道孩子将来的情形了;不了解一个人,看他周围的朋友就可以了;不了解君主,看他派遣的使者就可以了;不了解一个地方的情况,看该地的草木就可以了。”

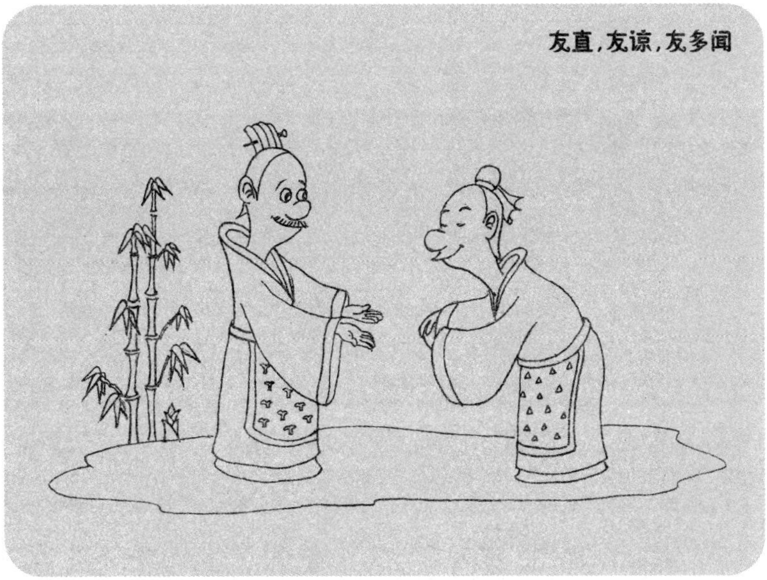

孔子接着说:“所以常和品行高尚的人在一起,就像沐浴在散漫着芝兰香气的屋子里一样,时间长了便闻不到香味,但本身已经充满香气了;和品行低劣的人在一起,就像到了卖咸鱼的作坊,时间长了也闻不到臭了,也是由于融入环境里了。藏丹的地方时间长了会变红,藏漆的地方时间长了会变黑,也是环境影响的!所以说,真正的君子必须谨慎地选择自己处身的环境。”

作为普通人,交友更需谨慎,一定要结交品性端庄、诚实守信的人,这样朋友之间才能真诚地互相帮助、互相促进。

四十五　以文会友，以友辅仁

【经典】

zēng zǐ yuē　jūn zǐ yǐ wén huì yǒu　yǐ yǒu fǔ rén

曾子曰："君子以文会友，以友辅仁。"

lún yǔ　yán yuān

——《论语·颜渊》

【解读】

曾子说："君子通过互相切磋、探讨学问来结交朋友，通过朋友来培养自己的仁德。"

【人生智慧】

君子"仁以为己任"，任重道远。结交志同道合的朋友，互相切磋学问，目标都是致力于达到仁，弘扬仁，实现仁。

《礼记·檀弓上》记载，有若问曾子说："你有没有向先生请教过，一个人在丧失官职禄位后，该如何自处？”

曾子说：“先生说过，丧失官职禄位后要赶快变穷，死了要赶快烂掉。”

有若说：“这不像是君子说的话。”

曾子说：“这可是我亲耳从先生那里听到的。”

有若还是坚持说：“这不是君子说的话。”

曾子说：“我和子游都听到了这句话。”

有若依然怀疑地说：“这样啊？那么先生一定是有所特指，才会这样说。”

曾子把这番话告诉了子游，子游说：“有若说的话太像先生的口吻了。过去先生在宋国时，看见桓魋亲自设计石棺，三年还没完工。先生说：‘如此奢侈浪费，死了还不如赶快烂掉算了。’所谓‘死了要赶快烂掉’，这话是针对桓魋说的。南宫敬叔(春秋时期鲁国大夫孟僖子之子)失去官位后，每次回到鲁国，必定用车载着宝物到朝廷上拜谒请托。先生说：‘如此这般不惜财物行贿，失去了官职禄位，还不如赶快变穷。’所谓的‘丧失官职禄位后要赶快变穷’，就是针对南宫敬叔说的。”

曾子将子游说的话告诉了有若，问有若怎么知道那些话不是孔子的本意。有若说：“从前夫子治理中都（鲁国邑名，今山东汶上一带)时，规定棺的标准是四寸厚，椁的标准是五寸厚。因此，我知道他不主张人死了赶快烂掉。还有，先生失去鲁国司寇官职后，曾经准备到楚国去，他先派子夏前去安排，接着又派冉有去帮忙。因此，我知道他不主张失去官职禄位就要赶快变穷。”

因为老师孔子的一句话，曾子和有若、子游三个人做出了一系列的探讨，大家结合自己的所见所闻提出自己的看法，这就是“以文会友”；探讨的过程中，又互相取长补短，弥补了自己认识问题的不足，对老师的仁义之道有了进一步的认识，这不就是“以友辅仁”吗？

四十六　视其所以，观其所由，察其所安

【经典】

zǐ yuē shì qí suǒ yǐ guān qí suǒ yóu chá qí suǒ ān

子曰："视其所以，观其所由，察其所安，

rén yān sōu zāi rén yān sōu zāi

人焉廋哉？人焉廋哉？"

lún yǔ wéi zhèng

——《论语·为政》

【解读】

孔子说："先一般地看他做事的方式，再有目的地观察他做事的过程，最后仔细审察他做这事以后的心志。这样，人的善恶真伪哪能隐藏得住呢？哪能隐藏得住呢？"

【人生智慧】

孔子有个弟子,据说还是名列前茅的,孔门四科之一的“言语”科,他学得最好。

孔门四科,就是孔子当时为弟子们开设的四门课程,分别是“德行”“政事”“言语”“文学”。其中,“德行”类似于现在的思想品德课,“政事”类似于政治或者管理类课,“言语”类似演讲与口才类,“文学”主要讲述“六艺”。“言语”这门课程雄踞四分之一,可见一个人口头表达能力的重要性。现代人重视语言和思维的关系,估计二者的重要性,孔子他老人家两千多年前就已经深刻认识到了。

说回那个“言语”课上表现最优秀的学生,他的名字叫宰予,字子我。这个人口才出众,能言善辩,说的话很动听,而且听来很让人信服。估计孔子开始是比较欣赏他的,但是,时间久了,他的本性就暴露出来了。有一次,孔子上课的时候,他居然在睡觉!孔子很生气地说:“朽木不可雕也,粪土之墙不可圬也!”把一个人比作“朽木”“粪土”,可以想见,孔子当时得多生气!

再回想起宰予平日里的巧舌如簧,孔子就觉得自己以前肯定是被他忽悠了。

从那以后,孔子对人的态度就是“听其言而观其行”了。他意识到,只有这样,才能正确认识一个人。

《吕氏春秋·季春纪·论人》篇中说:“凡论人,通则观其所礼,

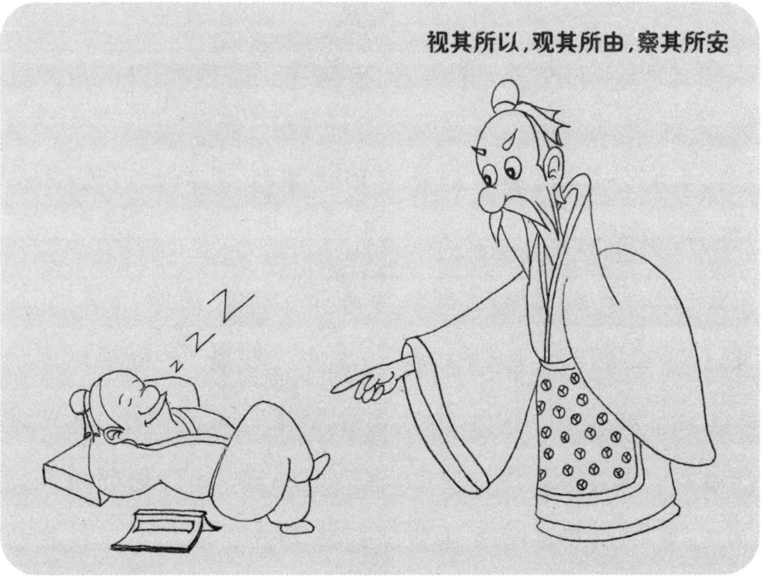

贵则观其所进，富则观其所养，听则观其所行，止则观其所好，习则观其所言，穷则观其所不受，贱则观其所不为。喜之以验其守，乐之以验其僻，怒之以验其节，惧之以验其特，哀之以验其人，苦之以验其志。八观六验，此贤主之所以论人也。论人者，又必以六戚四隐。何谓六戚？父、母、兄、弟、妻、子。何为四隐？交友、故旧、邑里、门郭。内则用六戚四隐，外则用八观六验，人之情伪、贪鄙、美恶无所失矣。譬之若逃雨污，无之而非是。此先圣王之所以知人也。”

这段话的意思是，凡是评价衡量一个人，在他显达的时候，要看他礼遇什么人；在他尊贵的时候，要看他举荐什么人；在他富有的时候，要看他赡养什么人；在他听了别人的话后，要看他采取什么样的行动；在他闲居的时候，要看他有什么爱好；在他被君主宠信的时候，要看他向君主进言什么；在他困窘的时候，要看他不屑接受什么；在他贫贱的时候，要看他不屑做什么。让他高兴，来考察他的节操；使他快乐，来检验他有什么邪僻；使他发怒，来考验他的气度；使他恐惧，来考核他的品行；使他悲哀，来检验他的人品；使他困苦，来考验他的意志。以上八观、六验，就是贤明的君主用以衡量人的方法。衡量人，还必须要根据六戚、四隐。什么叫六戚？就是父、母、兄、弟、妻、子。什么叫四隐？就是朋友、熟人、乡邻、亲信。在内通过六戚、四隐来检验他，在外通过八观、六验来检验他，这样人们的真伪、贪鄙、善恶就完全暴露无遗了。如同避雨的时候，人不可能全身没有一处不被打湿。这就是圣明的君主善于知人的原因。

明察秋毫的人，往往透过细节就能准确把握一个人。

明太祖去世后，惠帝即位，燕王(即后来的明成祖)兴兵进攻南京，大军逼近京城时，大臣王艮跟妻子诀别说："食人之禄，死人之事，不愿苟且求活。"

当时解缙、吴溥与王艮、胡靖相邻而居。京城沦陷的头天晚上，大家聚集在吴溥家。解缙陈说报国大义，胡靖也显得激愤慷慨，只有王艮独自流泪不语。

三人离去之后，吴溥的儿子感叹说："胡靖叔叔如此慷慨激昂，必定会捐躯报国。"

吴溥却说："我看三人之中，只有王艮会为国而死。"话音未落，便听到隔壁胡靖大喊："外面十分混乱，小心看好家里的猪。"

吴溥回头看着儿子，说："他连一头猪都舍不得，能够舍生取义吗？"

不久，王艮家中传来哭声，原来王艮已喝下毒酒自尽。

四十七　老吾老，以及人之老；幼吾幼，以及人之幼

【经典】

lǎo wú lǎo　yǐ jí rén zhī lǎo　yòu wú yòu　yǐ jí rén zhī yòu

老吾老，以及人之老；幼吾幼，以及人之幼。

mèng zǐ　liáng huì wáng shàng

——《孟子·梁惠王上》

【解读】

尊敬赡养自家老人，并由此推广到尊敬赡养别家的老人；爱护自己的孩子，并由此推广到爱护别人的孩子。

【人生智慧】

让我们看看诺贝尔和平奖得主特蕾莎修女简单而又不平

凡的一生：

1910年，特蕾莎修女出生于一个并不富足的家庭，但在其家庭中父慈母爱，手足亲睦。12岁时，她感到自己未来的职业是帮助穷人。15岁时，她决定为自己即将从事的职业接受训练。此后，她的一生都在“为穷人中的穷人服务”。她甚至要求自己也成为穷人：只有三套衣服；不穿袜子，只穿凉鞋；除了电灯以外，家中唯一的电器是电话。她解释说：“要爱穷人，了解穷人，我们自己也必须是穷人。”

有一次，特蕾莎看到一位老妇人正在一个垃圾桶边痛苦地呻吟，老妇人浑身爬满了蚂蚁，头上好像还被老鼠咬了一个洞。特蕾莎不顾一切地抱起她直奔医院。老人得救后，特蕾莎决定创建一所“临终关怀院”。

有个老乞丐，被发现的时候正躺在水沟里，两腿长满了蛆，瘦得不成人形。在临终关怀院里，老人被全面照顾，精心呵护，最后安详而逝。临死之前，他感慨道：“我是个乞丐，你们却让我死得像个天使。”

黎巴嫩战火纷飞之际，特蕾莎协助被击毁的依拉斯美亚医院救出了37名弱智及伤残儿童。埃塞俄比亚受灾时，特蕾莎夜以继日地帮助医务人员照顾病人。

1979年，诺贝尔委员会从56位候选人中选出了特蕾莎，并把诺贝尔和平奖这一殊荣授予了这位除了爱一无所有的修女。特蕾莎也成为诺贝尔和平奖历史上最没有争议、最令人欣慰的获奖者之一。

正如特蕾莎所说："我们都不是最伟大的人，但我们可以用伟大的爱来做生活中每一件最平凡的事。"

四十八 里仁为美

【经典】

zǐ yuē lǐ rén wéi měi zé bù chǔ rén yān dé zhì

1.子曰："里仁为美。择不处仁，焉得知（智）？"

lún yǔ lǐ rén

——《论语·里仁》

péng shēng má zhōng bù fú ér zhí bái shā zài niè yǔ zhī jù hēi lán huái zhī gēn shì wéi zhǐ qí jiān zhī xiǔ jūn zǐ bù jìn shù rén bù fú qí zhì fēi bù měi yě suǒ jiān zhě rán yě gù jūn zǐ jū bì zé xiāng yóu bì jiù shì suǒ yǐ fáng xié pì ér jìn zhōng zhèng yě

2.蓬生麻中，不扶而直；白沙在涅，与之俱黑。兰槐之根是为芷，其渐之滫，君子不近，庶人不服。其质非不美也，所渐者然也。故君子居必择乡，游必就士，所以防邪辟而近中正也。

xún zǐ quàn xué

——《荀子·劝学》

【解读】

1.孔子说:“住的地方靠近有仁德的人才好。选择住处,不靠近仁德,这怎能算是聪明呢?”

2.蓬草生在麻丛当中,不用人扶持它也能长得挺直;白沙混入黑土中,会变得跟黑土一样黑。兰槐的根,就是白芷,如果沾上臭泔水,君子不愿接近它,普通百姓也不再佩带它。这并不是它的本质不美,只是因为沾上臭泔水才使它这样的。所以君子居住要选择好的处所,交游要接近贤士,这样才是防止自己误入邪途而接近正道的方法。

【人生智慧】

前面已经提到,根据《孔子家语》记载,孔子曾经说,与善人常在一起,“如入芝兰之室,久而不闻其香”,因为他已经被同化了;而和不善的人常在一起,“如入鲍鱼之肆,久而不闻其臭”,也是因为他已经受到坏人的影响。这正是我们今天所说的“近朱者赤,近墨者黑”,“染于苍则苍,染于黄则黄”。

历史上有一位伟大的母亲,因为教子有方而美名流传千古。让我们再来温习一遍孟母教子这个耳熟能详的故事吧,也就是家喻户晓的“孟母三迁”:

孟子年幼的时候父亲就去世了,母亲仉氏没有改嫁,一个人含辛茹苦地带着小孟轲生活。开始,他们住的地方附近有一块墓地,不时会有人家在那里办理丧事或祭拜死者。小孟轲和

里仁为美

孟母三迁

邻居的小孩就常常一起学着大人跪拜、哭嚎的样子，玩办丧事的游戏。孟母看到了，就皱起眉头说："我又不能老是把一个活泼好动的孩子关在家里，也不能看着他成天这个样子，得为他换一个环境，这个地方不适合我的孩子居住！"然后就带着小孟轲搬到了别处。

可是，这个新住处又靠近一个集市，小孟轲又和邻居的小孩模仿集市上人们买卖时锱铢必较地讨价还价。孟母知道了，又皱皱眉头说："这个地方也不适合我的孩子居住！"于是，他们又搬了家。

这次搬到了一个屠宰场附近，小孟轲又模仿着屠夫玩起宰杀猪羊的游戏。孟母看到后，皱皱眉头说："这个地方也不适合我的孩子居住！"于是，他们又搬家了。

这一次，他们搬到了学校附近。每月夏历初一，官员到文庙，行礼跪拜，小孟轲也学习模仿并且加以牢记。孟母很满意地点头说道："这才是我儿子应该住的地方呀！"于是就在这个地方定居下来。

孔子强调靠近仁德之人对于培养自身仁德的重要性。荀子也认为君子居住要选择好的处所，交游更要结交贤士，这样才是防止自己误入邪途而接近正道的方法。孟母更是用自己的行动向我们诠释了这个道理。所以，在生活中，我们也要多与有才德的人交往，使自己多接受正能量，从而变得更为积极向上。

四十九　爱人者，人恒爱之；敬人者，人恒敬之

【经典】

mèng zǐ yuē jūn zǐ suǒ yǐ yì yú rén zhě yǐ qí cún xīn
孟子曰：“君子所以异于人者，以其存心
yě jūn zǐ yǐ rén cún xīn yǐ lǐ cún xīn rén zhě ài rén yǒu
也。君子以仁存心，以礼存心。仁者爱人，有
lǐ zhě jìng rén ài rén zhě rén héng ài zhī jìng rén zhě rén héng
礼者敬人。爱人者，人恒爱之；敬人者，人恒
jìng zhī yǒu rén yú cǐ qí dài wǒ yǐ hèng nì zé jūn zǐ bì zì
敬之。有人于此，其待我以横逆，则君子必自
fǎn yě wǒ bì bù rén yě bì wú lǐ yě cǐ wù xī yí zhì
反也：‘我必不仁也，必无礼也，此物奚宜至
zāi qí zì fǎn ér rén yǐ zì fǎn ér yǒu lǐ yǐ qí hèng nì
哉？’其自反而仁矣，自反而有礼矣，其横逆
yóu shì yě jūn zǐ bì zì fǎn yě wǒ bì bù zhōng zì fǎn
由是也，君子必自反也：‘我必不忠。’自反
ér zhōng yǐ qí hèng nì yóu shì yě jūn zǐ yuē cǐ yì wàng rén
而忠矣，其横逆由是也，君子曰：‘此亦妄人

yě yǐ yǐ rú cǐ zé yǔ qín shòu xī zé zāi yú qín shòu yòu hé

也已矣。如此，则与禽兽奚择哉？于禽兽又何

nàn yān

难焉？'"

mèng zǐ lí lóu xià

——《孟子·离娄下》

【解读】

孟子说："君子与一般人的不同之处在于，他内心所怀的念头不一样。君子内心所怀的念头是仁，是礼。仁爱的人爱别人，礼让的人尊敬别人。爱别人的人，别人也会一直爱他；尊敬别人的人，别人也会一直尊敬他。假使有这么一个人，他以蛮横不讲理的态度对待我，那么君子一定会自我省察：'我必定有不仁的地方，必定有无礼的地方，不然他怎么会这样对待我呢？'他自我反省已经做到仁了，自我反省已经做到礼了，而对方还是这种蛮横不讲理的态度，君子一定再自我省察：'我一定还有不忠诚的地方。'自我省察已经做到忠诚了，而对方还是这种蛮横不讲理的态度，君子才感叹说：'这只是一个不明事理、狂妄无知的人罢了。像这样的人跟禽兽有什么分别呢？对于禽兽又有什么好计较的呢？'"

【人生智慧】

《吕氏春秋·仲秋纪·爱士》记载：从前，秦穆公乘马车出行的时候，车子坏了，右侧驾辕的马跑走后被一群农民抓住了。穆公亲自去寻找那匹马，看见那些农民正在岐山南面分食马肉，穆公叹息道："吃骏马的肉而不赶快喝酒，我害怕马肉会伤了你们的身体！"于是穆公命仆人拿出自己的酒，分给这群农民喝了，然后才离开。

一年后，秦国与晋国在韩原展开激战。晋国士兵已经将秦穆公的战车包围起来，晋国的梁由靡已经抓住了穆公战车左边的马，晋惠公的车右路石举起殳击中了穆公的铠甲，有六片甲片被击中。

这时，曾在岐山南面分食马肉的那一群农夫赶过来，在穆公车下与晋军展开殊死搏斗，最终大败晋军，俘获了晋惠公，并把他带回了秦国。

这就是《诗经》中所说的："统治君子要公正无私，让他们来施行仁德；统治卑微的人要宽厚，让他们竭尽全力。"君主怎能不务求广施德惠、爱抚人民呢？君主广施德惠、爱抚人民，就会得到人民的爱戴；人民爱戴君主，就会乐意为其效死。

赵简子有两匹白骡子，它们深得简子的喜爱。阳城胥渠住在广门里，一天夜里，他来敲简子的门并且申述道："主君的微臣胥渠生病了，医生说：'吃了白骡子的肝，病就会好；如果弄不到，就必死无疑。'"

守门人进去禀告赵简子。董安于正好在简子身边侍奉，他恼怒地说："嘿！胥渠怎么回事！竟然打起主君的白骡子的主意了。请立即把他处死。"简子说："为了一个牲畜而杀人，那不是不仁道吗？而为了救人杀掉牲畜，难道不是仁道吗？”于是呼唤厨子杀掉了白骡，把肝取出来，交给阳城胥渠。

没过多久，赵简子举兵攻打翟人，广门里左里派出七百人，右里派出七百人，他们都争相登上城头去砍杀敌方的披甲武士。

由此看来，君主怎能不爱抚自己的臣民百姓呢？一个人怎能不和睦友善地对待别人呢？因为，你对待别人的态度，反过来正是别人对你的态度。所以，你想让别人怎样对你，就先用这样的方式和态度去对待别人吧。

爱人者，人恒爱之；敬人者，人恒敬之

五十　六言六弊

【经典】

zǐ yuē　yóu yě　rǔ　wén liù yán liù bì　yǐ

子曰：“由也，女（汝）闻六言六蔽（弊）矣

hū　duì yuē　wèi yě　jū　wú yù rǔ　hào rén bù hào

乎？”对曰：“未也。”“居，吾语女（汝）。好仁不好

xué　qí bì yě yú　hào zhì　bù hào xué　qí bì yě dàng　hào

学，其蔽也愚；好知（智）不好学，其蔽也荡；好

xìn bù hào xué　qí bì yě zéi　hào zhí bù hào xué　qí bì yě jiǎo　hào

信不好学，其蔽也贼；好直不好学，其蔽也绞；好

yǒng bù hào xué　qí bì yě luàn　hào gāng bù hào xué　qí bì yě kuáng

勇不好学，其蔽也乱；好刚不好学，其蔽也狂。”

lún yǔ　yáng huò

——《论语·阳货》

【解读】

孔子说：“仲由，你听说过六种品德、六种弊病吗？”仲由答道：“没有。”孔子道：“坐下，我告诉你。爱仁德，却不爱学习，弊

病就是容易被人愚弄;爱耍聪明,却不爱学习,弊病就是容易流于放荡而无节制;爱诚实,却不爱学习,弊病就是容易被人利用,反而害了自己;爱直率,却不爱学习,弊病就是说话尖刻,刺痛人心;爱勇敢,却不爱学习,弊病就是捣乱闯祸;爱刚强,却不爱学习,弊病就是胆大妄为。”

【人生智慧】

鲁僖公二十二年冬十一月，宋襄公与楚国在泓水边上作战。宋军已经排成阵势,楚军尚未完全渡河,宋襄公却不愿趁此机会出兵攻击。楚军渡河以后,尚未排开阵势之前,宋襄公也不愿趁机攻击。

等到楚军阵势部署整齐之后，宋襄公才率部与楚军交锋。结果,宋军惨败,宋襄公自己腿上也受了伤。

人们都将宋军惨败归罪于宋襄公。襄公却说:“君子不伤害已经受伤的人,不擒捉头发花白的人。古代作战,不在险隘之处攻击敌人。我纵然是殷商亡国的后裔,却不攻击没有布好阵势的敌人。”

宋襄公不知道对敌方的仁慈就是对自己兵将的残忍。宋襄公的惨败,充分说明了“好仁不好学”的弊端。

《庄子·盗跖》篇中记载:古时有个叫尾生的青年,与一位女子在桥下约会。女子还没来,山洪暴发了,尾生坚决守约,不肯离去,最后抱着桥柱被大水淹死了。

六言六弊

我们不认可如此这般的“坚贞爱情”。这正是“好信不好学”的弊端。

《吕氏春秋·仲冬纪·当务》中记载：齐国有两个号称十分勇敢的人，一个住在东城，一个住在西城。

有一天，这两个人在路上相遇，互相说：“一起喝几杯吧！”酒过几巡，他们商量道：“弄点下酒的肉吧！”

一个说：“您身上有肉，我身上也有肉，为什么要去别处弄肉呢？只要准备点酱就行了。”

于是两人抽出刀割自己身上的肉下酒，最终吃死了自己。

这个故事表明了“好勇不好学”的弊端。

其实，所有美好的德行，都应该以智慧为统帅。智慧从哪里来？答案是唯一的——学习。终生学习，既是手段，又是目的。

五十一　君子三戒

【经典】

kǒng zǐ yuē jūn zǐ yǒu sān jiè shào zhī shí xuè qì wèi

孔子曰："君子有三戒：少之时，血气未

dìng jiè zhī zài sè jí qí zhuàng yě xuè qì fāng gāng jiè zhī zài

定，戒之在色；及其壮也，血气方刚，戒之在

dòu jí qí lǎo yě xuè qì jì shuāi jiè zhī zài dé

斗；及其老也，血气既衰，戒之在得。"

lún yǔ jì shì

——《论语·季氏》

【解读】

孔子说："君子有三件事应当自我警惕戒备：少年时期，体质和精神还不稳固，应当戒备的是色欲；到了壮年，体质和精神正当刚强，往往容易冲动，应当戒备的是意气争斗；到了老年，体质和精神已经衰退，往往贪名好利，应当戒备的是贪欲。"

【人生智慧】

《淮南子·诠言训》中说："凡人之性，少则猖狂，壮则强暴，老则好利。"

这句话可以看作是对人性的基本概括和总结。大致说来，年轻的时候，情窦初开，对异性十分好奇，如果由着自己的性欲，不加节制，就会胡作非为。中国古代有很多英年早逝的皇帝，后宫嫔妃众多，色欲的诱惑太大，以至于过早地丢了身家性命。所以，在色欲上要警戒。

到了壮年，体魄健全，精力充沛，好胜心特别强，因此极易发生争斗，所以在这方面应该警戒。

人到晚年，精神气力已逐渐衰退，去日苦多，来日不长，内心会缺乏安全感，就想多抓住些物质的利益。物质财富的确能给人提供心理上的些许安全感，但也会让人变得很贪心，所以人到晚年，要警惕贪欲。

我国历史上著名的军事家韩信，是西汉开国功臣，与萧何、张良并列为汉初三杰，与彭越、英布并称为汉初三大名将。在楚汉战争中，韩信发挥了卓越的军事才能，平定魏国后，又背水一战，击败代、赵二国。之后，他又北上降服燕国。汉王朝建立后，他被拜为相国，率兵攻打齐国，攻克临淄，并在潍水一举歼灭龙且率领援齐的二十万楚军。韩信因为卓越的战功，被刘邦封为齐王。楚汉之战，刘邦又命韩信会师垓下，围歼楚军，迫使项羽自刎。

毋庸置疑，韩信是攻无不克、百战百胜的大将，他勇猛盖世。然而这样的勇士，早年曾经受过胯下之辱。

韩信忍胯下之辱

韩信功成名就以后，召见曾经侮辱自己的屠夫，封他为中尉，并告诉诸将："这是位壮士，当他侮辱我时，我难道不能杀了他吗？但杀了他我也不会扬名，所以就忍了下来，才有了今天。"

从后来他立下的赫赫战功来看，韩信绝不是一个没有勇力、胆小怕死之人，可当年面对屠夫的羞辱，他没有好勇斗狠，而是克制了自己血气方刚好斗之性，避免了一场不必要的杀伤，不可谓不智慧。

五十二 君子固穷

【经典】

zǐ yuē jūn zǐ gù qióng xiǎo rén qióng sī làn yǐ

1.子曰:“君子固穷,小人穷斯滥矣。”

lún yǔ wèi líng gōng

——《论语·卫灵公》

zǐ yuē shì zhì yú dào ér chǐ è yī è shí zhě wèi zú yǔ yì yě

2.子曰:“士志于道,而耻恶衣恶食者,未足与议也。”

lún yǔ lǐ rén

——《论语·里仁》

【解读】

1.孔子道:“君子穷困的时候还是坚持着自己的操守,小人一到穷困时便无所不为了。”

2. 孔子说:“一个士人立志追求正道, 但是那种以穿得不好、吃得不好为羞耻的人,就不值得和他谈论道了。”

【人生智慧】

我们且看看孔子的亲身经历。孔子周游列国,到处推销自己的政治理想,他曾经一度到过卫国,并受到卫灵公的欢迎和礼遇。孔子深知卫灵公意在穷兵黩武,根本不重视礼乐教化,便假托自己只懂得礼乐,并不懂军事,更看出卫灵公根本无心施行仁政,不可能采纳自己的主张,于是去意已决,毅然决然地在第二天就离开了卫国。

孔子一行离开卫国,经过陈国时,因粮食断绝,随行的弟子都饿得病倒了。个性爽直的子路见此情形,大发牢骚,孔子便借机告诫他,君子与小人的区别,正在于遭遇困穷时,君子能坚守节操,至于小人,则会放肆为非了。

北齐的时候,胡太后掌权,和士开深受太后宠幸,那些求官的人全走和士开的门路,甚至争相当他的干儿子。有一位士人去见和士开,也想求个一官半职。恰巧那天和士开有病,倚卧在胡床上,医生为他煎了一服药,旁边放了一碗药引子,伺候他喝药。士开看了那碗药引子,深深皱起双眉。这药引子名为“黄龙汤”,实则是小儿的粪便,和士开哪里吃得下去。这位士人坐在侧席,一看机不可失,连忙上前说道:“这药并不难吃。”捧起碗来就吃了一大口,还咂着嘴说:“这是甜的。”和士开亲眼所见,才屏住鼻息把药吃了(事见《北齐书·和士开列传》)。人穷志短,屎也要抢着来吃,可见“贫而无谄”并不是容易的事。

庄子在《庄子·列御寇》篇中以疾喻政："秦王有病召医，破痈溃痤者得车一乘，舐痔者得车五乘，所治愈下，得车愈多。"庄子的这个小寓言故事，也很深刻地反映了人性。

真正做到"贫而无谄"，并非易事。但是，如果做到了，必成大器。咱们还是用事实说话吧：

苏轼和弟弟苏辙在准备科考时，由于家境不好，每天所吃的只是一碗饭、一碟生萝卜、一撮盐，苏轼称之为"三白"。如此简单的饭食，兄弟俩却甘之如饴。哥弟终于同年考中进士。苏轼兄弟，科考之前"贫而乐"，日后富贵，又"富而好礼"，所以传为人间佳话。

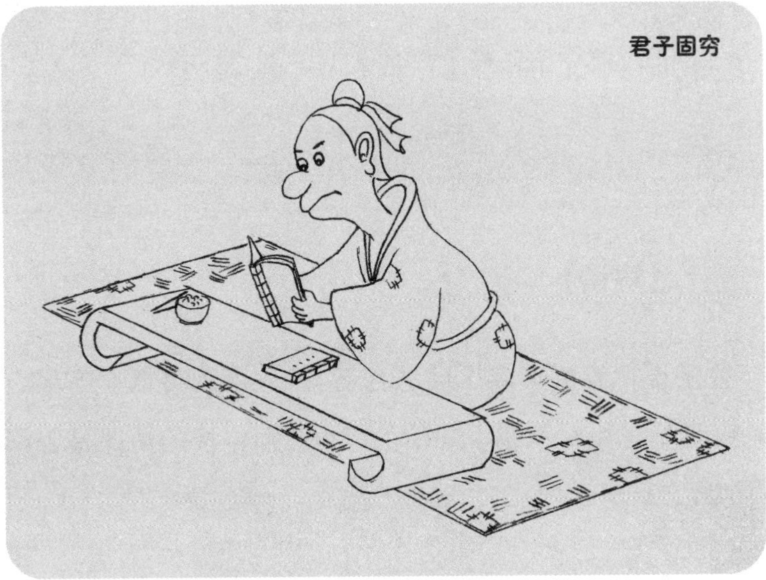

五十三　吾日三省吾身

【经典】

zēng zǐ yuē wú rì sān xǐng wú shēn wèi rén móu ér bù zhōng

曾子曰："吾日三省吾身：为人谋而不忠

hū yǔ péng yǒu jiāo ér bù xìn hū chuán bù xí hū

乎？与朋友交而不信乎？传不习乎？"

lún yǔ xué ér

——《论语·学而》

【解读】

曾子说："我每天多次反省自己：替人谋划事情有不尽心的吗？和朋友交往有不诚实守信的吗？老师传授的功课是否都温习了呢？"

【人生智慧】

儒家传统是注重自我反省的，《周易·蹇卦》中说"君子以反身修德”。现在人们用来自我警醒的座右铭中，还可以经常见到这样一句话——闲谈莫论人非，静坐常思己过。

这里，我们说回“一匡天下”、争霸诸侯的齐桓公。齐桓公曾经向管仲坦陈自己的弱点，说：“我这个人有三样很坏的毛病，你看我有资格担当一国之君吗？”

管仲故意说：“我没听说过您有什么缺点。”

齐桓公说：“我喜欢打猎，不管白天黑夜，以猎捕禽兽为乐，却没认真处理国家大事。”

管仲说：“这种习惯，是很坏，但还不是最关键的。”

齐桓公又说：“我喜欢喝酒，整天喝得昏天黑地，以致各国使臣都无法见我的面。”

管仲说：“这也是很坏的习惯，但还不是最关键的。”

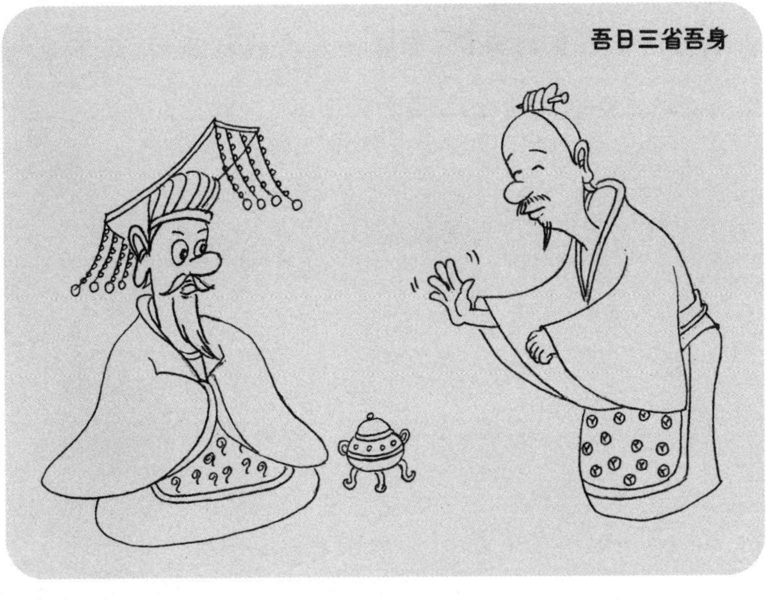

齐桓公接着说:“我还有个很坏的毛病，就是非常喜欢女色,而且乱来,无论长辈还是平辈的女子,以至于她们不能出嫁。”

管仲仍然欲擒故纵地说:“这是坏习惯，但还不是最关键的。”

齐桓公很纳闷,说:“大家都认为这是很坏的恶习。除此之外,还有什么最关键的呢?”

管仲说:“作为一国之君,如果优柔寡断又不够聪明,就不足以担当治国重任。”

齐桓公能深刻反思自己,并坦诚地承认自己的毛病,作为一国之君,这是难能可贵的。他重用管仲,将国家治理得空前繁荣和强大。

这个故事告诉我们，假如一个人能时时刻刻反省自己,凡是出现任何不如意的事情,都能从自身找找原因,而不是一味地怨天尤人,那他真的会无敌于天下。

五十四　见贤思齐

【经典】

zǐ yuē jiàn xián sī qí yān jiàn bù xián ér nèi zì xǐng yě

1.子曰："见贤思齐焉，见不贤而内自省也。"

lún yǔ lǐ rén

——《论语·里仁》

zǐ yuē jiàn shàn rú bù jí jiàn bù shàn rú tàn tāng

2.子曰："见善如不及，见不善如探汤。"

lún yǔ jì shì

——《论语·季氏》

shàn rén zhě bù shàn rén zhī shī bù shàn rén zhě shàn rén zhī zī

3.善人者，不善人之师；不善人者，善人之资。

lǎo zǐ dì èr shí qī zhāng

——《老子》第二十七章

4.见善，修然必以自存也；见不善，愀然必以自省也。善在身，介然必以自好也；不善在身，菑（灾）然必以自恶也。

（jiàn shàn xiū rán bì yǐ zì cún yě jiàn bù shàn qiǎo rán bì yǐ zì xǐng yě shàn zài shēn jiè rán bì yǐ zì hào yě bù shàn zài shēn zāi rán bì yǐ zì wù yě）

——《荀子·修身》（xún zǐ xiū shēn）

【解读】

1.孔子说："看见贤人，便应该想办法向他看齐；看见不贤的人，便应该反省自己（有没有同他类似的毛病）。"

2.孔子说："看见善良就努力追求，好像赶不上似的；遇见邪恶就好像将手伸到了沸水里，要急忙避开。"

3.善人可以做恶人的老师，恶人可以作为善人的借鉴。

4.见到善良的行为，一定认真地检查自己是否有这种行为；见到不善的行为，一定要心怀恐惧地检讨自己是否有这种行为。自己身上有了好的德行，就要坚定不移地洁身自好，保持下去；自己身上有不良的习惯，就要像会因此而遭遇灾害一样痛恨自己。

【人生智慧】

东晋有个人叫吴隐之，他幼年丧父，跟母亲艰难度日，养成了勤俭朴素的习惯。做官后,他依然厌恶奢华,不肯搬进朝廷给他准备的官府,多年来全家只住在几间茅草房里。后来,他的女儿出嫁,人们想他一定会好好操办一下。谁知大喜这天,吴家仍然冷冷清清。谢石将军的管家前来贺喜,看到一个仆人牵着一条狗走出来。管家问道:“你家小姐今天出嫁,怎么一点筹办的样子都没有?”仆人皱着眉说:“别提了,我家主人太节俭了,小姐今天出嫁,主人昨天晚上才吩咐准备。我原以为这回主人该破费一下了,谁知主人竟叫我今天早晨到集市上去把这条狗卖掉,用卖狗的钱再去置办东西。你说,一条狗能卖多少钱,我看平民百姓嫁女儿也比我家主人气派啊!”管家感叹道:“人人都说吴大人是少有的清官,看来真是名不虚传。”

孔子说:“不义而富且贵,于我如浮云。”鲍照说:“自古圣贤皆贫贱,何况我辈孤且直。”哲人和诗人,都是独具慧眼吧。他们早就意识到“圣贤多贫贱”这一真理。是的,一个清正廉洁的人,很难聚敛巨额财富。

英国著名哲学家培根也持有类似的观点。他说,一般说来,只有来路不正的钱或者突如其来的横财,才能使人突然变成巨富。靠正当渠道挣钱,财富通常都是积累得很慢的。

仔细想来,哲人们的论调总是不无道理。吴隐之能时时刻刻牢记前圣先贤的教诲,向清正廉洁的圣贤看齐,令人心生敬意。

孟子说:“舜,人也;我,亦人也。舜为法于天下,可传于后世,我由未免为乡人也,是则可忧也。忧之如何?如舜而已矣。”

意思是：舜是人，我也是人；舜给天下的人树立了榜样，影响可以流传到后世，我却仍然不免是个平庸的人，这是值得忧虑的。忧虑了怎么办？像舜那样去做罢了。

孟子这段话可谓对"见贤思齐"的最好阐释。

事实上，孔子的一生也在践行着这种"见贤思齐"的理念。孔子曾经感叹说："周监于二代，郁郁乎文哉！吾从周。"孔子认为，周朝的礼乐文化是借鉴夏、商二代而来的，是那么光辉灿烂，所以他主张遵从周礼。他的一生的确都在用自己的实际行动"克己复礼"。

圣贤如孔孟，都能如此"见贤思齐"，我们后人也应如此。

五十五　贫而乐道，富而好礼

【经典】

zǐ gòng yuē pín ér wú chǎn fù ér wú jiāo hé
1. 子贡曰：“贫而无谄，富而无骄，何
rú zǐ yuē kě yě wèi ruò pín ér lè dào fù ér hào
如？”子曰：“可也。未若贫而乐［道］，富而好
lǐ zhě yě
礼者也。”

lún yǔ xué ér
——《论语·学而》

zǐ yuē shì ér huái jū bù zú yǐ wéi shì yǐ
2. 子曰：“士而怀居，不足以为士矣。”

lún yǔ xiàn wèn
——《论语·宪问》

zǐ yuē pín ér wú yuàn nán fù ér wú jiāo yì
3. 子曰：“贫而无怨难，富而无骄易。”

lún yǔ xiàn wèn
——《论语·宪问》

【解读】

1.子贡请教道："身处贫困也不讨好巴结有钱人，身处富贵也不骄纵，怎么样？"孔子说："可以。但是还比不上身处贫贱也依然快乐地习道，身处富贵也喜欢以礼待人。"

2.孔子说："身为读书人却留恋安逸，便不配做读书人了。"

3.孔子说："贫穷却没有怨恨，这是很难做到的；富贵却不骄傲，倒容易做到。"

【人生智慧】

孔子最钟爱的弟子颜回，是贫而乐道的典范。即便生活极端贫困，他也能自得其乐，而且一直孜孜不倦地认真学习。正是这种贫而乐道的品质，深深打动了孔子。

除了颜回，在中国古代还有一位圣王，同样不追求自己的权势与财富，安于贫困，而且处处为百姓着想。这位圣王就是古公亶父。

周室传到古公亶父的时候，正逢殷朝开始没落。古公亶父重兴祖先公刘的政策，发展农业，积德行义，很受国人爱戴。但是，周边部族常来攻打他的地盘，周部给了他们财物以后，他们还不满足，仍然继续进攻。百姓都很愤怒，准备决一死战。

古公亶父说："人民拥立君主，那是因为这个君主可以为百姓谋福利。现在周边部族来侵略，就是因为觊觎我们的土地和百姓。只要百姓生活得好，在我这里和在他们那里，有什么区别呢？现在百姓为了我而战斗，但打起来是要死人的，因为我而杀了别人的父兄子弟，然后再让我继续做君主，我实在不忍心啊。”

于是，古公亶父就学他的远祖，与家人悄悄地避到梁山西南的岐山之下。

老百姓知道后，扶老携幼，追到岐山来，照旧跟着他。附近的部族久仰古公亶父的仁义贤名，也都来归附他。古公亶父开始传播文明，改革陋习，建设城郭，把土地分配给人民，并建立官制，明确职责，形成“国家”的雏形，所以他被称为周朝的“太王”。

古公亶父的伟大之处，就在于不孜孜以求地扩充自己的势力和利益，也不一味追求强大，而是处处为百姓着想。他的无私赢得了百姓的尊重和拥戴。这是“贫而乐道”的典范。

那么，“富而好礼”又该怎样理解呢？

尉迟敬德是唐太宗手下一员猛将，跟随太宗东征西战，立下显赫战功。后来尉迟敬德觉得自己功高盖世，不把别人放在眼里，甚至在长孙无忌、房玄龄、杜如晦等执政大臣面前，也非常傲慢。

一天，唐太宗大宴群臣，尉迟敬德见有人的座次排在自己席位之上，就怒气冲冲地说：“你们有什么功劳，胆敢坐在我上面？”

任城王李道宗坐在他上面，便解释了几句。没料到，这番解释不仅没有平息尉迟敬德的怒气，反而激得他勃然大怒，他一拳打在李道宗的眼睛上，差点把他打瞎。

唐太宗见状很不高兴，对尉迟敬德说：“我阅览汉史，看见

汉高祖的功臣没有被杀的寥寥无几，我内心经常觉得这样不应该。因此在我即位之后，心里经常思量着保全功臣，不使他们断子绝孙。然而您身居官位，动辄犯法，我才明白，韩信、彭越之所以被杀，并不仅仅是汉高祖的过失。国家法律，只有赏和罚。你好自为之吧，不要留下让自己后悔的祸根。"

尉迟敬德意识到了事情的严重，再也不敢放肆无礼了。

富贵而骄，的确是一般人的通病。通常，人们拥有了权力和财富，便自命不凡，瞧不起别人，这是很正常的心理。可是，人们对于富贵者本来就容易心存敬畏，担心会被他们看不起，当然会特别在意他们的言行举止。富贵者一点小小的无礼，在普通人眼里就成了看不起自己的标识。

富贵之人，只有谦虚礼貌地对待别人，才能不为自己树敌，才能越走路越宽。

五十六　过犹不及

【经典】

zǐ gòng wèn shī yǔ shāng yě shú xián zǐ yuē shī
子贡问："师与商也孰贤？"子曰："师
yě guò shāng yě bù jí yuē rán zé shī yù yú zǐ
也过，商也不及。"曰："然则师愈与？"子
yuē guò yóu bù jí
曰："过犹不及。"

lún yǔ xiān jìn
——《论语·先进》

【解读】

子贡问孔子："颛孙师（子张）和卜商（子夏）两个人，谁强一些？"孔子道："颛孙师有些过了，卜商有些不足。"子贡道："那么，颛孙师更强一些吗？"孔子道："过分和不足同样不好。"

【人生智慧】

历史上大名鼎鼎的法家代表人物商鞅，最初是魏国大臣公叔痤的家臣。公元前361年，秦孝公即位，商鞅带着李悝的《法经》入秦见孝公。前两次会面时，商鞅分别用"帝道""王道"游说孝公，都说不进孝公心里。第三次谈的是"霸道"，孝公听得入迷，不知不觉跪在席上，向前移动膝盖，两人谈得十分投机，相谈甚欢。商鞅的"强国之术"深得孝公赏识。

公元前356年，秦孝公开始任命商鞅实行变法。商鞅鼓励耕战，富国强兵。秦国原被中原诸国视为僻壤，不被约请参与诸侯会盟。魏国屡次侵袭，逼迫秦国紧缩在西方一隅。商鞅变法成功后，秦国富强起来，由二流诸侯国一跃而为七国中实力最强的超级大国，为秦国在百年之后统一中国奠定了基础。王充在《论衡·书解》中评价说："商鞅相孝公，为秦开帝业。"

商鞅下令让百姓五家为伍，十家为什，相互监视，实行连坐。不检举犯法的，一律腰斩。告发奸恶的，给予和斩获敌人首级相同的赏赐；藏匿庇护奸恶犯科之人的，给予和投降敌人相同的惩罚。一家有两个以上壮丁不分家过日子的，赋税加倍。建立军功的，各按标准升爵受赏。私下斗殴的，各按情节轻重给予大小刑罚。努力从事农业生产，使得粮食丰收、布帛增产的，免除劳役赋税。专事工商，或因懒惰而贫困的，妻子儿女全收为官家奴隶。王族没有军功的，不再继续享受爵位。商鞅还明确尊卑爵位等级，各按等级差别占有土地房产。家臣奴婢的衣裳服饰，各按爵位等级决定，不能逾越。

新法实行一年，太子触犯法令。商鞅说："法令不能彻底实行的一个重要原因，是居上位的人触犯法令。"他准备依法惩处太子。但太子是国君的继承人，不能随便施加刑罚，商鞅便对太子傅公子虔行刑，并对太子的老师公孙贾处以黥（脸刺字）刑。结果立竿见影，全国上下无不服从新法。

新法推行十年，秦国百姓路不拾遗，山中没有强盗，家家富裕，人人自足，百姓勇敢为国作战，没有私人斗殴，城乡大治。秦人国富兵强，周天子赠送祭肉给秦孝公，诸侯都来祝贺。

公元前341年，齐军在马陵击败魏军，俘虏魏太子申，杀死将军庞涓。又过了一年，商鞅劝秦孝公说："秦国与魏国，就譬如人有心腹之病，不能两全，不是魏国吞并秦国，就是秦国吞并魏国。什么原因呢？魏国居于崇山峻岭的西面，在安邑建都，与秦国以黄河为界，独占山东的地利，情况有利，就向西侵伐秦国；情况不妙，就向东扩展土地。如今我们靠国君的贤能圣明，国家赖以强盛。而魏国去年被齐军打得大败，诸侯纷纷背离，可以乘这时机攻伐魏国。魏国抵挡不住秦军，必定向东迁移。魏东迁之后，秦国占据黄河、华山的天险，向东可以控制诸侯，这是千秋帝王之业啊！"

秦孝公认为很有道理，就派商鞅率兵攻伐魏国。魏王派公子卬领兵迎击秦军。两军相遇，商鞅送信给公子卬，说："我当初与公子相交甚好，如今同为两国之将，不忍心互相攻伐，是否可以同公子当面相见，缔结盟约，痛饮一番而后撤兵，以安定秦国和魏国？”

魏公子卬与商鞅会面，订立盟约完毕，设宴对饮，可是商鞅事先埋伏甲士，袭击并俘虏了魏公子卬，乘势攻击并打败魏军，返回秦国。

魏惠王因军队屡败于齐秦两国，国内空虚，国力日益衰落，非常恐慌，于是派遣使者，割让河西之地，奉送给秦国，以求和解。之后魏惠王就离开安邑，迁都大梁。

商鞅击败魏军胜利归来，秦孝公封给他於、商之间的十五个邑，从此号称商君。

公元前338年后五月，秦孝公去世，太子即位。商鞅之前得罪过的公子虔等人告发商君谋反，国君派出官吏逮捕商鞅。仓皇之下，商鞅逃到边关，打算住客栈。掌管客栈的人说：“商君的法令：留宿没有通行证件的人，要判罪。”商君喟然叹息道：“唉，制订法令的弊害，竟然落到了自己身上！”

于是商鞅离开秦国，前往魏国。魏人怨恨他欺骗公子卬，拒绝接纳。魏国人说：“商君是秦国逃犯，秦国强大，逃犯跑到魏国，不送还不行。”于是把商鞅送回秦国。

商鞅再进入秦，便直奔自己的封地商邑，跟下属调动邑中士兵，往北攻击郑邑。秦王派兵攻打商鞅，将他杀死。

秦惠王车裂商君尸体示众，下令说：“不许再有像商鞅这样的造反者！”接着杀灭商鞅全家。

商鞅法令严苛，最终也害了自己。他背信弃义，也为人不齿。商鞅的一些做法，无疑是太过分了。这就是“过犹不及”吧。

无独有偶，武则天时期颇受赏识和重用的酷吏来俊臣，在得势时，绞尽脑汁发明了各种酷刑来整治大臣和百姓。他让人做了一整套枷锁，大大小小有十个尺码，各有名目，让受刑的人求生不得、求死不能，受尽最惨无人道的折磨。他前后定罪冤杀了一千多户、好几万人口。之后来俊臣在政治斗争中失势，被斩杀于洛阳街头，死时年仅47岁。

他死后，无数仇家争着咬他的肉，尸体一下子就被吃光了。报仇的人甚至把他的眼睛挖出来，剥下面皮，剖开肚子，挖出心肝，践踏成泥。

做人不能太绝，记得为别人留一点尊严，留一丝活路。历史血淋淋的教训，值得后人汲取。

孟子说："仲尼不为已甚者。"就是说，孔子做事情不会过火，因为他知道，一件事情做得太过和没做到效果是一样的。

五十七　不以言举人，不以人废言

【经典】

zǐ yuē yǒu dé zhě bì yǒu yán yǒu yán zhě bù bì yǒu
1.子曰："有德者必有言，有言者不必有
dé rén zhě bì yǒu yǒng yǒng zhě bù bì yǒu rén
德。仁者必有勇，勇者不必有仁。"

lún yǔ xiàn wèn
——《论语·宪问》

kǒng zǐ yuē shì yú jūn zǐ yǒu sān qiān yán wèi jí zhī
2.孔子曰："侍于君子有三愆：言未及之
ér yán wèi zhī zào yán jí zhī ér bù yán wèi zhī yǐn wèi jiàn yán
而言谓之躁，言及之而不言谓之隐，未见颜
sè ér yán wèi zhī gǔ
色而言谓之瞽。"

lún yǔ jì shì
——《论语·季氏》

zǐ yuē kě yǔ yán ér bù yǔ zhī yán shī rén bù kě
3.子曰："可与言而不与之言，失人；不可

yǔ yán ér yǔ zhī yán shī yán zhì zhě bù shī rén yì bù
与言而与之言，失言。知(智)者不失人，亦不

shī yán
失言。”

lún yǔ wèi líng gōng
——《论语·卫灵公》

zǐ yuē jūn zǐ bù yǐ yán jǔ rén bù yǐ rén fèi
4.子曰：“君子不以言举人，不以人废

yán
言。”

lún yǔ wèi líng gōng
——《论语·卫灵公》

【解读】

1.孔子说：“有道德的人一定有至理名言，但张口即说至理名言的人不一定有道德。仁爱的人一定勇敢，但勇敢的人不一定有仁爱之心。”

2.孔子说：“陪着君子(说话)容易犯三种过失：没轮到自己说话，却先说了，叫作急躁；该说话时却不说，叫作隐瞒；不看看君子的脸色便贸然开口，叫作没眼色。”

3.孔子说：“可以和他谈论，却不和他谈论，便是错过了值得交谈的人；不可以和他谈论，却和他谈论，便是白费口舌。明智的人既不会错过值得交谈的人，也不白费口舌。”

4.孔子说：“君子不会因为一个人很会说话便提拔他，也不

会因为不喜欢一个人而鄙弃他所说的有道理的话。”

【人生智慧】

我们举齐国两位君主的例子。

一位是大名鼎鼎的齐桓公，他因为听信奸邪小人的谗言，喜欢被奉承、被吹捧的感觉，不听从管仲临死之前的忠告，才落到小人手里，以至于死后尸虫都从停尸的房门下爬出来了，却得不到下葬。齐桓公的下场可谓悲惨。这是典型的“以言举人”的反面例子。

与齐桓公相反，齐宣公有过“不以人废言”的举动。例如《战国策》中记载的“靖郭君善齐貌辨”的故事：

靖郭君对齐貌辨非常好。齐貌辨这个人有很多毛病，靖郭君的门人不喜欢他。士尉劝靖郭君把齐貌辨打发走，靖郭君不听，士尉辞别靖郭君走了。孟尝君又私下里想劝说靖郭君辞退齐貌辨，靖郭君非常恼火，说：“我要杀了你们。即便我倾家荡产，只要能让齐貌辨高兴，任何事情我都在所不辞。”靖郭君于是让齐貌辨住在自家最好的屋子里，命令自己的大儿子侍奉他，每天早晚都进献美味食物。

几年过后，齐威王去世了，齐宣王即位。靖郭君跟齐宣王的关系很不好，于是辞掉官职来到薛地，跟齐貌辨一起留在那里。没过多长时间，齐貌辨跟靖郭君辞行，请求前去拜见宣王。靖郭君说：“大王非常不喜欢我，您去了一定会被处死的。”齐貌辨说:“我本来就没打算活下去,请让我走吧。”靖郭君阻止不了他。

齐貌辨来到齐国,齐宣王听说他要来,满怀愤怒地等着他。齐貌辨拜见宣王,宣王说:“您就是靖郭君所言听计从并且宠爱有加的那个人吗?”齐貌辨说:“宠爱我倒是有这么回事,但说对我言听计从是没有的事。大王您还在做太子的时候,我就对靖郭君说:‘太子的面相不仁慈,他耳后见腮,而且眼光向下斜视,这种长相的人忘恩负义。不如废黜太子,另立卫夫人的儿子郊师为太子。’靖郭君哭着说:‘不可以,我不忍心这么做。’如果当时听我的话,按照我的意思做了,必定没有今天的忧患了。这是他不听从我的意见的第一个例子。到了薛地以后,昭阳请求用比薛地大几倍的土地来交换薛地,我又说:‘一定要按他的意思交换。’靖郭君说:‘我从先王那里得到薛地,虽然后来的大王不喜欢我,但如果交换了薛地,我怎么跟先王交代啊!况且先王的庙在薛地,我怎么可以把先王的庙交给楚国呢!’他又不肯听从我的意见,这是第二个例子。”宣王长长地叹了一口气,脸上是被感动了的神色,他说:“靖郭君对我竟然这么好啊!我年纪轻,不了解这些事情。您肯替我把靖郭君请回来吗?”齐貌辨回答说:“遵命。”

靖郭君穿着威王赐给他的衣服,戴着威王赐给他的帽子,佩着威王赐的剑来了。宣王亲自到郊外迎接他,远远地看到他的身影就哭泣起来。靖郭君到达后,宣王就请他做相国。靖郭君极力推辞,不得已接受了相位。七天后,他声称自己有病,竭力要求辞掉官职,又过了三天宣王才同意了。

即便人人都非议齐貌辨,靖郭君也不终止跟齐貌辨的交情。这就是齐貌辨之所以把自己的生死置之度外,甘愿为他排忧解难的原因。齐宣王也做到了“不以人废言”,齐貌辨的一番话让他心服口服,最终与靖郭君冰释前嫌,重归于好。

“不以言举人”,是一种智慧。“不以人废言”,也是一种智慧,更是一种胸怀。

五十八　以人为本

【经典】

jì lù wèn shì guǐ shén zǐ yuē wèi néng shì rén yān
1.季路问事鬼神。子曰："未能事人，焉
néng shì guǐ yuē gǎn wèn sǐ yuē wèi zhī shēng yān zhī
能事鬼？"曰："敢问死。"曰："未知生，焉知
sǐ
死？"

lún yǔ xiān jìn
——《论语·先进》

jiù fén zǐ tuì cháo yuē shāng rén hū bù wèn mǎ
2.厩焚。子退朝，曰："伤人乎？"不问马。

lún yǔ xiāng dǎng
——《论语·乡党》

【解读】

1. 子路问侍奉鬼神的方法。孔子说："活人还不能侍奉好呢，怎么能侍奉死人？"子路又说："我斗胆请问死是怎么回事。"

孔子道："活着的道理还没有弄明白，怎么能够了解死呢？"

2.马棚失火了。孔子从朝廷回来，问："有没有人受伤？"而没有问马受损的情况。

【人生智慧】

春秋时，楚庄王有一匹爱马，楚庄王对它照顾得无微不至。后来这匹马因肥胖而死，庄王竟然想用大夫之礼厚葬它。大臣们认为这样做不合适，就劝阻庄王。庄王不听。乐官优孟讽谏说："楚国乃堂堂大国，您欲厚葬爱马，理应采用人君的厚礼，不但备办上等的棺椁，派甲士挖掘圹穴，使老人、儿童背土，令其他国家的国君前来参与丧礼，而且庙堂祭祀时要用太牢（牛、羊、豕）为祭品，封给万户大的地方做它的封邑。让诸侯各国都知道大王轻视人而看重马。"庄王听后如梦初醒，认识到自己的想法原来那么荒唐。

孔子并不是不爱马，只是比较起来，更加担心有人受伤，所以不暇问马。较诸孔子，楚庄王之贱人而贵马，显然不合人情。

事实上，在当时，马是作为一种家产或财富的象征的。孔子的问人不问马，体现的是轻财爱人的思想。这种思想在《孟子》一书中也多有体现。

"以人为本"，多么简单的一句话。可是，真正做到又有多难！非洲一些国家、叙利亚战火纷飞，千百万难民丧失亲人和家园，流离失所，甘愿冒着生命危险拼死一搏，跟随走私者偷渡欧洲，每年都有数不清的人丧生。悲惨的事情不断地出现。生命与草芥无别。还有那些被乱军包围的逃生无望的悲苦市民，他们只能听天由命。随时可能飞来的子弹和炸弹都会掠走他们的性命。战火，为什么还不停息！何日重返家园？何日重建家园？何日找回生命的尊严？每个团体，无论大小，都是在为自己的利益而战，这些杀人如麻的战争分子，心中有没有闪动过一个念头——以人为本？

五十九　躬自厚而薄责于人

【经典】

子曰："躬自厚，而薄责于人，则远怨矣。"
zǐ yuē gōng zì hòu ér bó zé yú rén zé yuǎn yuàn yǐ

——《论语·卫灵公》
lún yǔ wèi líng gōng

【解读】

孔子说："对自己严格要求，而对别人不求全责备，就可以少受人怨恨了！"

【人生智慧】

唐代思想家、政治家、文学家韩愈的著作《原毁》中，有这样一句话："古之君子，其责己也重以周，其待人也轻以约。重以周，故不怠；轻以约，故人乐为善。”这句话的意思是，古代的君子，严于律己，宽以待人。对自己要求严格、求全责备，所以做事情不会懈怠；对人宽松容忍，所以人们都喜欢跟他交往。

汉代名将李广英勇无比，为将廉洁，常把自己的赏赐分给部下，与士兵同吃同饮。做了四十多年俸禄二千石的官，家里却没多少余财，他始终不谈购置家产的事，关心的是部下的生活，深得官兵爱戴。他对士兵宽缓不苛，这就使得士兵甘愿为他效死。

躬自厚而薄责于人

李广将军与士兵同吃同饮

公元前141年（汉景帝后元三年），汉景帝驾崩，汉武帝即位。左右近臣都认为李广是名将。李广由上郡太守调任未央宫统领禁卫军。程不识被调任长乐宫禁卫军首长。

程不识和李广在此之前都任边郡太守并兼管军队驻防，出兵攻打匈奴的时候，李广行军无严格队列、阵势，靠近水草丰盛的地方驻扎军队，停宿的地方人人都感到便利，晚上也不打更自卫，幕府简化各种文书簿册，但他远远地布置了哨兵，所以不曾遭到过危险。

程不识对队伍编制、行军队列、驻营阵势等要求严格，夜里打更，军吏处理考绩等公文簿册毫不含糊，也不曾遇到危险。

程不识说："李广治军简便易行，然而敌人如果突然进犯，他就无法阻挡了。而他的士卒倒也安逸快乐，都甘心为他拼命。我的军队虽军务繁忙，但敌人也不敢侵犯我。"

李广、程不识都是汉朝边郡名将，但匈奴害怕李广的谋略，士兵也大多愿跟随李广，而以跟随程不识为苦。

身为将军或者领导，如果能做到"躬自厚而薄责于人"，就会赢得人心，必将深得下属的拥护和爱戴。

六十　人无远虑，必有近忧

【经典】

zǐ yuē rén wú yuǎn lǜ bì yǒu jìn yōu

子曰："人无远虑，必有近忧。"

lún yǔ wèi líng gōng

——《论语·卫灵公》

【解读】

孔子说："一个人没有长远打算，忧患就近在眼前了。"

【人生智慧】

我们在前面已经讲到范蠡的故事。范蠡正由于急流勇退，功成不居，才得以善终，并且流芳后世。

《史记·越王勾践世家》记载，范蠡离开越国以后，从齐国给自己的朋友——还在越国为官的大夫种(大夫仲即文种，也作文仲)

写了一封信,信中说:“飞鸟尽,良弓藏;狡兔死,走狗烹。越王这个人的长相,脖子很长,尖尖的嘴巴向前凸起像个鸟喙。这种相貌的人,可与他共患难,不可与他同享乐。您赶快离开吧!”

大夫种收到信后,称病不再上朝。有人向越王进谗言,诬陷大夫种造反作乱,越王就赐给大夫种一柄剑,交代说:“您曾经教导我攻伐吴国的七种策略,我只用了三种就打败吴国,另外四种策略还在您头脑中,为了先王的缘故,您为我演示一下吧。”大夫种于是自杀。

同是为越国打下江山的功臣,结局却截然不同。原因就是范蠡懂得进退之道,功成不居,因而得以颐养天年。大夫种却难逃厄运,还是不如范蠡洞察人性、深谙“人无远虑,必有近忧”之道啊。

坐江山的皇帝,残杀为自己打江山的功臣,在历史上可谓数见不鲜。一方面,可能真的是这些功臣自恃功高,骄横傲慢,会在有意无意间触犯之前生死与共的兄弟——之后稳坐江山的皇帝。另一方面,他们的才干和能力,可能真的也让坐江山的人感受到威胁和忧虑:你既然可以和我一起推翻别人,那么,是否也可能和别人一起来推翻我呢?这大概是他们不便言说的心理吧。如此看来,功臣真的是岌岌可危的。

我们来学习一下唐朝大将郭子仪的做法:

郭子仪平“安史之乱”,为朝廷建立了大功,可以说功高盖主。

郭子仪的王府在亲仁里,每天总是门户大开,任人出入。郭子仪的儿子们见状,一齐来劝谏。郭子仪不搭理他们。儿子们就哭着说："父亲大人功劳显赫，但您如此不知尊重自己，不论贵贱都随便进入您的卧室。即便伊尹那样的圣人、霍光那样的权臣，也不会这样吧。"

郭子仪笑着说："你们根本不知道我的用意。我的马吃公家草料的，有五百匹；我的部属、仆人吃公家粮的，有一千人。往前，我没有什么可追求的了；往后，我也没有什么可仗恃的了。如果我修筑高墙，关闭门户，和朝廷内外不相往来，假若有一个人与我结下怨仇，诬陷我怀有二心，再加上那些贪图功利、妒贤嫉能之辈在中间添油加醋、竞进谗言，那我全家九族都将化为齑粉，到那时才后悔，就来不及了。现在我坦荡无私，四门洞开，虽然有人想进谗言诋毁我，也找不到借口啊。"

几个儿子听了，都跪拜在地，由衷叹服郭子仪的深谋远虑。

"人无远虑，必有近忧"，既包含着一个人对于自己人生的长远规划，也包含着对于人情、人性的洞察和洞识，因而也就可以防患于未然，对国家来说，则可以长治久安。

六十一　过勿惮改

【经典】

zǐ yuē guò ér bù gǎi shì wèi guò yǐ
1.子曰："过而不改，是谓过矣。"

lún yǔ wèi líng gōng
——《论语·卫灵公》

zǐ yuē jūn zǐ bù zhòng zé bù wēi xué zé bù gù
2.子曰："君子不重则不威，学则不固。

zhǔ zhōng xìn wú yǒu bù rú jǐ zhě guò zé wù dàn gǎi
主忠信；无友不如己者；过，则勿惮改。"

lún yǔ xué ér
——《论语·学而》

zǐ gòng yuē jūn zǐ zhī guò yě rú rì yuè zhī shí yān
3.子贡曰："君子之过也，如日月之食焉。

guò yě rén jiē jiàn zhī gēng yě rén jiē yǎng zhī
过也，人皆见之；更也，人皆仰之。"

lún yǔ zǐ zhāng
——《论语·子张》

zǐ yuē yǐ yǐ hū wú wèi jiàn néng jiàn qí guò ér nèi
4.子曰："已矣乎，吾未见能见其过而内
zì sòng zhě yě
自讼者也。"

lún yǔ gōng yě cháng
——《论语·公冶长》

hù xiāng nán yǔ yán tóng zǐ xiàn mén rén huò zǐ yuē
5.互乡难与言。童子见，门人惑。子曰：
yǔ qí jìn yě bù yǔ qí tuì yě wéi hé shèn rén jié jǐ yǐ
"与其进也，不与其退也。唯何甚？人洁已以
jìn yǔ qí jié yě bù bǎo qí wǎng yě
进，与其洁也，不保其往也。"

lún yǔ shù ér
——《论语·述而》

【解读】

1.孔子说："有错误却不改正，便是真错了。"

2.孔子说："君子如果不庄重就没有威严，即使读书，所学的也不会巩固。要恪守忠与信；不跟不如自己的人交朋友；有了过错，不要怕改正。"

3.子贡说："君子的过失，如同日食、月食。有了过失，大家都能看到；改了，大家都仰望他。"

4.孔子说："算了吧，我还没见过发现自己的错误便内心自责的人呢。"

5.互乡这个地方的人，很难跟他们讲道理。有一个互乡来的童子求见，孔子接见了他，弟子们感到很疑惑。孔子说："我赞许他上进，不赞成他堕落。何必做得太过分？人家洁身自好以求上进，我赞许他这种上进的精神，就不必追究他过去行为的好坏。"

【人生智慧】

春秋时，晋灵公无道，滥杀无辜，大臣士季对他进谏。灵公当即表示："我知道错了，一定要改。"士季很高兴地对他说："人谁无过？过而能改，善莫大焉。"

遗憾的是，晋灵公言而无信，残暴依旧，最终被臣下刺杀。

《世说新语·自新》篇记载了周处除三害的故事。周处年轻时，为人凶暴强悍，任性使气，被同乡的人认为一大祸害。另外，义兴的河中有条蛟龙，山上有只白额虎，两者一起侵害百姓。义兴的百姓把周处和蛟龙、白额虎称为"三害"，而这"三害"当中周处最为厉害。

有人劝说周处去杀死猛虎和蛟龙，实际上是希望三个祸害互相拼杀。周处杀死了老虎，又下河斩杀蛟龙。蛟龙在水里有时浮起、有时沉没，周处与蛟龙一起漂游了几十里远。过了三天三夜，同乡的人都认为周处已经死了，大家在一起庆贺。周处终于杀死了蛟龙从水中出来了。他听说乡里人是以为自己已死而庆贺，才知道自己实际上被当作一大祸害，因此有了悔改的想法，但是心里又非常沮丧，于是去吴郡找寻陆机和陆云以求指点。当时陆机不在，只见到了陆云，周处就把情况详细地告诉了陆云，并说自己想要改正错误，可是岁月已经荒废，怕最终也不会有什么成就。陆云说："古人珍视道义，认为早晨听闻了圣贤之道，就是晚上死去也甘心，况且你的前途还是大有希望的。再说，人就怕立不下志向，如果有了志向，又何必担忧好名声不能远扬呢？"周处从此改过自新，最终成为历史上有名的忠臣。

过勿惮改

六十二 成人之美

【经典】

zǐ yuē jūn zǐ chéng rén zhī měi bù chéng rén zhī è xiǎo rén fǎn shì

子曰："君子成人之美，不成人之恶；小人反是。"

lún yǔ yán yuān

——《论语·颜渊》

【解读】

孔子说："君子成全人家的好事，不助长人家的坏事；小人却刚好相反。"

【人生智慧】

隋开皇九年（公元589年），隋朝南下灭掉陈国，俘虏陈后主叔宝及其嫔妃、亲属，陈叔宝的妹妹——陈国的乐昌公主，也一起被俘。

因为大将杨素破陈有功，隋文帝就乱点鸳鸯谱，把乐昌公主送到杨家，赐给杨素做小妾。杨素十分欣赏乐昌公主的才华，又贪恋乐昌公主的美艳，对她宠爱有加，还专门为她营造了一处院落。可是乐昌公主整日郁郁寡欢，沉默不语。

原来，乐昌公主已经与陈太子舍人徐德言结为夫妻，并且与丈夫两心相悦，情深义重。陈国即将灭亡之际，徐德言流着泪对乐昌公主说："国家已经危如累卵，你我的小家岂能保全，我俩的分离已成必然。以你这般的容貌与才华，国亡之后必然会被掠入豪宅大家。我们夫妻也将长久离散，各居一方，唯有日思夜想，梦中相会吧。假如老天有眼，不断了我们今生今世的情缘，你我今后定有相见之日。我们立下信物，以求日后能够相认重逢。"说完，徐德言把一枚铜镜劈为两半，夫妻二人各收藏一半。

徐德言又嘱咐道："假如你真被掠进富豪之家，就在明年正月十五那天，把你那半片铜镜拿到集市上去叫卖，如果我也有幸存活于人世，那一天就一定会赶到都市，根据铜镜去打探你的消息。"

一对无比恩爱的夫妻，在世事纷乱之际，虽然劫后余生，却饱受离散之苦。盼星星，盼月亮，好不容易等到第二年的正月十五，徐德言历经千辛万苦，颠沛流离，终于赶到了都市，在大街上果然看见一个老妇人在叫卖半片铜镜，而且价钱贵得离谱，大多数人不敢问津。徐德言一看到那半片铜镜，知道妻子

破镜重圆

尚在人间，禁不住涕泪俱下。徐德言当即题诗一首，托老妇人带给乐昌公主。诗是这样写的：

镜与人俱去，镜归人不归。

无复嫦娥影，空留明月辉。

乐昌公主看到丈夫题的诗，想到与日思夜想的丈夫咫尺天涯，却不能相见，禁不住悲从中来，终日容颜凄苦，水米不进。

杨素看在眼里，再三盘问，知道了其中的原委，也不由得被他们二人的真情所打动。杨素立即派人把徐德言召入自己府中，安排他们夫妻二人团聚。时隔一年之后两人相见，真的是感慨万千。乐昌公主凝视着已显苍老的前夫，不知该说什么才好，于是默默写下了一首诗：

今日何迁次，新官对旧官。

笑啼俱不敢，方验做人难。

杨素得知后，情动于中，决定成人之美，把乐昌公主送还给徐德言，并馈送钱财给他们回归故里养老。杨府上下都为二人破镜重圆高兴，杨素的宽宏大度、成人之美更令人由衷感叹。

“唐宋八大家”之一的柳宗元，少时聪敏，很早就考中进士，后来又通过博学宏词科的考试，被授予集贤殿的官职。

唐贞元十九年，柳宗元由蓝田县尉调任监察御史。唐顺宗即位后，他又升为礼部员外郎，不久被贬出京城，还在赴任的路上，又接连被贬为永州司马。面对仕途的重创与挫折，柳宗元没有怨天尤人，而是珍惜贬谪一方的清静环境，刻苦治学，专心诵读写作。

元和年间，柳宗元曾经与同案人一起奉召回到京师，又一起被外派，柳宗元被分派在柳州。到任之后，他按照当地的风俗制订了教谕和禁令。柳州当地有个习惯，就是用儿女作为抵押向人借钱，并且约定如果不能按时赎回，当利息与本金相等时，债主就把人质抵做奴婢。柳宗元听说后，心生恻隐，不忍心看到百姓妻离子散，就想方设法帮助借债人把他们的子女赎回来；对于那些特别穷困没有能力赎回的，他就让债主记下借债人子女做佣工的工钱，当工钱足够抵销债务时，债主就要归还被抵押的人质。这个办法推广开来，一年后，被免除奴婢身份回家的将近一千人。

当初，柳宗元被召回京师又再次被遣出时，他的朋友刘禹锡也在被遣之列，刘禹锡本该去播州。柳宗元流着泪说：“播州条件极差，不是一般人能住的地方，况且梦得（刘禹锡）还有老母在，我不忍心看到他身处如此困窘之境，他没法把这事告诉年迈的母亲；况且，绝无母子一同前往的道理。”于是他向朝廷请求，并准备呈递奏章，表示愿替刘禹锡去播州，即便因此再度获罪，也不后悔。

柳宗元就是这样乐于助人，舍己为人。即便在遭到贬谪的时候，他首先想到的也是别人。宁肯牺牲自己，也要去成就别人的幸福，这不正是孔子所称赞的“成人之美”的君子吗？

六十三　声闻过情，君子耻之

【经典】

xú zǐ yuē zhòng ní qì chēng yú shuǐ yuē shuǐ zāi shuǐ

徐子曰：“仲尼亟称于水曰‘水哉！水

zāi hé qǔ yú shuǐ yě

哉！’何取于水也？”

mèng zǐ yuē yuán quán gǔn gǔn bù shě zhòu yè

孟子曰：“源泉混混（滚滚），不舍昼夜，

yíng kē ér hòu jìn fàng hū sì hǎi yǒu běn zhě rú shì shì zhī qǔ

盈科而后进，放乎四海。有本者如是，是之取

ěr gǒu wéi wú běn qī bā yuè zhī jiān yǔ jí gōu kuài jiē yíng

尔。苟为无本，七、八月之间雨集，沟浍皆盈；

qí hé yě kě lì ér dài yě gù shēng wèn guò qíng jūn zǐ chǐ

其涸也，可立而待也。故声闻过情，君子耻

zhī

之。”

mèng zǐ lí lóu xià

——《孟子·离娄下》

【解读】

徐辟问道："仲尼屡次赞美水说'水呀！水呀！'水有什么可取的呢？"

孟子说："有本源的泉水，日夜不停，滚涌而来，流进坑里坎里，注满之后再往前流，一直流进大海里。有本源才能如此，称赞水就因为这点。没有本源的水，像七、八月间降落的一场大雨，雨水聚集到田间水道，一时大小水沟都涨满了水；雨一停，水干得也快，可以站着看它干掉。所以，一个人的名声如果超出了实质，君子认为是很可耻的。"

【人生智慧】

古时有个叫方仲永的人，家中世代以耕田为业，没出过读书人。仲永五岁的时候，还没摸过纸笔呢。忽然有一天，仲永哭着索要这些东西，父亲只好到邻居家借来给他。仲永立刻写下了四句诗，并题上自己的名字。这首诗以赡养父母和团结宗亲为主旨，写得不错，受到乡里文人的一致好评。从此，指定一个主题让他作诗，方仲永立刻就能完成，并且诗的文采和义理都有可供欣赏的地方。同县的人对此感到非常惊奇，渐渐地都把仲永父亲奉为上宾以礼相待，有人甚至花钱求仲永的诗。

方仲永的父亲受利益驱使，每天领着仲永四处拜访同县的人，却不让他花时间学习。

等到十二三岁时，方仲永作诗，已经不能与从前的名声相称了。又过了六七年，他少时的才能已经完全消失，和普通人没什么区别了。

从方仲永的故事中，我们不仅要认识到学习的重要性，还要警惕别人的过度的称赞，一定要不断提高自己的实力，不要让名声超过了实情。君子不会接受不实的名誉。

当一个人具备足够的实力，声誉就会随之而来。实力和声誉，应该如同金子和金子放射的光芒。没有金子本身，光芒就是虚的。没有光芒笼罩的时候，金子依然还是金子。

一位没有博士学位、没有留洋背景、没有院士头衔的“三无”科学家——“青蒿素”的发现者屠呦呦震撼了世界。

疟疾是世界性传染病，每年感染数亿人，并导致几百万人死亡。20世纪60年代，引发疟疾的寄生虫——疟原虫，对当时常用的奎宁类药物已经产生了抗药性。1967年5月23日，在毛泽东、周恩来等领导人的指示下，中国政府启动“523项目”，旨在找到具有新结构、克服抗药性的新型抗疟药物。

在当时极端艰苦的科研条件下，中国7个省市、60多家科研机构、超过500名科研人员协力攻关。屠呦呦所在的团队于1969年参加“523项目”。1971年，屠呦呦受到中医药典籍——葛洪《肘后备急方》中“青蒿一握，水一升渍，绞取汁服”的启发，用乙醚低温提取青蒿有效成分，并且报告了青蒿提取物的抗疟效果。1972年，“523项目”研究人员成功提取了高效抗疟成分青蒿素。

青蒿素及其衍生物青蒿琥酯、蒿甲醚能迅速消灭人体内疟原虫，对脑疟等恶性疟疾有很好的治疗效果。青蒿素类药物可口服、可通过肌肉注射或静脉注射，甚至可制成栓剂，使用简单便捷。但为了防范疟原虫对青蒿素产生抗药性，目前普遍采用青蒿素与其他药物联合使用的复方疗法。

作为“中国神药”，青蒿素在世界各地抗击疟疾显示了奇效。2004年5月，世界卫生组织正式将青蒿素复方药物列为治疗疟疾的首选药物，英国权威医学刊物《柳叶刀》的统计显示，青蒿素复方药物对恶性疟疾的治愈率达到97%。据此，世界卫生组织当年就要求在疟疾高发的非洲地区采购和分发100万剂青蒿素复方药物，同时不再采购无效药。

“中国神药”给世界抗疟事业带来了曙光。世界卫生组织认为，坦桑尼亚、赞比亚等非洲国家近年来疟疾死亡率显著下降，一个重要原因就是广泛分发青蒿素复方药物。仅在赞比亚，由于综合运用杀蚊措施和青蒿素类药物疗法，2008年疟疾致死病例比2000年下降了66%。

据世界卫生组织统计，截至2009年底，已有11个非洲国家的青蒿素类药物覆盖率达到100%，另有5个非洲国家覆盖率为50%至100%。而在2005年，仅有5个非洲国家的青蒿素类药物覆盖率为50%至100%。

寄生虫病千百年来始终困扰着人类，并一直是全球重大医疗健康问题之一。寄生虫疾病对世界贫困人口的影响尤其严重。2015年的诺贝尔生理学或医药学奖获奖者，在最具破坏性的寄生虫疾病防治方面做出了革命性的贡献。屠呦呦是第一个发现青蒿素对疟疾寄生虫有出色疗效的科学家。青蒿素能在疟原虫生长初期迅速将其杀死，在未来的疟疾防治领域，它的作用不可限量。

屠呦呦的传奇，再次验证了这句至理名言——是金子，迟早会发光。

六十四　君子慎独

【经典】

tiān mìng zhī wèi xìng shuài xìng zhī wèi dào xiū dào zhī wèi jiào
天命之谓性，率性之谓道，修道之谓教。
dào yě zhě bù kě xū yú lí yě kě lí fēi dào yě shì gù
道也者，不可须臾离也；可离，非道也。是故
jūn zǐ jiè shèn hū qí suǒ bù dǔ kǒng jù hū qí suǒ bù wén mò
君子戒慎乎其所不睹，恐惧乎其所不闻。莫
xiàn hū yǐn mò xiǎn hū wēi gù jūn zǐ shèn qí dú yě
见（现）乎隐，莫显乎微，故君子慎其独也。

lǐ jì zhōngyōng
——《礼记·中庸》

【解读】

上天所赋予人的自然禀赋叫作本性，遵循本性处世做事叫作正道，修明遵循本性的正道，叫作教化。这个正道，是片刻都不能离开的；如果能离开，那就不是正道了。所以君子在没

人能看得到的地方也要警戒慎重，在没人能听得到的地方也要小心敬畏。要知道，最隐蔽的地方，也是最容易发现的；最细微的事物，也是最容易显现的。因此，君子即使在独居的时候，也要特别谨慎。

【人生智慧】

春秋时期的大哲学家、科学家墨子的所有观点和主张，无不基于义。义是墨子的理论基础。出于义，人与人之间要兼爱；出于义，国与国之间要非攻；出于义，社会要尚同、尚贤，要非乐、薄葬。人与人之间如果不相爱，就属不义。战争是对兼爱最大程度的违背，给人们带来巨大灾难，更属不义。贤人不受重用，小人得志，实属不义。奢靡的礼乐，丰厚的陪葬，都是违背义的，因为社会上还有那么多饥寒交迫的穷人需要帮助，每个人都没有理由奢侈浪费。有人在忍受饥渴，有人在奢靡挥霍。只要存在着这种不平等，社会就是不公平的，因而也是不义的。从这个角度出发，墨子极力倡导和推行义。

墨子的伟大之处在于，即便独处，也时刻恪守道义，而且以这个标准要求墨家所有弟子。即便世界上只剩了你一个人在身体力行"义"，也义无反顾，也要坚持到底。这一点，墨子和墨家很多弟子也都切实做到了，令人敬佩。

在墨子看来，世界上没有比义更加宝贵的了。他举例说："假设现在跟人说：'给你帽子和鞋子，而砍断你的手和脚，你答应不？’人家一定不答应。为什么呢？因为帽子和鞋不如手和脚宝贵。如果再跟人说：‘把天下给你，然后杀了你，你答应不？’人家也一定不答应。为什么呢？因为天下不如生命宝贵。然而人们却常常因为一言不合而互相拼杀，为什么呢？这是因为心中坚持的道义，比自己的生命更加宝贵。所以啊，世上万事没有什么比义更为宝贵的了。”墨子不仅通过语言强调义的重要性，而且用行动来实践自己的观点。有一次，墨子从鲁国到齐国去探望一个老朋友。朋友早就听说墨子坚持行义吃了不少苦头，所以，见到墨子，很想劝劝他，便说：“现在天下没有人行义，你何必独自一个人苦苦坚持行义呢？你不如就此停止吧。”墨子却说：“现在，假设有一个人，他有十个儿子，但只有一个儿子下地耕种，其他九个儿子都闲着，什么活儿也不干。那么，这个下地耕种的人不能不更加紧张卖力啊。为什么呢？因为张着口等饭吃的人太多，而耕种的人太少。现在天下没有人行义，作为朋友，你应当劝勉鼓励我更加努力地行义啊，为何要制止我呢？”

舍生取义，体现了最高的精神境界。生命对于每个人来说，只有一次，弥足珍贵。而墨子却牺牲小我，成全大众，拯救社会。为了“义”，可以献出一切。

生活中会有很多人为了欲望和利益背信弃义，却很少有人像墨子这样，放弃丰厚的物质诱惑，始终坚持理想。墨子不仅自己坚持理想，更可贵的是，他行为世范，努力用实际行动影响别人，试图在整个社会上推行自己的价值观。

我们说,仁义本是儒家学说的核心概念。对儒家核心的仁义观,墨子并没有批评,但他通过注入"利",对仁义作了新的解释。墨子认为,所谓仁,必须求天下之利,除天下之害;只有义,可以利天下百姓,故为天下珍宝。孔子曾经说:"君子喻于义,小人喻于利。"在孔子那里,利与义是对立的。墨子把它们结合起来了,认为没有离开利的义。而墨子推行义的目的,却在于"利他",这里的"他",是天下百姓。

墨子经常把自己的学生派到各个诸侯国去做官,希望他们能够代表自己,把兼爱、非攻等学说转达给各个诸侯国的国君,更希望国君们能听从他的想法,爱护人民,停止战争,为全社会带来和平安定。有一次,墨子把自己欣赏的学生耕柱子派到南方的楚国去。临行前,老师对学生嘱托了一番,希望他在楚国能够帮助国君好好治理国家。

耕柱子到楚国一段时间后,墨子的另外几个学生便商量一起到楚国去看望师兄,与师兄重叙师门情谊,也顺便看看耕柱子做官做得怎么样。没料到的是,他们千辛万苦到了楚国以后,耕柱子只以每顿饭三升米的量招待他们,让他们住在破败漏雨的旅馆里,更不用提他们原先设想的耕柱子派马车带他们出去游山玩水了。这几个学生感觉非常委屈,心里愤愤不平,于是很快就离开楚国,回到了墨子身边,他们异口同声地告诉墨子:"先生,我们想一定是耕柱子做得让楚王很不满意,没有从楚王那里得到什么好处,不然我们几个去拜访他,他怎么只给我们每顿饭三升的量呢?实在不是待客之道啊。"墨子听了，没有任何的评论，只轻轻地说了一句："这难以判断。"

没过多久，耕柱子千里迢迢给墨子送来了200两黄金，并对墨子说："弟子我不会贪图财利去做违法送死的事情，这200两黄金是我自己辛苦赚来的俸禄，愿您能享用它。"墨子收到这沉甸甸的黄金后，不禁感叹道："果然是难以判断啊！"

墨子行义学生送其黄金

这个小故事里，墨子和耕柱子的形象栩栩如生。墨子对他的学生何其了解，所以尽管有人从楚国回来"告以实情"，他还是坚定地相信自己的学生。墨子告诉我们，对待他人要信任，不能随便地猜疑，更不要偏信流言，轻易改变自己的看法。他相信耕柱子是"慎独"的真君子。

正是因为有墨子这样"慎独"的导师，才能教育培养出耕柱子这样"慎独"的学生。"慎独"的人，令人心生敬意。

东汉有一个官员名叫杨震，公正廉洁，不谋私利。他任荆州刺史时发现王密才华出众，便向朝廷举荐王密为昌邑县令。后来他调任东莱太守，途经王密任县令的昌邑(今山东金乡一带)时，王密亲赴郊外迎接恩师。晚上，王密前去拜会杨震，俩人聊得非常高兴，不知不觉已是深夜。王密准备起身告辞，突然从怀中捧出一捧黄金，放在桌上，说道："恩师难得光临，我准备了一点小礼，以报栽培之恩。"杨震说："以前正因为我了解你的真才实学，所以才举你为孝廉，希望你做一个廉洁奉公的好官。可你这样做，岂不是违背我的初衷和对你的厚望。你对我最好的回报是为国效力，而不是送给我个人什么东西。"可是王密还坚持说："三更半夜，只有我知、你知。不会有人知道的，请收下吧！"杨震立刻变得非常严肃，声色俱厉地说："你这是什么话，天知，地知，我知，你知！你怎么可以说没有人知道呢？没有别人在，难道你我的良心就不在了吗？"王密顿时满脸通红，尴尬地走了。

真正的君子，必定表里如一。真正的君子绝对不是演员，不是在众人面前表演得像个君子。君子处在众人的视线之外时，依然会严格要求自己。这就是慎独。

六十五 君子不器

【经典】

zǐ yuē jūn zǐ bù qì
子曰:“君子不器。”

lún yǔ wéi zhèng
——《论语·为政》

【解读】

孔子说:“君子不会像器物那样仅仅局限于某一方面的功用。”

【人生智慧】

孔子在为《周易》作传时,也说过:“形而上者谓之道,形而下者谓之器。”

明代大政治家张居正说:“惟是君子的人,识见高明,涵养深邃，其体既无所不具，故其用自无所不周。大之可以任经纶匡济之业，小之可以理钱谷甲兵之事。守常达变，无往不宜，岂若器之各适于用，而不能相通者哉！……夫此不器之君子，是乃天下之全才。”这段精辟的论述应该是从孔子的“君子不器”中受到的启发。

孔子主张“君子不器”，是教育学生要博学多才，还要把多方面的知识融会贯通，而不是只会一行一业、一种技能。

多读两遍《论语》就能发现一种比较奇怪的现象：诲人不倦的孔子好像不愿意回答学生们关于具体职业活动的问题。比如说，有一天，有个叫樊迟的学生来找孔子，请求学习一些种植庄稼的农业知识。孔子说：“这方面，我不如农夫。”这个学生好像没有会意，又请求学习种植蔬菜的方法。孔子又说：“这方面，我不如菜农。”等这个学生出去以后，孔子对其他学生说：“樊迟真是个小人啊！如果统治者喜好礼，老百姓就没有谁敢不恭敬；如果统治者喜好义，老百姓就没有谁敢不服从；如果统治者喜好信，老百姓就没有谁敢不诚实守信。如果能够做到这样，四方百姓都会负儿携女前来投奔，哪用得着你自己亲手种植庄稼？”

在孔子看来，只注重学习一门专业知识，只掌握一种具体技能，那人就跟一个器物没有什么两样。可见，孔子无论对自己，还是对弟子，内心的要求和期待都是很高的。樊迟显然没有理解孔子的用意和苦心。

还有一次，卫灵公向孔子咨询军事，孔子回答说：“祭祀的问题，我知道一点；军旅的事情，我真的从来没学过。”第二天他就舍弃了卫灵公给他的丰厚待遇，离开了卫国。这说明卫灵公关心的问题让孔子深感失望，他觉得这样的国君不值得自己去辅助。

孔子幼年丧父，从小和母亲相依为命，因此掌握了很多技能，正如他自己所说：“吾少也贱，故多能鄙事。”稼穑、苗圃之术，他多少知道一些，却不愿说，因为他认为那些都是形而下的器用之学，所以才称之为“鄙事”。在孔子看来，真正的君子应该博学多才，不要拘泥于一些小技能。

六十六　言之不出，耻躬不逮

【经典】

yōng dé zhī xíng yōng yán zhī jǐn yǒu suǒ bù zú bù gǎn

1. 庸德之行，庸言之谨；有所不足，不敢

bù miǎn yǒu yú bù gǎn jìn yán gù xíng xíng gù yán jūn zǐ hú

不勉；有余，不敢尽。言顾行，行顾言，君子胡

bù zào zào ěr

不慥慥尔！

lǐ jì zhōng yōng

——《礼记·中庸》

zǐ yuē gǔ zhě yán zhī bù chū chǐ gōng zhī bù dài yě

2. 子曰：“古者言之不出，耻躬之不逮也。”

lún yǔ lǐ rén

——《论语·里仁》

zǐ yuē jūn zǐ chǐ qí yán ér guò qí xíng

3. 子曰：“君子耻其言而过其行。”

lún yǔ xiàn wèn

——《论语·宪问》

【解读】

1.中庸的德行，应尽力实践，中庸的言语，应力求谨慎；如有不足，不敢不勉力去做；多余的话不敢说。说出的话要符合自己的行为，行为要符合自己说出的话，君子怎能不努力笃行实践呢！

2.孔子说："古时候的人话不轻易出口，是担心自己做不到而感到可耻。"

3.孔子说："君子认为说得多做得少是可耻的。"

【人生智慧】

孔门弟子中，曾参是比较出色的，可谓得孔子真传，后学尊称他为"曾子"。曾参提出"吾日三省吾身"的说法。相传《大学》《孝经》等儒家经典，即为曾参著述。后世儒者又尊称他为"宗圣"。

据说，有一次，曾参的夫人要到集市去，他的儿子哭着闹着要跟着去。曾参的夫人就对儿子说："你先回家待着，待会儿我回来杀猪给你吃。"

夫人从集市上回来，曾子就要去捉小猪。夫人劝止道："我只不过是跟孩子开个玩笑，哄他留在家里罢了。"曾子说："这可不能开玩笑啊！小孩子没有思考和判断能力，事事都要向父母学习，听从父母的教导。现在你如果不兑现自己说过的话，小孩子也会跟着学，他将来就不会言行一致。”说完曾子当真就把猪杀了。

曾子杀猪的故事，说的是“行顾言”的道理，就是要信守诺言。

言行相顾的另一方面，是要做到“言顾行”，是指说话的时候要考虑到要说的事情自己是不是已经做到了，或者能不能做到。古人推重“君子一言，驷马难追”，“一诺千金”，就是这个道理。《老子》中也有“轻诺必寡信”的说法，以此告诫人们不要轻易许下诺言，许下了诺言，就一定要努力去兑现。

曾子杀猪

六十七　德位相配

【经典】

zǐ yuē yú ér hào zì yòng jiàn ér hào zì zhuān shēng hū

子曰："愚而好自用，贱而好自专，生乎

jīn zhī shì fǎn gǔ zhī dào rú cǐ zhě zāi jí qí shēn zhě

今之世，反（返）古之道；如此者，灾及其身者

yě

也。"

fēi tiān zǐ bù yì lǐ bù zhì dù bù kǎo wén jīn tiān

"非天子，不议礼，不制度，不考文。今天

xià chē tóng guǐ shū tóng wén xíng tóng lún suī yǒu qí wèi gǒu wú

下，车同轨，书同文，行同伦。虽有其位，苟无

qí dé bù gǎn zuò lǐ yuè yān suī yǒu qí dé gǒu wú qí wèi

其德，不敢作礼乐焉；虽有其德，苟无其位，

yì bù gǎn zuò lǐ yuè yān

亦不敢作礼乐焉。"

zǐ yuē wú shuō xià lǐ qǐ bù zú zhēng yě wú xué yīn

子曰："吾说夏礼，杞不足征也；吾学殷

lǐ yǒu sòng cún yān wú xué zhōu lǐ jīn yòng zhī wú cóng zhōu
礼，有宋存焉；吾学周礼，今用之，吾从周。”

lǐ jì zhōng yōng
——《礼记·中庸》

【解读】

孔子说：“笨拙的人喜欢自以为是，卑贱的人偏要任性而为，生在现代，要实行古法，这样的人，灾祸一定会降临到他身上。”

“不是天子，不可议论礼法的是非，不可以创制法度，不可以校订文字。现如今，天下一统，车轮的规格相同，书写的文字相同，行为的法度相同。即便处在天子的地位，如果没有圣人的德行，是不敢制礼作乐的；即便有圣人的德行，而没处在天子的地位，也是不敢制礼作乐的。”

孔子说：“我研究解读夏代的礼法，可是夏代之后杞国所施行的，不足以证明就是正确的夏礼。我学殷代的礼法，如今在宋国尚保存一些。我也研究过周代的礼法，就是现在通行的，我依从现行的周礼。”

【人生智慧】

“德不配位，必有灾殃。”这真是一句至理名言。

春秋时期，楚国太子建在郑国被杀，建的儿子叫胜，跟随伍子胥到了吴国。

楚国令尹子西想召胜回国，沈诸梁听说后前来求见子西，说：“听说您要召王孙胜回国，是真的吗？”

子西说：“是的。”

沈诸梁问：“你要起用他吗？”

子西说：“听说胜这人刚直不阿，勇猛无比。我想让他镇守边疆。”

沈诸梁说：“不行呀！我听说此人心胸狭窄，狡猾恶诈，而且他一心只惦记着要为死去的父亲报仇，这样就不会扬善弃恶，砥砺品德，更无心为国事出力。假如请他来而不加宠信，就会增加他的愤怒；假如宠信他，又会使他贪得无厌。假使国家边境受到挑衅，他一定不会固守。我听说国家将败，朝廷内一定有奸臣掌权。一个人谁没有毛病呢？只是聪明的人能够早早地消除掉它。因个人旧怨而灭宗灭国的人，才是国家的疾患。

关起门来还怕他闯进来呢，每天都要警惕这种人啊。假如召他回来进朝掌权，国家灭亡就指日可待了。”

子西不听沈诸梁的劝告，执意召回了胜，任命他戍守边境，尊称“白公”。后来白公果真叛乱，劫走楚惠王，并且公然在朝廷上杀死了子西和子期。

子西看走了眼，起用了胜，才招致如此大祸。对于胜本人来说，也是“德不配位”。许多落马的贪官，也是德不配位的结果。

“德位相配”，至关重要。身居高位、掌握要职的人，尤其要加强自身的道德修养。这真的不是一句空话，而是切切实实的真理。否则恐怕就只能落得个“悔之晚矣”的下场了。

六十八　修其身而天下平

【经典】

mèng zǐ yuē yán jìn ér zhǐ yuǎn zhě shàn yán yě shǒu yuē
孟子曰:“言近而指远者,善言也;守约
ér shī bó zhě shàn dào yě jūn zǐ zhī yán yě bù xià dài ér dào
而施博者,善道也。君子之言也,不下带而道
cún yān jūn zǐ zhī shǒu xiū qí shēn ér tiān xià píng rén bìng shě qí
存焉。君子之守,修其身而天下平。人病舍其
tián ér yún rén zhī tián suǒ qiú yú rén zhě zhòng ér suǒ yǐ zì rèn
田而芸人之田,所求于人者重,而所以自任
zhě qīng
者轻。”

mèng zǐ jìn xīn xià
——《孟子·尽心下》

【解读】

孟子说:“言辞浅近,意旨却很深远,这是最好的语言;所坚守的很简约,而施行极为广博的,这是最好的德行。君子的

言语，都是浅近的，而道理却存在其中。君子的操守，从修养自己的身心做起，进而使天下太平。人最怕的是舍弃自己的田地不去耕种，却动手铲除别人田里的杂草，对别人的要求很严格，而对自己的要求却很宽松。”

【人生智慧】

“周公吐哺，天下归心。”周公旦一直是孔子心目中的楷模，孔子终生孜孜以求的，就是像周公那样辅政，为天下求太平，实现自己的政治理想。周公一心为公，据说在吃饭、沐浴的时候，也不错过接待圣贤、处理朝政的机会，所以才能天下大治。

在中国历史上，还有一位英明的皇帝，他就是唐太宗李世民。他同时具备雄才大略和文治武功，他所开创的“贞观之治”，一直被后人传为佳话，他本人也被认为是理想政治的化身。

贞观初年，唐太宗对身边侍从说：“作为一个君主，必须首先爱惜百姓。假若损害百姓来奉养自身，就如同割下自己大腿的肉来填充肚子，肚子虽然饱了，而身体不完整了。若想安定天下，必须首先端正自身。身子正了，影子就不会歪曲。上级治理有方，下属就不会混乱不堪。让自身损伤的不是外物，大都是自身的嗜好欲望所制造的祸端。假如过度沉溺佳肴美味，醉心于歌舞美女，所欲求的东西越多，造成的损伤反而越大。这既妨碍国家政事,又会影响人的身体健康。假如再说出一些违背事理的话,就会使得天下人心涣散,滋生怨恨,离经叛道的事也会跟着兴起。”

我们再回顾一下那句至理名言:从我做起,从现在做起,从小事做起。治理天下这样的头等大事,也是要从自身开始一点一滴做起的。一个只贪图满足自身各种欲望的人,永远也不可能治理好天下。

六十九　千丈之堤，溃于蚁穴

【经典】

千丈之堤，以蝼蚁之穴溃；百尺之室，以突隙之烟焚。

qiān zhàng zhī dī, yǐ lóu yǐ zhī xué kuì; bǎi chǐ zhī shì, yǐ tū xì zhī yān fén.

——《韩非子·喻老》

hán fēi zǐ · yù lǎo

【解读】

千里长的大堤，可能会因为蝼蚁打的洞而崩塌决堤；百尺高的大楼，可能会因为烟囱缝隙里冒出的火星引起火灾而焚毁。

【人生智慧】

千里的大堤，狂风巨浪未能移其毫厘，可谓牢不可破。然而蝼蚁入侵，日削月蚀，大堤最终却倒塌。正因为这些常常被忽略的小小蝼蚁，才使得看似牢不可破的大堤变得脆弱不堪，因此，细节性的问题往往会成为致命的关键。细节决定成败。在任何情况下，不能忽视细节，微小的事物一旦被忽略，往往会由小而大，最终造成不希望出现的结局。

《孟子》中记载了这样一个小故事：有个人每天都去偷一只邻居家的鸡。有人劝告他说："这不是君子的做法。"那个人说："那我就逐渐改吧，以后我每个月只偷一只鸡，等到明年，我再也不偷了。"孟子评论说："既然知道这样做不对，就应该马上改正，为什么还要等到明年呢？"

《孟子》中这个故事，往往使人想起另一个故事：

古时候，有位妇人独自养育一个儿子，儿子在母亲抚养下慢慢长大。有一天，儿子从邻居家偷来一根针，兴高采烈地对母亲说："娘，这根针给你，你可以用它缝衣服了。"母亲当时开心地抱着自己的儿子说："我儿子真能干，都知道给娘拿针回家了。"她却不管也不问儿子从哪儿拿来的针。

后来，儿子陆续地给母亲今天"拿"回一只鸡，明天"拿"回一只鸭，母亲从没问过哪里来的。慢慢地，男孩已经习惯了这种小偷小摸。长大后，他内心的欲望越来越强烈，终于因为入室抢劫杀人而进了监狱。

在被送往刑场执行死刑的当天，母亲眼睁睁看着儿子即将被处死，哭得死去活来。临刑前，儿子向执行官提出了一个要求："我能否在离开这个世界之前最后吃母亲一次奶？"执行

官答应了他的要求。母亲毫不犹疑也根本不顾周围人山人海就掀起了衣襟。可谁知儿子一口咬下了母亲的乳头，然后仰天大哭：“母亲大人，我小时候偷了邻居奶奶家的针时，你要是管教约束我，我长大了就不会变成这样。”母亲听了儿子的话，内心十分自责，意识到都是自己的娇惯放纵而把儿子推上了绝路，懊悔不已，但是已经太晚了。

小的过失往往会酿成大错，古人早就总结出了这个道理。《三国志》中刘备去世前在给其子刘禅的遗诏中说“勿以恶小而为之”，就是叮嘱儿子要防微杜渐。小恶积多了足以乱家乱国，这与韩非子所说的“千丈之堤，溃于蚁穴”的道理是相同的。

七十　不患寡而患不均，不患贫而患不安

【经典】

qiū yě wén yǒu guó yǒu jiā zhě bù huàn guǎ ér huàn bù jūn bù
丘也闻有国有家者，不患寡而患不均，不
huàn pín ér huàn bù ān gài jūn wú pín hé wú guǎ ān wú qīng
患贫而患不安。盖均无贫，和无寡，安无倾。
fú rú shì gù yuǎn rén bù fú zé xiū wén dé yǐ lái zhī jì lái
夫如是，故远人不服，则修文德以来之。既来
zhī zé ān zhī jīn yóu yǔ qiú yě xiàng fū zǐ yuǎn rén bù
之，则安之。今由与求也，相夫子，远人不
fú ér bù néng lái yě bāng fēn bēng lí xī ér bù néng shǒu yě
服，而不能来也；邦分崩离析，而不能守也；
ér móu dòng gān gē yú bāng nèi wú kǒng jì sūn zhī yōu bù zài zhuān
而谋动干戈于邦内。吾恐季孙之忧，不在颛
yú ér zài xiāo qiáng zhī nèi yě
臾，而在萧墙之内也。

lún yǔ jì shì
——《论语·季氏》

【解读】

我听说无论诸侯还是大夫，不必担心财富不多，只需担心财富不均；不必担心人口太少，只需担心境内不安。若是财富平均，便没有所谓的贫穷；境内和平团结，便不会觉得人少；境内平安，便不会倾危。做到这样，远方的人还不归服，便再修仁义礼乐的政教来招致他们。他们来了，就得使他们安心。如今仲由和冉求两人辅助季孙，远方的人不归服，却不能招致；国家支离破碎，却不能保全；反而想在国内动用军事武力。我担心季孙的忧愁不在颛臾，却在于萧墙之内的鲁君。

【人生智慧】

据《左传》记载，公元前607年，郑国和宋国在大棘展开了一场激烈的战争。

即将开战的时候，宋国大将华元杀羊犒劳士兵，他的车夫羊斟没有分到羊肉。作战的时候，羊斟对华元说："从前杀羊分肉的时候，你说了算；今天的事，我说了算。"驾车把华元载入郑国军队中，由于寡不敌众，宋军被打败。

君子评价此事说："羊斟真不是人啊！因为他的个人恩怨，祸国殃民。他的罪过非常之大!《诗经》所说的'没有良心的人'，不就是羊斟这种人吗？因为个人恩怨害了国家和人民。"

换个角度思考，上面所讲的"羊斟惭羹"的故事，充分说明了“不患寡而患不均”的道理。

春秋时期，齐国名相晏婴言辞恳切地对齐景公说：“您让我统辖百官，我要求他们节衣缩食，以减轻齐国百姓的负担。如果君臣奢侈腐化，上行下效，歪风则难以禁止。”

东汉末期的曹操，是伟大的军事家、政治家，博闻强识，崇尚节俭。曹操从来不穿华丽的服饰，只穿布衣。宫里的帷帐屏风坏了，就修补一下继续使用。曹操盖的被子，也十分朴素，没什么饰物。他明确规定家人不准穿五颜六色的衣服，不准穿漂亮的绣花鞋。还规定家人居室里一律不准用香熏，只能用枫胶或蕙草代替。

宋太祖赵匡胤，坐拥天下，却能保持躬身节俭、质朴自然的品质。他从自身做起，力戒奢侈，每顿饭的菜肴都十分简单，并且每次都吃得颗粒不剩。宫中的帘子全都用青色粗布制作，他自己穿的衣服都是洗过多遍的，一身衣服穿好几年，破了旧了也舍不得扔掉。他坐的轿子也非常简单、朴素。一次，他对孝章皇后说：“我拥有四海之富，整个宫殿想用金银装饰也能办得到。但我身为天子，理当为天下管好财富，岂可滥用！如果只想一人荣华富贵，百姓对我还抱什么希望呢？”

明太祖朱元璋可以说是清晰地认识到了这一点，因为他年轻时饱经饥饿与流浪之苦。朱元璋原本是安徽的贫苦农民，十七岁时因当地闹灾荒和瘟疫，父母、哥哥相继死去，他穷到吃不上饭，就去皇觉寺出家当和尚。结果当和尚也很穷，常常缺粮断顿，于是他只得外出游方化缘，过了整整三年的流浪生活。这段不幸的经历，让他很同情百姓疾苦。他即位后厉行节俭，是明朝

皇帝中最为节俭的。他的宫殿只图坚固，不求华丽，始终保持艰苦朴素的作风。有一天，他责备一个服饰极其奢华的武官道："你因袭父兄功勋，衣来伸手，饭来张口，完全不知道农民、织妇的辛劳。无论冬夏，农民总是日出而作，成年累月在田地里劳作；妇女一年辛苦纺纱织布，到头来竟不能留下一点供自己享用。他们干得最多，却吃得最差，穿得最破。你一件衣服就花费五百贯钱，你可知道五百贯是多少农民一年的花费呀！你奢侈到这个地步，岂不是自取灭亡？"

其实，早在晏子之前，管仲就提出了"藏富于民"的英明主张。与《论语·颜渊》中所谓的"百姓足，君孰与不足？百姓不足，君孰与足"的言论深相契合。天下，是天下人的天下，不是天子一人的天下。身为天子，要为天下人着想，天下才会安定，天下安定了，天子自身的地位才能稳固。

七十一　不义而富且贵，于我如浮云

【经典】

zǐ yuē fàn shū shí yǐn shuǐ qū gōng ér zhěn zhī lè yì
1. 子曰："饭疏食饮水，曲肱而枕之，乐亦
zài qí zhōng yǐ bù yì ér fù qiě guì yú wǒ rú fú yún
在其中矣。不义而富且贵，于我如浮云。"

lún yǔ shù ér
——《论语·述而》

zǐ yuē fù yǔ guì shì rén zhī suǒ yù yě bù yǐ qí
2. 子曰："富与贵，是人之所欲也；不以其
dào dé zhī bù chǔ yě pín yǔ jiàn shì rén zhī suǒ wù yě bù
道得之，不处也。贫与贱，是人之所恶也；不
yǐ qí dào dé zhī bù qù yě
以其道得之，不去也。"

lún yǔ lǐ rén
——《论语·里仁》

fēi qí dào zé yī dān shí bù kě shòu yú rén
3. 非其道，则一箪食不可受于人。

mèng zǐ téng wén gōng xià
——《孟子·滕文公下》

【解读】

1.孔子说:“吃粗粮,喝冷水,弯起胳膊当作枕头,依然感觉乐在其中。通过不义之举取得富贵,对我来说就如同浮云一样。”

2.孔子说:“富贵,是人人所希望得到的,但是如果不用正当的方法得到它,就算得到了,君子也不愿享有。贫穷与卑微,是人人所厌恶的,但是如果摆脱这种境地需要采用不正当的方法,君子就不愿去摆脱。”

3.如果没有正当理由,就是一筐饭也不能接受别人的。

【人生智慧】

对待财富的态度,是鉴别一个人品德的核心。

盗泉,是古代一眼泉的名称,位置在今山东泗水东北。传说有一次孔子经过盗泉,十分口渴,却坚持不喝盗泉的水,只因为厌恶泉水的名中含有“盗”字。陆机《猛虎行》诗中有“渴不饮盗泉水,热不息恶木阴”的诗句,后人因此称不义之财为“盗泉之水”。

中国古代的墨家,也是“临财廉、取予义”的表率。我们看看发生在墨子和墨家弟子之间的一个小故事:

墨子想把墨派弟子高石子派去卫国辅佐卫君,可担心卫国君主并不了解高石子,不一定会起用他。于是,墨子先派自己的学生管黔到卫国，在君主面前把高石子极力称赞了一番。卫君听了管黔对高石子的赞美之辞，便安排高石子在卫国做官，不但给高石子优厚的俸禄，还赐给他卿的爵位。

高石子在卫国做官后，先后三次入朝晋见卫君，每次他都竭尽所能，把自己从墨子那里学到的主张讲给卫君听。卫君每次听了都连连点头，赞叹不已，而实际上却并不采纳实行。于是，高石子最终放弃了优厚的俸禄和爵位，离开卫国回到齐国。

在齐国，高石子见到墨子，对墨子说："卫君因为老师您的缘故，给我优厚的俸禄和很高的爵位。作为回报，我三次朝见卫君，每次我都把自己治理国家的意见详细地讲给他听，但卫君却不采纳实行，因此我离开了卫国。卫君恐怕会认为我疯了吧？"

墨子说："假如你离开卫国的决定是正确的，那么为了一个正确的决定，承受别人认为你发疯的责难有什么不好？古时候周公旦驳斥关叔，关叔于是辞去三公的职位，到了东方的商盖，人们都说他发狂了，但后世的人直到现在还称赞他的德行，颂扬他的美名。何况我听说，我们行义时，不能回避诋毁而追求称誉。离开卫国的决定假如合乎道义，承受发疯的指责又有什么不好？"

高石子说："先生您说得对。我离开卫国，何尝不是为了遵循道义！以前听先生说过：'如果天下无道，仁义之士就不该享受高官厚禄。'现在卫君无道，而我如果贪图他的俸禄爵位，那我就是只图人家的薪俸了。"

墨子听了高石子的一番话后，就把禽滑厘等学生都招来，对他们说道："你们都听听高石子的这番话吧！违背道义而选择俸禄的人，我常听到，也常看到；拒绝俸禄而一心向义，我只在高石子身上看到了。"

还有一次，墨子派遣自己的学生公尚过前往越国任职。公尚过到了越国以后，不断地劝说越王，越王非常高兴，对公尚过说："先生假如能让你的老师墨子到越国来教导我，我愿意分出过去属于吴国的五百里地封给他。"公尚过听了以后非常高兴，便答应了越王的要求。于是越王给公尚过套了五十辆车，到鲁国去迎接墨子。公尚过对墨子说："先生，我用您的学说劝说越王，越王非常高兴，对我说：'假如你让墨子来教导我，我愿意分出过去属于吴国的五百里地封给墨子。'"

墨子对公尚过说:“你观察越王的心志怎么样?假如越王能够听取我的言论,采用我的学说,那么我就会到越国去。我自己会过得非常节俭,估量着自己的饭量吃饭,量好自己的身体做衣裳,决不浪费越国的钱财。我如果真的处于群臣之列,怎能光想着封地呢?但是,如果越国不听我的言论,不采纳我的学说,那么,我去了,就等于把‘义’出卖了。同样是出卖‘义’,在中原国家好了,又何必要跑到遥远的越国呢?”

墨子是个令人钦佩的理想主义者。在他看来,普通人所要求的功名利禄都不能吸引他,而为了他一生所追求和奉行的“义”,他却可以奉献自己的全部。为了理想如此执著,怎能不让人钦佩?与此相反,欲壑难填的贪婪之徒,最终会自掘坟墓。

七十二 一箪食，一瓢饮

【经典】

zǐ yuē　xián zāi huí yě　yī dān shí　yī piáo yǐn　zài lòu
子曰："贤哉回也！一箪食，一瓢饮，在陋

xiàng　rén bù kān qí yōu　huí yě bù gǎi qí lè　xián zāi huí yě
巷，人不堪其忧，回也不改其乐。贤哉回也！"

lún yǔ　yōng yě
——《论语·雍也》

【解读】

孔子说："颜回多么有修养呀！一箪饭，一瓢水，住在小巷子里，别人都受不了这种穷苦的煎熬，颜回却不改变他乐观的本性。颜回真有修养啊！"

【人生智慧】

《列子·天瑞》记载了孔子见荣启期的故事：

孔子游泰山的时候，遇见荣启期。荣启期穿着鹿皮做的衣服，扎着草绳做的腰带，一边弹琴一边歌唱。

孔子问道："先生您为何这么快乐呢？"

荣启期回答说："让我快乐的事有很多。天生万物，人是最高贵的，我有幸生而为人，这是第一乐；男女有别，男尊女卑，所以男人更为尊贵，我生为男人，这是第二乐；人生下来就有看不见日月的，有在襁褓中就夭折的，我已经活了九十岁了，这是第三乐。贫困，是士人的常态；死亡，是人生的归宿。处于常态得以善终，还有什么值得忧虑的？"

孔子钦佩地赞叹道："好！这真是能自我宽慰的人啊。"

一箪食，一瓢饮

庄子说过："鹪鹩巢于深林，不过一枝；偃鼠饮河，不过满腹。"庄子本人无欲无求，是至俭主义者。我们来看看庄子本人

的生活态度。

庄子名声很大，他和他的学问几乎无人不晓，但他由于清高和固执，生活状况很差，主要靠捕鱼维持生计，收入不多，还不稳定，有时竟吃了上顿没下顿。庄子和他的学生去河边钓鱼，等了半天，鱼钩一动也不动，鱼就是不上钩。庄子两眼盯着水面，一言不发，琢磨着如何填饱肚子。忽然，学生用手指着一望无际的茫茫葛草说："先生，这葛草取之不尽，用之不竭，我们何不靠采葛编织来养家呢？"庄子一听，连声称好，两人说干就干，采了两大捆葛草背回家。两人一起动手，很快就编织了不少鞋子。第二天一早，庄子就提着鞋子到集市上叫卖，结果真有不少人来买。以后庄子便每天都去卖。虽说是小生意，但由于人人都用得着，再加上庄子名气大，人又务实，没有丝毫虚荣心，因此只要他去卖，许多人都慕名去买，供不应求，生意越做越红火，一家人的生活也渐渐地好起来。

大学问家庄子卖鞋的事很快传开了，宋王听说后，觉得很不光彩。因为爱士是当时的社会风气，作为名士的庄子去卖鞋，就等于往他脸上抹黑。宋王于是就派官员载了一车食品，去慰问庄子，一路招摇过市以示礼贤下士。那官员来到庄子家，对前来迎接的庄子说："国君听说先生生计艰难，特派我送来一车粟，先生请笑纳。国君还说了，如先生愿意，可以委任先生要职，也可继续担任先生之前做过的漆园吏。"边说边奉上国君的亲笔信。庄子接过信，看也没看，就说："我老了，难以胜任任何职务，无功决不受粟，在此谢过了，您请回吧！"说完就转身回屋了。那官员听得目瞪口呆，想不到世上竟有这样的人，对白白送上门的东西，他都不肯要。

后来，庄子的老同学曹商衣锦还乡，特地来拜访庄子。他看庄子生活很艰难，就神气活现、洋洋得意地说："庄兄，你看到我大队的马车了吗？我作为宋国使者去见秦王，凭三寸不烂之舌，曲意逢迎，秦王待我为上宾，并与我同寝同食，寸步不离。我离开时，秦王破例赐我马车百辆。像我这样，一朝朝见万乘之主，就得到一百辆车，这就是我的过人之处。看您，身居偏僻狭窄的里巷，贫困到要靠自己编织草鞋为生，脖颈干瘪，面色饥黄。论这，我可比不上您。"

庄子却不紧不慢地说："听说秦王有病，召集下属的医生，凡是破出脓疮溃散疖子的，可获得车辆一乘；舔治痔疮的，可获得车辆五乘。所疗治的部位越低下，所得的车辆就越多。你难道给秦王舔过痔疮吗？要不然，秦王奖赏给你的车辆怎会这么多呢？算了吧，你还是走吧！"

庄子鄙视为了爵禄放弃人格的行径，所以他甘于贫贱，宁肯亲手编织草鞋糊口谋生，而毫不犹豫地放弃楚王提供的高薪和爵位，这就是庄子的通达。

七十三 鱼和熊掌不可兼得

【经典】

mèng zǐ yuē yú wǒ suǒ yù yě xióng zhǎng yì wǒ suǒ

孟子曰："鱼，我所欲也，熊掌，亦我所

yù yě èr zhě bù kě dé jiān shě yú ér qǔ xióng zhǎng zhě yě

欲也；二者不可得兼，舍鱼而取熊掌者也。

shēng yì wǒ suǒ yù yě yì yì wǒ suǒ yù yě èr zhě bù kě

生，亦我所欲也，义，亦我所欲也；二者不可

dé jiān shě shēng ér qǔ yì zhě yě

得兼，舍生而取义者也。"

mèng zǐ gào zǐ shàng

——《孟子·告子上》

【解读】

孟子说："鱼是我想要的，熊掌也是我想要的；如果两样不能同时得到，那就舍弃鱼而选择熊掌。生命是我想要的，义也是我想要的；如果两样不能同时得到，那就舍弃生命而选择

道义。”

【人生智慧】

“人生自古谁无死，留取丹心照汗青”，抗元将领文天祥的千古名句，激励了一代又一代的人为理想和正义而奋斗。

在文天祥被俘后，忽必烈知道文天祥是个不可多得的人才，非常希望招降他为元朝效力，于是召见文天祥，问他有什么愿望。

文天祥回答说：“我深受宋朝的恩德，身为宰相，哪能侍奉二姓，愿赐我一死就满足了。”

被俘后的文天祥，一心求死。他临上刑场时特别从容，对狱中吏卒说：“我的事完了。”说罢，向着南方跪拜。

几天后，他的妻子欧阳氏为他收尸，在衣服中发现文天祥临死之前留下的手迹：“孔曰成仁，孟曰取义，惟其义尽，所以仁至；读圣贤书，所学何事，而今而后，庶几无愧。”

据说文天祥在狱中，曾收到女儿柳娘的来信，得知妻子和两个女儿都在宫中为奴，过着囚徒般的生活。文天祥明白，只要自己投降，家人就可以团聚，但他不愿因此而丧失气节。他在写给自己妹妹的信中说：“收柳女信，痛割肠胃。人谁无妻儿骨肉之情？但今日事到这里，于义当死，乃是命也。奈何奈何……可令柳女、环女做好人，爹爹管不得。泪下哽咽哽咽。”

文天祥被押到刑场，监斩官问他：“文丞相还有什么话要

说？回奏还能免死。”也是希望再给他最后一次求生的机会。但是文天祥喝道：“死就死，还有什么可说的！”说罢向南方跪拜，然后英勇就义。

文天祥用自己的生命，向我们诠释了“舍生取义”。

七十四　养心莫善于寡欲

【经典】

huò mò dà yú bù zhī zú　jiù mò dà yú yù dé

1.祸莫大于不知足，咎莫大于欲得。

lǎo zǐ　dì sì shí liù zhāng

——《老子》第四十六章

mèng zǐ yuē　yǎng xīn mò shàn yú guǎ yù　qí wéi rén yě

2.孟子曰："养心莫善于寡欲。其为人也

guǎ yù　suī yǒu bù cún yān zhě　guǎ yǐ　qí wéi rén yě duō yù

寡欲，虽有不存焉者，寡矣；其为人也多欲，

suī yǒu cún yān zhě　guǎ yǐ

虽有存焉者，寡矣。"

mèng zǐ　jìn xīn xià

——《孟子·尽心下》

【解读】

1.没有比不知足更大的祸患了，没有比贪得无厌更大的罪过了。

2.孟子说:“颐养心性没有比节制欲望更好的了。一个人立身行事,如果欲望少,即便本善之心有所丧失,也是很少的;一个人立身行事,如果欲望多,本善之心即便有所保留,也是很少的。”

【人生智慧】

我们先来看看古今中外关于财富与欲望的相关描述:

《淮南子·齐俗训》中载:“日月欲明,浮云盖之;河水欲清,沙石濊之;人性欲平,嗜欲害之。”

古希腊哲人伊索说:“贪婪是许多祸事的源头。”

古希腊哲学家德谟克利特说:“如果对财富的欲望没有餍足的限度;这就变得比极端的贫穷还更难堪。”

古罗马朗吉弩斯说:“唯利是图,是一种痼疾,使人卑鄙;但贪求享乐更是一种不可救药的毛病。”

印度著名诗人、诺贝尔文学奖得主泰戈尔说:“顶不住眼前的诱惑,便失掉了未来的幸福。”

孟子和公都子之间,曾经有过一场“大体”与“小体”之辩:

公都子问:“同样都是人,有的是大人,有的是小人。这究竟是什么原因呢?”孟子说:“本着天赋的善心行事,就是大人;本着耳目口腹的欲望去做,就是小人。”公都子接着问:“同样是人,有人本着善心行事,有人却本着耳目口腹的欲望行事。这又是什么原因?”

孟子说:“耳目口腹不会思想,不能作自己的主宰,因而容易被声色等外在诱惑蒙蔽。耳目口腹等器官本身，也是一种器物，和外界的声色等接触后，就会被引诱。心这个器官能思想，能自我主宰。能够思想并自我主宰，就能得到人本性的善；不能够思想并自我主宰，就不能够得到人本性的善。先立定上天赋予的大体——本心，小体所属的耳目口腹之欲就不能主宰内心了，这就是大人。”

周武王打败商纣之后，十分尊敬商代的贤人，修缮他们的遗迹，供后人瞻仰参拜。又下令把商纣搜刮的粮食、钱财分给百姓，砸坏战鼓，折断鼓槌，毁掉强弓，剪断弓弦，表示再不征战，自己也不再随身佩带宝剑。周武王平易近人，推崇节俭，甚至还一度离开舒适的皇宫到野外居住。周武王推行的休养生息政策，使得天下百姓从此生活安定，各地诸侯也甘愿臣服周王朝。

周朝的江山传了三十四代，相对于短命的后来者秦王朝来说，这并不是偶然的。周武王能够做到清心寡欲，不发动战争，不扩张领土，不搞个人享乐，因此周朝的江山才会稳固。清心寡欲，才是真正的强大。强大到能够战胜、控制自己的各种欲望，这样的人，是高尚的，是极其可贵的，周武王本人也因而受到万世景仰。

七十五 富贵不能淫，贫贱不能移，威武不能屈

【经典】

jū tiān xià zhī guǎng jū lì tiān xià zhī zhèng wèi xíng tiān xià

居天下之广居，立天下之正位，行天下

zhī dà dào dé zhì yǔ mín yóu zhī bù dé zhì dú xíng qí dào

之大道。得志，与民由之；不得志，独行其道。

fù guì bù néng yín pín jiàn bù néng yí wēi wǔ bù néng qū cǐ zhī

富贵不能淫，贫贱不能移，威武不能屈。此之

wèi dà zhàng fū

谓大丈夫！

mèng zǐ téng wén gōng xià

——《孟子·滕文公下》

【解读】

住在天下最大的宅子里，站在天下最正的位子上，走在天下最光明的大道上。得志时，便与老百姓一同前进；不得志时，

便独自坚持原则。富贵不能使我骄奢淫逸,贫贱不能使我改变节操,威武不能使我意志屈服。这样才称得上大丈夫!

【人生智慧】

东晋著名文人陶渊明,年轻时本有大济苍生之志。可是,身处动荡不安的社会,他的一腔抱负根本无法实现。而且由于他不愿卑躬屈膝攀附权贵,使得他与污浊黑暗的现实社会格格不入。

为了养家糊口,陶渊明最初做过小官,可由于看不惯官场上虚伪恶劣的作风,不久便辞职回家了。后来他还陆续担任过一些地位不高的官职,过着时隐时仕的生活。陶渊明最后一次做官,是在义熙元年(公元405年),已过不惑之年的陶渊明在朋友的劝说下,再次出任彭泽县令。有一次,县里派督邮来巡察。有人告诉陶渊明:那是上面派下来的人,应当穿戴整齐、恭恭敬敬地去迎接。陶渊明听后长长地叹了一口气,说:"我不愿为了小小县令的五斗薪俸,就低声下气去向这些家伙献殷勤。"说完就辞官回家了,并且写下了著名的《归去来兮辞》:

……

舟遥遥以轻飏,风飘飘而吹衣。
问征夫以前路,恨晨光之熹微。
乃瞻衡宇,载欣载奔。
僮仆欢迎,稚子候门。

陶渊明

三径就荒，松菊犹存。

携幼入室，有酒盈樽。

引壶觞以自酌，眄庭柯以怡颜。

倚南窗以寄傲，审容膝之易安。

园日涉以成趣，门虽设而常关。

策扶老以流憩，时矫首而遐观。

云无心以出岫，鸟倦飞而知还。

景翳翳以将入，抚孤松而盘桓……

这种内心清净归一、与大自然为伍、尽享天伦之乐、笑看云卷云舒的日子，好不逍遥自在，令人羡慕。

此后，陶渊明躬耕南亩，一边读书为文，一边进行农事劳作，自食其力。后来，农田不时受灾，房屋又被火烧，家境恶化，但他始终不愿再为官受禄，甚至连江州刺史送来的米和肉也拒不接受。朝廷曾征召他任著作郎，也被他拒绝了。

陶渊明不愿“以心为形役”，不愿“为五斗米折腰”，为了精神的自由，他宁可去过“环堵萧然，不蔽风日；短褐穿结，箪瓢屡空”的穷苦日子，这不正是孟子所谓的“贫贱不能移”吗？

汉文帝贵为天子，却舍不得耗费相当于十户中等人家产业的钱财为自己修建一座简易的露台。“普天之下，莫非王土，率土之滨，莫非王臣”，文帝富拥天下，却如此简朴，真可谓“富贵不能淫”啊。汉文帝堪称万世表率。

至于“威武不能屈”，让我们来认识一下魏晋名士嵇康。《世说新语·简傲第二十四》记载：嵇康和友人向子期在大树下打铁。向子期鼓着风箱，嵇康抡着铁锤，两人正干得热火朝天。这时候突然来了一位不速之客——当朝名士钟会。原来钟会久仰嵇康大名，就邀请了一大帮社会名流，一同前来拜访嵇康。钟会一干人马在大树下站等，嵇康和向子期依然我行我素地卖力打铁，旁若无人，把精英钟会晾在一边，不予搭理。钟会在大树下站了很久，自讨了个好大的没趣，准备离开，嵇康冷冷地问：“何所闻而来？何所见而去？”当然，钟会的回答也很精彩——“闻所闻而来，见所见而去”。

即便在遭到迫害，惹来杀身之祸的时候，嵇康也不肯低下高傲的头颅。这位多才多艺的傲岸美男，潇洒地抚琴弹唱着一曲《广陵散》，慷慨赴死。任何势力，都不能让一颗高贵的心屈服！

第七编　仁勇之道

七十六　克己复礼

【经典】

yán yuān wèn rén zǐ yuē kè jǐ fù lǐ wéi rén yī rì kè
颜渊问仁。子曰："克己复礼为仁。一日克
jǐ fù lǐ tiān xià guī rén yān wéi rén yóu jǐ ér yóu rén hū
己复礼，天下归仁焉。为仁由己，而由人乎
zāi yán yuān yuē qǐng wèn qí mù zǐ yuē fēi lǐ wù
哉？"颜渊曰："请问其目？"子曰："非礼勿
shì fēi lǐ wù tīng fēi lǐ wù yán fēi lǐ wù dòng yán yuān
视，非礼勿听，非礼勿言，非礼勿动。"颜渊
yuē huí suī bù mǐn qǐng shì sī yǔ yǐ
曰："回虽不敏，请事斯语矣！"

lún yǔ yán yuān
——《论语·颜渊》

【解读】

颜渊问怎样才能达到仁的境界。孔子说："克除私欲，使言行都能合乎礼，便是仁。果真有一天能够克除私欲，使得凡事

都能合乎礼,那么全天下人都会归向仁。实践仁德全凭自己下功夫,难道还要靠别人吗?”颜渊说:“请问具体做法?”孔子说:“不合乎礼的不要看,不合乎礼的不要听,不合乎礼的不要讲,不合乎礼的不要做。”颜渊说:“我虽然不够聪敏,但一定会按照老师的指示去做。”

【人生智慧】

孔子之后,“克己复礼”成为流传千年的古训。美国著名诗人、思想家爱默生也说过类似意思的话,他说:“彬彬有礼的风度,主要是自我克制的表现。”说法不同,内涵相近,即“礼”缘自“自我克制”。

有一个历代传为佳话的“克己复礼”的故事,主人公就是春秋时期鲁国的柳下惠。一次,柳下惠夜宿城门,遇到一位无家可归的女子。柳下惠唯恐女子冻死,就让她坐在自己怀中,脱下自己的衣服给女子穿上,并用自己的体温给女子取暖。孤男寡女,深更半夜,都没有任何乱情乱性的事情发生。这就是家喻户晓的“柳下惠坐怀不乱”的故事,柳下惠的克制为他留下千古美名。这正是“非礼勿动”的最好说明。

魏文侯是一位聪明而有远见的国君,为实现自己的政治理想,他礼贤下士,招纳人才。

魏文侯第一个想到的,就是名满天下的子夏。子夏本是孔子的得意弟子。魏文侯不辞劳苦,千里迢迢坐着马车亲自登门邀请。子夏感动于魏文侯的诚意，但不无遗憾地告诉魏文侯，自己年事已高，不能帮他分忧解难了。

正在魏文侯失望之际，子夏向他推荐了一位高人，这位高人就是子夏的弟子、孔子的徒孙段干木。段干木精通六艺，身怀经邦纬国之才。

魏文侯马不停蹄，立即去拜访段干木。据说段干木得知魏文侯来访后，故意避而不见。吃过一次闭门羹后，魏文侯并没有放弃，只要一有空闲，就带着下属去拜访段干木。而且，每次经过段干木住的小巷时，魏文侯都很恭敬地起身站立，手扶车栏，伫立仰望，充满敬意，并俯下身子贴在车前横木上，极其虔诚地向段干木家的方向行礼。

魏文侯身边的人不能理解作为一国之君，何以对一个住

在陋巷的人如此低三下四！

魏文侯说："段干木先生是大贤大德之人，深怀高洁君子之道而不出仕为官，甘于寂寞深居陋巷而名传千里，我怎能不俯身表示恭敬？段干木先生有德，我有势；段干木先生有义，我有财；势不如德尊贵，财不如义高尚，我怎能不俯身表示恭敬？记住，以后不许说对段干木先生不恭的话！"

段干木终于被魏文侯的诚心实意所打动。魏文侯礼贤下士在当时也传为佳话。据说，当敌国跃跃欲试准备大举进攻魏国的时候，有高人劝阻了这次攻击，理由就是魏文侯对于段干木这样的贤人如此敬重礼遇，对这样贤明的国君，不能贸然进攻他的国家啊。

魏文侯不仅为自己赢得了美名，更为自己的国家赢得了和平与安宁，功莫大焉。

七十七　己所不欲，勿施于人

【经典】

zǐ gòng wèn yuē yǒu yī yán ér kě yǐ zhōng shēn xíng zhī zhě
1.子贡问曰：“有一言而可以终身行之者
hū zǐ yuē qí shù hū jǐ suǒ bù yù wù shī yú rén
乎？”子曰：“其恕乎！己所不欲，勿施于人。”

lún yǔ wèi líng gōng
——《论语·卫灵公》

zhòng gōng wèn rén zǐ yuē chū mén rú jiàn dà bīn shǐ
2.仲弓问仁。子曰：“出门如见大宾，使
mín rú chéng dà jì jǐ suǒ bù yù wù shī yú rén zài bāng wú
民如承大祭。己所不欲，勿施于人。在邦无
yuàn zài jiā wú yuàn
怨，在家无怨。”

lún yǔ yán yuān
——《论语·颜渊》

【解读】

1.子贡问道:“有没有一句话可以终身奉行呢?”孔子说:“大概是‘恕’罢!自己不想接受的,也不要强加给别人。”

2.仲弓问怎样才能达到仁的境地。孔子说:“出门在外待人接物,态度要像拜见贵宾般恭敬;役使治理人民百姓,态度要像承办隆重祭祀般恭敬。自己所不愿意的事情,就不要强加到他人身上。要时时为他人着想。在诸侯的国家供职,不要心生怨恨;在卿大夫之家供职,也不要心生怨恨。”

【人生智慧】

“己所不欲,勿施于人”,是君子做人的基本准则。卡耐基也说过:“你要别人怎么待你,就得先怎样待别人。”说的都是同样的道理。

任何道理,都是说起来容易,践行起来难。真正做到不把自己不喜欢的事情强加到别人身上,也不是件容易的事。而能做到的人,就显得难能可贵。孙叔敖小时候,在外面玩儿,看见一条两头蛇,就把蛇杀了,掩埋后,他哭着跑回家。母亲问他为什么哭,孙叔敖说:“我听说看见两头蛇的人一定会没命。刚才我见到了一条两头蛇,我害怕自己会离开母亲而死去。”

母亲说:“蛇现在哪里?”

孙叔敖说:“我害怕别人又见到这条蛇,再丢了性命,就把它杀死后掩埋了。”

他母亲说：“我听说暗地里做好事的人，上天会赐给他福气的，你在自己遇到危险的时候还能想到别人，这就是非常善良的。放心吧，你不会死的。”

孙叔敖的仁德直接影响了晋朝的庾亮。庾亮驾车的马中有一匹“的卢”。“的卢”是传说中的凶马，据说这种马的主人会有灾祸。有人劝他把马卖掉。庾亮说：“卖它的话，必定得有个买主，那就是要害那个买主了。我怎么可以因为这匹马对自己不利，就把可能招致的灾祸转嫁给别人呢？从前，孙叔敖看见两头蛇，就把它打死了，为的是保护后来可能看到这条蛇的人。孙叔敖的这一事迹，被古人传为佳话。我向他学习，这不也是通达道理的人应该做的吗？”

推己及人，是君子应该具备的品质。相反，如果把自己所讨厌的事情强加到别人身上，最终结果往往是给自己招致不快。

汉魏之际的大文学家祢衡，才华横溢，个性刚介。曹操多次听人称颂他，便想召见他。祢衡瞧不起曹操的为人，不但推托有病不肯前往，还多次非议曹操。曹操大怒，打算找个机会好好羞辱祢衡一番。

不久，曹操下令把祢衡贬为鼓吏。鼓吏一职，专司击鼓，地位卑贱。一次朝会，宾客云集，按照规定，鼓吏敲鼓时，应换上专门的制服。轮到祢衡击鼓时，"鼓声甚急，音节殊妙"。但祢衡就是不肯更衣。上司主管斥责他："为什么不更衣？"此时，祢衡停止击鼓，走到曹操面前，把衣服一件一件脱去，赤条条地站着。过了好一会儿，祢衡才慢条斯理地换上制服，接着击鼓。曹操无可奈何地感叹道："我本来要羞辱祢衡，不想反而被祢衡所羞辱。"

这就是强加于人的结果。

七十八　己欲立而立人，己欲达而达人

【经典】

zǐ gòng yuē rú yǒu bó shī yú mín ér néng jì zhòng hé

子贡曰："如有博施于民而能济众，何

rú kě wèi rén hū zǐ yuē hé shì yú rén bì yě shèng

如？可谓仁乎？"子曰："何事于仁，必也圣

hū yáo shùn qí yóu bìng zhū fú rén zhě jǐ yù lì ér lì rén

乎！尧舜其犹病诸！夫仁者，己欲立而立人，

jǐ yù dá ér dá rén néng jìn qǔ pì kě wèi rén zhī fāng yě

己欲达而达人。能近取譬，可谓仁之方也

yǐ

已。"

lún yǔ yōng yě

——《论语·雍也》

【解读】

子贡问道："假若有这么一个人，给很多人好处，又能帮助

大家,怎么样?可以说他具备仁道吗?”孔子说:“这哪里仅仅是仁道呢,一定能称得上圣德了!尧舜可能都难以做到这种地步呢!仁是什么?自己要立身,也使别人得以立身;自己要通达,也使别人通达。能够就近择取榜样并一步步踏实去做,可以说是实践仁道的正确方法。”

【人生智慧】

在孔子看来,历史发展到当时,只有两位真正的贤人,其中一位就是鲍叔牙。鲍叔牙与管仲的故事,向来传为美谈。据说管鲍二人本来就是好朋友,年轻时曾经一起经商。每次分红的时候,管仲总是背着鲍叔牙私藏一些钱。鲍叔牙对此心知肚明,可就是表现得无动于衷。时间久了,有人就当着鲍叔牙的面揭发这件事。谁知,鲍叔牙却说:“我家庭条件好些,而管仲却有年迈的老母需要供养,他多拿点钱,本是应该的。”常言说,亲兄弟,明算账。管鲍并非手足,情深却超越手足。可见,鲍叔牙是一个重情而无私的人。而且,鲍叔牙自己成为君王身边重要的佐臣、深得君主信任的时候,向君主齐桓公力荐自己的朋友管仲。

故事说到这里,还有一个插曲。原来,管仲可以说是齐桓公的“大敌”。齐国曾经发生君位争夺战,当时襄公的弟弟公子纠和公子小白都逃亡在外。管仲和鲍叔牙分别辅佐公子纠和公子小白,两人侍奉不同的人。公子纠携管仲在鲁国投靠舅舅鲁庄公，公子小白携鲍叔牙逃亡在莒国。齐襄公死后，鲁国的国君，也是公子纠的舅舅，曾支持公子纠回国即位，公子小白也从莒国赶赴齐国。管仲奉鲁庄公之命拦截公子小白，一箭射中公子小白的带钩。公子小白十分机智，佯装死亡，躺在那里一动不动，骗过了管仲和公子纠，得以逃命。公子小白逃脱后，马不停蹄，急忙赶回齐国即位。按规矩，先到先得，谁先即位谁就是国君。公子小白就是历史上赫赫有名的齐桓公。齐桓公即位后，对鲁庄公耿耿于怀。他先在乾时(今山东桓台县南)大败鲁军，逼鲁国杀死公子纠，又派大军进攻鲁国。这就是历史上有名的长勺之战。按说，齐桓公对于有着杀身之仇的管仲也不会放过。但是，正是因为鲍叔牙从中斡旋，让桓公明白当时的形势，不过是各为其主，管仲忠于自己的主人，奉命射杀桓公，

实属迫不得已。就这样,齐桓公听从了鲍叔牙的建议,重用管仲,实现大治。

鲍叔牙正是“己欲立而立人,己欲达而达人”的典范。孔子这样表扬称赞鲍叔牙的时候,弟子们也心存疑惑,问自己的老师:“那么管仲呢?管仲不是‘己欲立而立人,己欲达而达人’的贤人吗?”孔子反问道:“鲍叔牙举荐过管仲,管仲又举荐过谁?”

显然,在孔子心目中,鲍叔牙是贤于管仲的。

七十九　我欲仁，斯仁至

【经典】

zǐ yuē rén yuǎn hū zāi wǒ yù rén sī rén zhì yǐ
1. 子曰：“仁远乎哉？我欲仁，斯仁至矣。”

lún yǔ shù ér
——《论语·述而》

zǐ yuē rén zhī nán chéng jiǔ yǐ wéi jūn zǐ néng zhī
2. 子曰：“仁之难成久矣，惟君子能之。
shì gù jūn zǐ bù yǐ qí suǒ néng zhě bìng rén bù yǐ rén zhī suǒ bù
是故君子不以其所能者病人，不以人之所不
néng zhě kuì rén
能者愧人。”

lǐ jì biǎo jì
——《礼记·表记》

gōng jìn lǐ jiǎn jìn rén xìn jìn qíng jìng ràng yǐ xíng cǐ
3. 恭近礼，俭近仁，信近情，敬让以行此。
suī yǒu guò qí bù shèn yǐ fú gōng guǎ guò qíng kě xìn jiǎn yì
虽有过，其不甚矣。夫恭寡过，情可信，俭易

róng yě yǐ cǐ shī zhī zhě bù yì xiǎn hū
容也，以此失之者，不亦鲜乎！

lǐ jì biǎo jì
——《礼记·表记》

【解读】

1.孔子说："仁难道离我们很远吗？我心里想着仁的时候，仁就来了。"

2.孔子说："仁难以做到已经很久了，只有品德高尚的君子能够做到。所以君子不拿自己能够做到的事情去为难别人，也不拿别人做不到的事让人家感到惭愧。"

3.恭敬接近礼，节俭接近仁，诚信接近真情，恭敬谦让地去施行这些，即使有过失，也不至于多么严重。做到恭敬就会少犯错，有真情就能令人信赖，能够做到节俭就容易被人接纳，做到了这些却还犯错的，不是很少吗？

【人生智慧】

在孔子看来，对于一般人，仁的境界是很难达到的，即使达到了，也难以持久，只有君子能够长久坚守仁的境界。

话说回来，仁，难道距离我们非常遥远吗？其实不然。"我欲仁，斯仁至矣。"这句话的意思是，只要我一心向"仁"，就能实现"仁"的境界。这么说来，"仁"又是容易实现的。是的，如果内心追求“仁”,“仁”就会弥漫心间。

俗话说,善恶在于一念之间。“仁”同样如此,也是存在于一念之间。世间流传着这样一个佛教故事:

唐朝长安有一个姓京的人,原本是个屠夫。有一位善导大师在长安弘扬佛法,劝导人们信因果,改恶向善。渐渐地该地老百姓家家户户都戒掉肉食,开始吃素念佛。

京姓屠夫眼睁睁看着自己摊子上的肉一天比一天难卖,觉得莫名其妙,跟人一打听,才知道原来城里人是受了一位名叫善导的和尚的劝化而纷纷吃素了。京姓屠夫立刻心生愤恨,怒气冲冲地提着杀猪刀闯进寺院,要杀善导大师。善导大师心知对方得度的机缘已经成熟,于是以善念仁心感化屠夫,终于使屠夫放下了屠刀。

还有一个故事:

很久以前，有一个凶恶的地方官吏，名叫赵玄坛，负责征收钱粮。他为人不仁，每到一户人家，就要人家杀鸡给他吃，人家不答应的话，他就会多收钱粮，甚至拳脚相加。老百姓对他敢怒不敢言。一天，他来到大源乡桥头村，要求一户人家杀鸡给他吃。可是这家人只有一只母鸡带一窝小鸡，他觉得老母鸡无法吃，就让人家用小风炉煮竹笋给他吃。正当竹笋下锅的时候，母鸡突然飞上风炉，把锅打翻了。这下可好，赵玄坛吃不成笋了，母鸡也被火烧掉了很多毛。

赵玄坛感到纳闷，风炉上生着火，母鸡敢冒着生命危险把锅打翻，此中必有蹊跷，于是盘问竹笋的来历。主人家带他来到挖笋的竹林，只见一条蕲蛇(剧毒之蛇)盘在原处。他当即泪雨如飞，对天而跪，仰叹道："天要亡我，又何救我！"

原来，老天有意要灭了他这个凶神恶煞，就派蕲蛇来咬了竹笋，喷上毒液，欲置他于死地。可是母鸡不计前嫌，奋不顾身地救了他一命。从此以后，他辞去官职，修心为善。

他来到位于香菇寮村与方山岭村之间的一个小庵。庵里有一个老和尚，非常清贫，对徒弟也十分严格，规定七天才能吃一顿饭。赵玄坛就这样跟着师傅度过了二十一年，严守清规戒律，为周围村民做了很多好事。一天早上，又到了做饭的时候，山中大雾弥漫，由于多日未生火，火种已经灭了，他只好到方山岭村借火种。村民看到他骨瘦如柴、身体虚弱，便给了他一团糯米饭。他借了火种回庵去，想到老和尚已多日没吃东西，快要饿死了，就加快了脚步。忽然一只老虎扑过来，他平静地对老虎说:“畜生，如果你有意吃了我就张嘴，但是有个条件,等我把东西送给师傅,自会钻入你的大口。”老虎摇了摇头。他又说道:“畜生,如果你有意做我的坐骑就趴下,等我把东西送给师傅,就回来骑你。”老虎当时点了点头就趴下了。

赵玄坛快步把糯米饭送给了师傅,生了火,然后回到老虎身边,纵身骑上了老虎。顿时,雾气升腾,光芒四射,老虎腾空而起,升入天空,不见了踪影。老和尚来到门外,对着天空感叹:阿弥陀佛!终于度你成佛了。

这就是赵玄坛菩萨的来历。在很多庙宇里,赵玄坛菩萨身骑虎,右手高举铁锏,左手扯虎鬃毛,样子十分威武。这也是一个“放下屠刀,立地成佛”的故事。

这两个宗教故事中讲到的“放下屠刀,立地成佛”的道理,应该跟孔子所谓的“我欲仁,斯仁至矣”并无二致吧。主观向善,心存善念,就是慈悲,就能实现“仁”。

《礼记》所谓的“恭近礼,俭近仁”的说法,也是很有道理的。一个仁慈的人,想必自己的饮食用度上,也是奉行朴素简约的。从这个意义上说,奢侈享乐,极度追求私欲的满足,肯定是与“仁”的精神背道而驰的。这或许就是世间为什么流传着“为富不仁”这一说法的最好解读吧。

八十　君子无终食之间违仁

【经典】

zǐ yuē　jūn zǐ qù rén　wū hū chéng míng　jūn zǐ wú
子曰："……君子去仁，恶乎成名？君子无
zhōng shí zhī jiān wéi rén　zào cì bì yú shì　diān pèi bì yú shì
终食之间违仁，造次必于是，颠沛必于是。"

lún yǔ　lǐ rén
——《论语·里仁》

【解读】

孔子说："……离开了仁，君子怎样去成就他的声名呢？君子没有一顿饭的时间离开仁，即使在仓促匆忙的时候也一定与仁同在，在颠沛流离的时候也一定与仁同在。"

【人生智慧】

孔子是万世师表，是大家心目中的圣人。孔子思想的核心就是仁爱,他认为,一个真正的仁德之人任何时候都应该与仁同在,他确实也这样做了。

孔子和弟子们游历时,曾住在陈国。据说楚王开明,而且敬佩孔子的为人,希望孔子到楚国去。陈蔡两国的大夫不希望孔子为楚国所用,就把孔子一行团团围住,一连数日不让他们脱身。

这时,孔子和弟子们带的粮食吃光了,随行弟子劳累交加,忍饥挨饿,有的甚至病倒了。个性刚烈的子路很不高兴,他去见孔子,并质问道:“有道德、有学问的君子,也有这么遭难落魄的时候吗?”

孔子心平气和地回答他说:“有道德、有学问的君子,当然会陷入困境,但他不会因为遭遇困难而改变气节。没有道德、

没有学问的小人一旦遭遇困难，就会投机而失去操守，没有节制，为所欲为。”

君子固穷的道理，老子和庄子也有深切体会。老子主张“不贵难得之货”，认为“难得之货令人行妨”。意思是，财富与珍宝，会成为一个人的牵绊。

像孔子这样的旷世达人，根本不会为自己的衣食忧虑。据说孔子在遭到围困、食不果腹的时候，仍会弹琴唱歌，这是连生死都置之度外的豁达。如此彻悟之人，怎会为衣食俸禄而患得患失呢？

八十一　仁者安仁，知者利仁

【经典】

zǐ yuē　bù rén zhě　bù kě yǐ jiǔ chǔ yuē　bù kě yǐ
子曰："不仁者，不可以久处约，不可以
cháng chǔ lè　rén zhě ān rén　zhì　zhě lì rén
长处乐。仁者安仁，知（智）者利仁。"

lún yǔ　lǐ rén
——《论语·里仁》

【解读】

孔子说："不仁的人不可以长久处于贫贱穷困的环境中，也不可以长久处于富贵安乐的环境中。有仁德的人安于仁(能够很自然地依仁道而行事)；明智的人利用仁(知道仁道可以利人利己，也能够依仁道而行事)。"

【人生智慧】

鲁国贵族孟孙一次打猎的时候，捕获一头小鹿，派随从秦西巴拿着送回家去。鹿妈妈跟在后面，一路哀鸣。秦西巴实在不忍心，就把小鹿放了，让它跟鹿妈妈一起跑走了。

孟孙回家后，问秦西巴要小鹿。秦西巴说："我实在不忍心听着小鹿和母鹿伤心哀鸣，就把小鹿给放了。"孟孙非常气愤，赶走了秦西巴。

三个月后，孟孙又把秦西巴召回来，请他做自己儿子的老师。孟孙的车夫不解地问："从前，您要加罪于他，现在又召他回来做公子的老师，这是为什么呀？"

孟孙说："他对小鹿都这样有爱心，何况对我的儿子呢？"我们看到，征服孟孙的，正是秦西巴发自内心的仁慈与善良。

范仲淹的儿子范纯仁，由于深受父亲影响，年轻时就表现出仁者风范。有一次，范仲淹派纯仁外出收租，收得麦子八百石。范纯仁回程中在丹阳遇到老朋友石曼卿，得知曼卿家里太穷，亲人死了都没钱下葬，就将所收的麦子全部都赠送给了他。

范纯仁返回家，范仲淹奇怪他怎么空着手回来了。纯仁说："我在回程中，碰到老朋友，他因为没钱办理丧事，被困在丹阳两个月。"范仲淹说："何不把那些麦子送给他？"纯仁说："我就是因为把麦子都送给了他，所以才空着手回来了。"

后来范纯仁做庆州(今甘肃庆阳)知府，刚刚到任，就遇上当地发生饥荒，到处都是饿死的人。他决定发仓赈灾，别的官吏说："这事必须请求朝廷审批后才能实施。"范纯仁义正词严地说："人七天不吃饭就会死掉，哪来得及请示核准？你们只要不干预就行，有任何罪责我独自担当。"

早在战国时期，就有一个著名的发仓赈灾的故事：

齐国有一个叫冯谖的人，非常贫穷，甚至不能养活自己，他就让别人对孟尝君说，自己愿意到他那里做一个门客讨口饭吃。孟尝君问道："客人有什么爱好？"冯谖说："我没有什么爱好。"孟尝君问道："客人有什么能耐？"冯谖说："我没有什么能耐。"孟尝君笑着接受了他，说："好吧。"孟尝君身边的人认为孟尝君看不起他，就给他吃粗劣的饭食。

过了一些时候，冯谖倚着柱子，掂量着自己的剑，说道：

"长剑啊,我们回去吧!吃饭没有鱼。"周围的人把这话告诉了孟尝君。孟尝君说:"给他鱼吃,享受跟其他门客同样的饭菜。"过了一些时候,冯谖又掂量着他的剑,说道:"长剑啊,我们回去吧!出门没有车。"周围的人都笑话他,并把这事告诉了孟尝君。孟尝君说:"给他准备车,跟门下有车子的客人一样。"于是冯谖坐着自己的车子,举着剑,去拜访他的朋友,说:"孟尝君接纳了我做他的门客。"又过了一段时间,冯谖又掂量着他的剑,说道:"长剑啊,我们回去吧!我没有自己的家。"周围的人都很讨厌他,以为他太贪婪而不知道满足。孟尝君问他:"冯先生有亲人吗?"冯谖回答说:"我有一个年迈的母亲。"孟尝君派人给他母亲送去食物和其他用品,让她什么都不缺乏。于是冯谖不再念叨了。

后来孟尝君张贴了一则告示,问门下众客人说:"有谁熟悉会计,能替我到薛地讨债?"冯谖在上面签上自己的名字,说:"我能。"孟尝君感到奇怪,就问:"这是谁呢?"身边的人说:"就是那个唱'长剑啊,我们回去吧'的人。"孟尝君笑着说:"这个客人果然是有能耐的,我对不起他,没有与他多见面。"孟尝君请他来见面,并道歉说:"我被琐事弄得疲惫不堪,被忧愁事搅得心烦意乱,而且生性又很懦弱愚钝,忙于国家事务,得罪了先生。先生不感到受了羞辱,还有意为我到薛地收债吗?"冯谖说:"我愿意去收债。"冯谖准备好了车子与行装,载着债券要出发了,跟孟尝君辞行说:"收完债后,我买些什么东西回来呢?"孟尝君说:"看看我家里缺少什么就买些回来吧。"

冯谖驾车来到薛邑，打发那里的官吏把应该还债的百姓都召集过来核对债券。债券核对完毕，冯谖站起来，假传孟尝君的命令把债款赏赐给了百姓，接着焚烧了债券，人们都高呼“孟尝君万岁”。

冯谖驾车赶回齐国，大清早就去求见孟尝君。孟尝君奇怪他回来得如此迅速，穿好衣服戴上帽子接见了他，说：“债都收完了吗？怎么回来得这么快啊！”冯谖说：“收完了。”孟尝君问道：“买了什么东西回来呢？”冯谖说：“您自己说‘看看我家里缺少什么就买些回来吧’。我私下里盘算着，您家中堆满珍宝，狗马挤满外面的畜棚，美女一排排。您家里缺乏的只是义而已。我私自为您买了义。”孟尝君说：“怎么买的义呢？”冯谖说：“如今您拥有小小的薛邑，不把那里的百姓当作子女般善待，反而从他们身上渔利。我私自假托您的命令，把那些债款都赏赐给欠债的百姓了，然后还焚烧了债券，百姓都高呼万岁。这就是我为您买的义。”孟尝君不高兴了，说：“好，先生住口吧。”

又过了一年，齐王对孟尝君说：“我不敢让先王的大臣做我自己的臣子。”孟尝君只好回到自己的封地薛邑。距离薛地还有一百里远，老百姓扶老携幼，在道路上迎接孟尝君。孟尝君回过头去对冯谖说：“先生为我买回的义，直到今天我才目睹了。”

冯谖为孟尝君买“义”的做法，不正是“知(智)者利仁”吗！

八十二　杀身成仁

【经典】

zǐ yuē zhì shì rén rén wú qiú shēng yǐ hài rén yǒu shā shēn yǐ chéng rén

子曰："志士仁人，无求生以害仁，有杀身以成仁。"

lún yǔ wèi líng gōng

——《论语·卫灵公》

【解读】

孔子说："有志于仁的人和具有仁德的人，不会为了苟且求生而损害仁，只会牺牲生命来成就仁。"

【人生智慧】

为正义献身，千百年来，就是仁人志士的追求。斯宾诺莎说："为正义而死不是惩罚，而是一种光荣；为自由而死，是一种荣耀。”

匈牙利民族英雄、著名诗人裴多菲，少年时期过流浪生活，做过演员，当过兵，1842年发表诗歌《酒徒》，开始了写作生涯。他早期作品中，《谷子成熟了》《我走进厨房》《傍晚》等50多首诗，被李斯特等作曲家谱了曲，成了广为传唱的匈牙利民歌。

裴多菲1844年从故乡来到首都布达佩斯，参加并领导激进青年组织“青年匈牙利”，从事革命活动，用革命诗篇号召匈牙利人民反对奥地利的民族压迫。他的代表作《自由与爱情》，可谓家喻户晓：

生命诚可贵，
爱情价更高；
若为自由故，
二者皆可抛！

这首诗激励和鼓舞了全世界为革命理想而奋斗的有志者。1848 年 3 月 15 日，裴多菲领导了有学生参加的反抗奥地利的市民起义，向起义者朗诵政治诗篇《民族之歌》，并写下诗篇《大海沸腾了》《把国王吊上绞架》，激励人民为争取民族自由和独立而斗争，被誉为“匈牙利自由的第一吼声”。1849 年夏，匈牙利革命军在强敌压迫下战至最后时刻。身材瘦削的诗人也被两名俄国哥萨克骑兵前后夹击，一柄弯刀凶狠地向他劈来，诗人闪身躲开，但同时另一把尖利的长矛已刺进了他的胸膛，诗人倒下了……裴多菲用年轻的生命诠释了“杀身成仁”。

八十三　举直错枉

【经典】

fán chí wèn rén　zǐ yuē　ài rén　wèn zhì　zǐ yuē
樊迟问仁。子曰："爱人。"问知(智)。子曰：
zhī rén　fán chí wèi dá　zǐ yuē　jǔ zhí cuò zhū wǎng　néng shǐ
"知人。"樊迟未达。子曰："举直错诸枉，能使
wǎng zhě zhí　fán chí tuì　jiàn zǐ xià　yuē　xiàng　yě　wú
枉者直。"樊迟退，见子夏，曰："乡(向)也，吾
xiàn yú fū zǐ ér wèn zhì　zǐ yuē　jǔ zhí cuò zhū wǎng　néng
见于夫子而问知(智)，子曰：'举直错诸枉，能
shǐ wǎng zhě zhí　hé wèi yě　zǐ xià yuē　fù zāi yán hū　shùn
使枉者直。'何谓也？"子夏曰："富哉言乎！舜
yǒu tiān xià　xuǎn yú zhòng　jǔ gāo yáo　bù rén zhě yuǎn yǐ　tāng yǒu tiān
有天下，选于众，举皋陶，不仁者远矣；汤有天
xià　xuǎn yú zhòng　jǔ yī yǐn　bù rén zhě yuǎn yǐ
下，选于众，举伊尹，不仁者远矣。"

lún yǔ　yán yuān
——《论语·颜渊》

【解读】

樊迟问怎样才能达到仁的境地。孔子说:“爱护众人。”又问怎样才能达到智的境地。孔子说:“明察人的善恶。”樊迟没明白。孔子说:“举用正直的人,来管理那些邪伪不正的人,就能使邪曲的人也正直起来。”樊迟退出后,见到子夏,说道:“刚才我去见先生,向他请教什么是‘智’,他说:‘举用正直的人,来管理那些邪曲的人,就能使邪曲的人也正直起来。’这是什么意思?”子夏说:“这话含意太深广了!舜有了天下,在众人中选用皋陶做他的臣子,那些不仁的人也就远离了;汤有了天下,在众人中选用伊尹做他的相,那些不仁的人也就远离了。”

【人生智慧】

这里,我们先来了解战国时期一段有趣的历史,并认识一下当时的一位明君——赵襄子:

话说智伯率领赵国、韩国和魏国的军队攻打范氏和中行氏,消灭了他们。休整了几年之后,智伯派人到韩国索要土地。韩康子不想给他,段规进谏说:“不可以不答应他。智伯的为人,贪图利益而又凶狠暴戾,他派人前来索要土地,如果我们不答应,他一定会派兵攻打韩国。大王还是答应他吧。给了他土地以后,他就形成习惯了,就又会向别的国家索要土地,要是别的国家不听他的,他就必定会派兵进攻;这样一来,韩国就可以避免战争的祸患，又可以等待事情的发展变化。”韩康子说：“好主意。”便派使者送给智伯一个拥有一万户人家的城邑。智伯很高兴，又派人到魏国索要土地，魏宣子不想给他。赵葭进谏说：“他从韩国索要土地，韩国给了他。从魏国索要土地，如果魏国不给他，这就是魏国依仗自己国力强大，从而激怒智伯。这样一来，他必然要派兵进攻魏国，不如给他土地。”魏宣子说：“好吧。”于是派人送给智伯一个拥有一万人家的城邑。智伯很高兴，又派人到赵国，索要蔺、皋狼等地，赵襄子不给他。智伯暗地里勾结韩国和魏国，准备进攻赵国。

赵襄子召来张孟谈，告诉他说：“智伯的为人，表面上跟人很亲近，内心里却很疏远，他多次派人到韩国和魏国去，而不跟我结交，他一定会派兵进攻我的。如今我住到哪里才行？”张孟谈说：“董安於是先君赵简子手下很有才干的大臣，终身治理晋阳，后来尹铎也遵循了他的政策，他们的政治教化一如既往，大王可以定居晋阳。”赵襄子说：“好吧。”于是派延陵生率领兵车和骑兵先来到晋阳，赵襄子跟随在他们后面。到达晋阳后，赵襄子巡视那里的城郭，清点国库，视察粮仓，召来张孟谈说：“我们的城郭完好，国库里的物资充足，粮仓里存满粮食，但是没有箭该怎么办呢？”张孟谈说：“我听说董安於治理晋阳的时候，宫室建筑的墙壁，都是用芦荻、蒿草、荆条等修筑的，它们高达一丈，大王可以把它们拔出来制造成箭。”于是拔出来试了试，它们比上等的竹子还要结实。赵襄子说：“箭已经足够了，但是我们缺少铜怎么办？”张孟谈说：“我听说董安於治理晋阳的时候，宫室的建筑，都是冶炼铜铸造的柱子底座，把它们掘出来用，那么铜就有着落了。”赵襄子说：“好的。”于是，号令都确定了，防守的器械也准备就绪了。

智伯与韩国、魏国的联军逼近晋阳，与赵国军队开战，三个月不能攻克晋阳，于是部署兵力将晋阳包围起来，决开晋水计划淹没它。晋阳被围困了三年，城中的军民修筑巢穴居住，将锅悬挂起来做饭，钱财和粮食都要用光了，士卒身体瘦弱。赵襄子对张孟谈说：“粮食匮乏，财力殚尽，士大夫患病在身，我不能坚守了，打算带领晋阳军民投降，怎么样？”张孟谈说：“我听说，如果国家濒于灭亡而不能保全它，陷入危险而不能转危为安，那就用不着看重智士了。大王放弃投降的打算，不要再提了。请让我去拜见韩国和魏国的君主。”赵襄子说：“好吧。”

张孟谈暗地里前往拜见韩国和魏国的君主，对他们说：“我听说唇亡齿寒，如今智伯率领两位大王的军队进攻赵国，赵国很快就会灭亡了。赵国灭亡后你们两位的国家也会接着灭亡的。”两位君主说：“我们知道会是这样的。但智伯的为人，内心残酷，很少亲近别人，假如我们的谋划还没有实施就被他知道了，那他必定会攻打我们，怎么办呢？”张孟谈说：“计谋从两位大王的嘴里说出来，进入我的耳朵，别人不会知道的。”两位君主就跟张孟谈密谋暗中串通三国军队，跟他们约定好进攻智伯的日期。当天夜里，张孟谈就回到了晋阳。张孟谈把这件事报告给赵襄子，赵襄子冲他拜了两下表示感谢。

张孟谈于是去谒见智伯，出来的时候在辕门外遇见智过。智过进去拜见智伯说："韩国和魏国的君主恐怕会有变故。"智伯问："怎么了？"智过回答说："我跟张孟谈在辕门外相遇，他一副趾高气扬的样子。"智伯说："不会的。我跟两位君主约定好了，攻破赵国后共同瓜分它的土地，我亲自跟他们约定的，他们一定不会欺骗我。你算了吧，别说了。"智过去见韩国和魏国的君主，回来劝说智伯道："他们两位君主的神色不对，主意改变了，一定会背叛您，不如现在就杀了他们。"智伯说："我们的军队包围晋阳已经三年了，马上就会攻克它，随后就能分享利益，他们怎么会有二心？杀了他们是不行的，你千万别再提了。"智过说："如果不杀掉他们，那就亲近他们。"智伯说："怎么亲近他们？"智过说："魏宣子的谋臣叫赵葭，韩康子的谋臣

叫段规，这两个人都能改变他们君主的计划。您可以跟他们约定，攻克赵国后就分别赏赐给他们两人一个拥有一万户人家的城邑。如果这样，两位君主的心就可以不变了，您也能如愿以偿了。”智伯说：“攻克赵国后三家共同瓜分它的土地，再分别赐给他们二位每人一个拥有一万户人家的城邑，那我所能得到的就很少了，不行。”智过见智伯不采纳自己的主张，不听自己的话，就出来了，将自己的姓改成辅，离开了。

张孟谈听说这件事后，进去拜见赵襄子说：“我在辕门外遇见智过，他看起来有怀疑我的意思。他去见智伯，后来就更改了自己的姓氏。今天夜里我们不进攻，就失去机会了。”赵襄子说：“好吧。”于是派张孟谈去见韩国和魏国的君主，跟他们约定当晚行动，杀死了把守河堤的官吏，决开晋水大堤淹没智伯的军队。智伯的军队因为救水而大乱，韩国和魏国的军队从两边进攻他们，赵襄子率领军队从前面进攻，大败智伯的军队并且活捉了智伯。

智伯自己丧命，国家灭亡，领土被瓜分，成为天下人的笑料，这都是因为他贪得无厌。

从上面的故事，我们可以看出，张孟谈策划奇计，出其不意，攻其不备，因帮助赵襄子而立下巨功，成为无可非议的功臣。按说，张孟谈理应接受最高奖赏了。

事实上，受到最高嘉奖的，并非张孟谈，而是另有其人。这位神秘人物到底是谁，又是凭什么得到最高奖赏呢？

原来，赵襄子突围以后，嘉奖五位功臣，赫然位居第一的竟然是一位名叫高赦的人。连张孟谈都感到十分不解地问：“晋阳一战，高赦并没有立下什么显赫的大功，为什么行赏的时候，却把他排在第一位？”

赵襄子回答说：“我的江山社稷陷入危急存亡时刻，我处在焦虑忧郁之中，与我交往仍然不失君臣之礼的，只有高赦一人。我因此把他排在第一位。”

孔子听了这件事，说：“赵襄子可谓善于行赏啊！赏赐了一个人，而天下为人臣者都不敢对君主失礼了。”

赵襄子真是善于行赏啊，从此以后，所有臣子都以高赦作为表率，这就是榜样的力量，也是“举直错枉”的真意。

八十四 当仁不让于师

【经典】

zǐ yuē dāng rén bù ràng yú shī
子曰:“当仁,不让于师。”

lún yǔ wèi líng gōng
——《论语·卫灵公》

【解读】

孔子说:“面临着应做的仁德之事,自己要勇于担当,即便是对自己的老师也不谦让。”

【人生智慧】

古希腊哲学家亚里士多德有一句至理名言——“吾爱吾师,吾更爱真理”,跟孔子倡导的“当仁不让”,有异曲同工之妙。

台湾新闻界最出色的记者之一，曾获我国台湾地区新闻界最高奖项“吴舜文新闻奖”的女记者张平宜，突然放弃了优越生活，走进令人闻风丧胆的深山里的麻风村，一待就是十年。

此前，她曾经是台湾《中国时报》的资深记者，住别墅，有佣人，开跑车。她记者生涯中做的最后一个专题，是跟着国际救援组织到麻风村考察。正是这次考察，改变了她自己的一生和原本更多贫困无望的麻风村家庭。

十二天探访四川、云南边缘的六个麻风村，深入中国最偏远最底层社会，穷山恶水，路程艰辛，连续几天没有条件洗澡。

采访结束后，麻风村的影子却从此在她脑海里挥之不去。麻风村的孩子们99%都是健康的，但他们与世隔绝，没有身份，没有未来。一个母亲的天性，让张平宜对麻风村的孩子生出无限悲悯。她做出一个郑重的决定——帮助孩子们回归社会，让孩子们读书。

她听说四川凉山彝族自治州北部的越西县麻风村有所特别的小学——大营盘小学后，二话不说，她先把自己的孩子交给母亲和丈夫照料，然后收拾行李直奔凉山。当时，在那所特别的小学，唯一的老师王文福领着学生们，站在村口的冷风里等她。孩子们的脸是黑的，衣服是破的，不会讲普通话。学校只是水塘边两间摇摇欲坠的破房子，全部校产就是几扇只有铁丝不见玻璃的木窗、两块嵌在墙上的黑板、两张讲桌和十七套破桌椅。而学校唯一的老师，因为家庭困难，打算过完年就外出打工。

张平宜能做的,是赶紧劝老师不要走,承诺她会想办法建小学。

为了筹集款项,回到台湾后,她卖蜡烛、写书、演讲,到处奔波,终于带着募得的100万元新台币回到大营盘,建了小学的第一批新教室。

因为长期与世隔绝、营养不良,大营盘的孩子都长得瘦小,张平宜特地规划了厨房,还培训厨工,为孩子们提供营养午餐,保证孩子们每天可以吃上一顿肉。

比吃饭更难以面对的,是卫生。孩子们身上满是跳蚤和虱子,因为长期不洗澡,身上的污垢已融到皮肤里,肮脏脆弱的皮肤稍微用力划一下就会血迹斑斑。张平宜努力让孩子们洗上澡。

张平宜住在学校里,还成了孩子们的辅导老师。她教孩子们讲普通话,给孩子们修改作文,并邀请我国台湾地区的志愿者、大陆一些大学的教授和学生,还有外国人,到学校来参观交流,给孩子们提供更多学习的机会。

因为担心传染,麻风村的孩子们到正常的中学读书通常会被拒绝。张平宜又多方斡旋,让大营盘小学毕业的孩子能够正常升到初中就学,这是麻风村孩子回归社会和过上正常生活的第一步。更为可贵的是,张平宜还帮助这些来自深山里的孩子规划未来。

无独有偶,有一位可敬的麻风病院的医生李桂科,也在为麻风病患者和他们的子女奉献着自己的热情。李桂科不但为麻风病患者们寻求致富的项目，提高患者家庭的收入，改善患者家庭的生活，还常常陪老年患者们聊天，给他们理发、剪指甲、泡足、洗衣服、洗被子，甚至为老人送终。更令人敬佩的是，为解决患者子女的就学问题，李桂科也苦心办学。如今山石屏村里已经出了 5 个大学生、1 个研究生，在村外治疗的麻风病患者子女中共出了 9 个大学生。

李桂科就职的曾被外界抛弃的麻风疗养院已成“幸福院”。李桂科也被人们称为“最美医生”。有人为李桂科编了一段调子，在村里传唱：“罗山巍巍入云霄，李桂科的恩情比山高；漾水滔滔向南流，流不尽李医生关爱的暖流……”

张平宜，李桂科，以及无数为了最弱势的群体默默努力的斗士，身体力行了“当仁不让”，值得我们学习和敬仰。

八十五　仁以为己任

【经典】

zēng zǐ yuē shì bù kě yǐ bù hóng yì rèn zhòng ér dào yuǎn rén yǐ wéi jǐ rèn bù yì zhòng hū sǐ ér hòu yǐ bù yì yuǎn hū

曾子曰："士不可以不弘毅，任重而道远。仁以为己任，不亦重乎！死而后已，不亦远乎！"

lún yǔ tài bó

——《论语·泰伯》

【解读】

曾子说："一个士人，心胸不可以不宽大，意志不可以不刚强坚忍；因为他担当的责任重大，行走的路程长远。把行仁道视为自己的责任，这责任不是很重大吗？一辈子坚守仁道，一直到死，这路程不也是很长远吗？"

【人生智慧】

战国末期楚国著名诗人屈原，是中国历史上第一位伟大的爱国诗人，中国浪漫主义文学的奠基人，被誉为“中华诗祖”“辞赋之祖”。屈原出身楚宗室贵族，少时受过良好教育，博闻强识，志向远大。

屈原也是楚国重要的政治家，早年受楚怀王信任，任左徒、三闾大夫，兼管内政外交。他提倡“美政”，主张对内举贤任能，修明法度。因为遭到贵族保守势力排挤毁谤，屈原受到君主疏远，一度被流放沅湘流域。

公元前 303 年，齐、韩、魏三国联合进攻楚国。楚国向秦国求救，还把太子送到秦国做人质。第二年，楚太子杀了秦国大夫逃回楚国，秦国以此为借口，联合齐、韩、魏攻打楚国，杀死楚将唐昧，占领了重丘。次年秦军又进攻楚国，消灭楚军两万，杀死楚将景缺。

楚国连遭重创，这时昏庸的楚怀王才想起齐楚联盟的重要，派太子到齐国做人质以求齐楚联盟反秦。公元前 299 年，秦国又攻打楚国，夺取楚国八座城邑。趁这形势，秦昭王“邀请”怀王在武关相会。屈原力劝怀王不要赴会，说：“秦，虎狼之国，不可信，不如无行。”

可楚怀王的幼子子兰怕失去秦王欢心，竭力怂恿怀王前去赴会。结果怀王一入武关，就被秦军扣留，劫往咸阳。秦国要挟楚王割让巫郡和黔中郡。

楚怀王被劫往咸阳后，楚国从齐国迎归太子横，立为顷襄王，公子子兰为令尹。楚国不肯向秦国割让土地，秦国又发兵攻楚，大败楚军，斩首五万，夺取十六城。公元前 296 年，即顷襄王三年，楚怀王死于秦国。

公元前 294 年到公元前 279 年，屈原两次被流放到荒僻地区，时间长达十六年。在这期间，屈原化悲愤为力量，写下《九章》等大量著名的优秀诗篇。

楚王的妥协退让，并没有让秦国感到满足。楚顷襄王十九年，秦将司马错率军攻打楚国，楚国被迫割让上庸、汉北的土地；第二年，秦将白起进攻楚国，夺取邓、西陵等地；顷襄王二十一年，白起一举攻下郢都，顷襄王狼狈逃难。

在极度苦闷、完全绝望的心情下，屈原于农历五月五日投汨罗江自尽。这一年，屈原大概 62 岁。

“路漫漫其修远兮，吾将上下而求索”，屈原的诗句，很好地概括了自己的一生。这是为了理想努力追求、九折不屈、百死不辞的一生，也正是“仁以为己任”的一生。

八十六 勇者不惧

【经典】

zǐ yuē zhì zhě bù huò rén zhě bù yōu yǒng zhě bù jù

子曰："知（智）者不惑，仁者不忧，勇者不惧。"

lún yǔ zǐ hǎn

——《论语·子罕》

【解读】

孔子说："聪明的人不会感到疑惑，仁德的人不会心存忧虑，勇敢的人心中无所畏惧。"

【人生智慧】

孔子的仁和智，是众所周知的。至于孔子的勇，却容易被人所忽略。而事实上，孔子身上，是仁智勇并存的。孔子的勇，不是简单的强悍或猛烈,而是在仁与智指导下的勇。

且看发生在孔子身上的一个真实的故事:

大约公元前500年,在孔子担任司寇的时候,齐鲁两国有过一次会盟,即夹谷会盟。在这次会盟上,孔子为鲁国争得了一次外交上的重大胜利。

当时齐鲁两国的形势是,鲁国在孔子辅佐治理下,蒸蒸日上,齐国担心鲁国过分强大会威胁到自己,于是齐国派使者向鲁定公约定夹谷会盟,名义上为友好,实想借此设计打压鲁国。

刚刚当上司寇的孔子作为鲁定公的相礼参加盟会。会盟之前,孔子作了认真的研究与准备。他建议鲁定公派一支精干的卫队,因为孔子深知文事要配武备、武事要配文备的道理。鲁定公听从孔子的建议,精选组建了一支强有力的卫队。

齐国大臣犁弥认为孔子不过一介文人,柔弱胆怯,如果派夹谷当地的莱人用武力劫持鲁侯,孔子一定会束手无策,只得乖乖接受齐国的条件。

会盟那天,齐侯由晏婴陪同,鲁侯由孔子陪同,来到夹谷。夹谷已经设起盟坛,排了席位,修了三级台阶。鲁定公与齐景公相互作揖谦让着登上盟坛。双方先是宴饮献酬,然后齐国一位官吏快步走上来,说:“请演奏四方乐舞。”齐景公点头赞同。于是莱人就挥着旗子,舞着羽毛,握着矛戟剑盾,敲着皮鼓,高声呐喊着表演起来。一边表演,一边慢慢向鲁定公靠近。

孔子见状，快步向前，一步跃上两个台阶，挥着袖子，说："两国君主在此友好盟会，为什么让他们到这儿来？这样做是违反礼仪的。请下令撤走。"齐景公心虚尴尬，有些愧疚，而且发现孔子也不像自己想象的那样胆小怕事、听人摆布，他只好挥手示意莱人退下。

不一会儿，齐国官吏又快步走上前，说："请演奏宫中的舞乐。"齐景公又同意了，一些特型艺人便嬉笑着上前表演。孔子见状，还是感觉不妙，立刻快步向前，一步跃上两个台阶，严厉地说："好酒器不出宫门，好音乐不在野外演奏。为何用低等的音乐侮辱君主，特型艺人胆敢蛊惑诸侯，应该诛杀！"自知失礼也失利的齐国，只好依从孔子。

齐景公内心受到震动，也感到恐惧。他知道这次既输了

理，又失了礼。回国后，他批评群臣道："鲁国的臣子用君子之道来辅佐君主，而你们呢？害得我得罪了鲁君。这下反倒弄巧成拙，怎么办？"有个机灵的官吏回答道："君子犯了过错就用实际行动来道歉，小人有了过错就用花言巧语来道歉。您若真觉得对此感到抱歉，而且恐惧，那就用实际行动道歉吧。"

于是，齐景公按照孔子所提的要求，把以前占领的鲁国的土地还给了鲁国，以示歉意。

在这次盟会中，孔子凭着自己的果断和勇敢立了大功，使鲁国在强齐面前赢得了体面，并且收回了失地。

八十七　见义勇为

【经典】

zǐ yuē　fēi qí guǐ ér jì zhī　chǎn yě　jiàn yì bù wéi

子曰："非其鬼而祭之，谄也。见义不为，

wú yǒng yě

无勇也。"

lún yǔ　wéi zhèng

——《论语·为政》

【解读】

孔子说："不该自己祭祀的鬼神，却去祭祀，就是谄媚。看到应该做的事，却不去做，就是没有勇气。"

【人生智慧】

孔子的弟子仲由，字子路，是见义勇为的典范。子路曾经在卫国执政大臣孔悝家做家臣，对孔悝忠心耿耿。公元前 480 年，卫出公与父亲蒯聩争夺王位的斗争出现了新情况。

因为卫国人蒯聩的姐姐伯姬，也就是孔悝的母亲，在丈夫去世后与仆人浑良夫私通。浑良夫做了亏心事后，心怀忐忑，担心事情暴露会被杀头问罪。此事恰好被蒯聩知道了，蒯聩便设计利用浑良夫的焦虑不安来谋得王位，取代卫出公。蒯聩威逼利诱浑良夫，对他许诺，只要他肯帮助自己取得王位，便赦免浑良夫三次死罪，并且还赐给他大夫的爵位。浑良夫答应了蒯聩的要求，帮助他胁迫孔悝以支持蒯聩称王。

那年的闰十二月，蒯聩偷偷从戚邑来到伯姬家，由伯姬带着去找孔悝，手持长枪逼迫孔悝盟誓与他为伍，后又押着孔悝登上孔家高台，让卫出公明白孔悝已经倒向蒯聩一边。卫出公得知孔悝已被蒯聩控制，只好逃到鲁国去。

忠诚英勇的子路听说自己的主人孔悝被挟持，不顾一切赶去救援，路上与在卫国做大夫的同门——孔子另一弟子子羔相遇。子羔劝阻他道："你不必管这些政权争斗，赶快走吧，别去白白送死！"

子路却慷慨激昂地说："我吃着孔家饭，不能只顾自己逃命，丢下主人不管。"子路冲到孔家高台下，冲台上大喊："你何必扣留孔悝！即使杀了孔悝，还会有别人来阻止你！我要烧高台了，等我把台子烧掉一半，看你放不放人！"

蒯聩听了这番话，气得要死，派猛士到台下去杀子路。子路寡不敌众，斗了几个回合后，被刺中要害，倒在血泊里。

子路奄奄一息，却缓缓地坐起来，理理头发，把头盔戴好，结好帽缨，说：“君子即便死了，帽子也不能斜戴着。”

众人被子路的举动惊呆了。

孔子在鲁国听说卫国的政变，自然想到了子路、子羔这两个在卫国服务的弟子。他为此忧心忡忡，寝食不安，总是念叨：“柴也其来，由也死矣！”

最了解自己弟子的，莫过于老师了。孔子熟悉每位弟子的个性，他深知子羔不会参与到政变中，他多半会逃回鲁国；而子路，为人最讲义气，绝对不会丢下孔悝自己逃生，所以多半性命难保。几天后，孔子的预料完全得到了验证，子羔回来了，而子路的死讯也传来了。

孔子放声痛哭，吩咐弟子们在中庭祭奠子路。听说子路死后还被剁成肉酱，更是悲伤欲绝。孔子老年丧子，又接连失去心爱的弟子，白发人送黑发人，情何以堪。没过多久，孔子病倒，随即辞世。

子路虽然常常逞“暴虎冯河”的匹夫之勇，但总是牢记孔子“临危不惧、见义勇为”的教导，满腔英雄气概。

第八编　孝悌之道

八十八　孝弟者，人之本

【经典】

yǒu zǐ yuē qí wéi rén yě xiào tì ér hào fàn

1. 有子曰："其为人也孝弟(悌)，而好犯

shàng zhě xiǎn yǐ bù hào fàn shàng ér hào zuò luàn zhě wèi zhī yǒu

上者，鲜矣；不好犯上，而好作乱者，未之有

yě jūn zǐ wù běn běn lì ér dào shēng xiào tì yě zhě

也。君子务本，本立而道生。孝弟(悌)也者，

qí wéi rén zhī běn yú

其为仁之本与！"

lún yǔ xué ér

——《论语·学而》

zǐ yuē fù mǔ zhī nián bù kě bù zhī yě yī zé yǐ

2. 子曰："父母之年，不可不知也。一则以

xǐ yī zé yǐ jù

喜，一则以惧。"

lún yǔ lǐ rén

——《论语·里仁》

【解读】

1.有子说:“能够孝顺父母,敬事兄长,却容易冒犯上级的人,是不多见的。不喜欢冒犯上级,却爱作乱的人,就更不会有了。君子凡事讲求根本,根本建立了,一切做人的道理就由此而生了。孝顺父母,尊敬兄长,这应该是仁的根本吧!”

2. 孔子说:“父母的年纪不能不时时记在心里:一方面因(其高寿)而欢喜,另一方面又因(其寿高)而有所忧惧。”

【人生智慧】

春秋时期,孔子的弟子子路,人们都知道他十分直率勇敢,但很少有人知道,他还是一个大孝子。子路早年家中贫穷,自己常常到山上去采野菜充饥,却从百里之外背米回家侍奉双亲。父母死后,他做了官,有一次奉命到楚国去,随从的车马有百乘之众,所积的粮食有万钟之多。子路坐在累叠的锦褥上,吃着丰盛的筵席,常常怀念双亲,慨叹说:“即使我想吃野菜,再为父母亲去背米,哪能再有那样的机会呢?”孔子听说后,赞扬子路说:“这样侍奉父母,可以说是生时尽力、死后思念啊!”

汉代汝南(今属河南)人蔡顺,从小就十分孝顺自己的母亲。当时正值王莽之乱,又遇上大饥荒,年成不好,柴米昂贵,蔡顺只得拾桑葚供自己和母亲充饥。一天,正在拾桑葚的蔡顺遇到了赤眉军，有个士兵向他厉声问道:“为什么把红色的桑葚和黑色的桑葚分开装在两个篓子里？”蔡顺回答说:“黑色的桑葚较甜,供老母食用;红色的桑葚还酸,自己吃。”赤眉军怜悯他的孝心,便送给他三斗白米,一头牛,让他带回去供养他的母亲,以示敬意。

历史上另一个有名的大孝子，是汉代的黄香。黄香九岁时,母亲不幸去世,小小年纪的黄香便懂得孝敬父亲。炎热的夏天,他就把父亲睡的枕席扇凉,赶走蚊子,放好帐子,好让父亲能睡得舒服;严寒的冬日,床席冰冷,黄香总是先用自己的身体把被子捂热后，再请父亲睡到温暖的床上，唯恐父亲受凉。

黄香不仅以孝心闻名,而且刻苦勤奋,博学多才,受到当时皇帝的赏识,皇帝还赐封给他八个字——“江夏神童,天下无双”,并任他为郎中,特许他在皇帝的书房阅读大内藏书。

晋朝时,有一对姓吴的兄弟,住在丹阳郡官署后面。兄弟俩的母亲过世了,两人顿足号哭,哀恸欲绝。

当时韩康伯治理丹阳,他母亲住在郡府中,听到吴家兄弟的哭声如此哀伤,就对韩康伯说:“你如果为朝廷选任官员,要找机会选拔任用这俩兄弟。”

后来韩康伯出任选拔官吏的官职，这时吴家哥哥已经死了,弟弟受到了重用。

这个故事展示了双重孝道。一是吴氏兄弟对自己母亲的孝心,感动了韩康伯的母亲,所以老太太才对儿子提出举荐吴

孝弟者，人之本

母亲过世，哥俩大哭

家兄弟的建议，尊重孝道的人在政治上也往往是可靠的；韩康伯听从了母亲的建议，举荐吴氏弟弟，也体现了韩康伯的孝心。

八十九　父母唯其疾之忧

【经典】

mèng wǔ bó wèn xiào　zǐ yuē　fù mǔ wéi qí jí zhī yōu

孟武伯问孝。子曰："父母唯其疾之忧。"

lún yǔ　wéi zhèng

——《论语·为政》

【解读】

孟武伯向孔子请教孝道。孔子回答说："孝子最为父母的疾病担忧。"

【人生智慧】

生活中我们常看到这样的画面：做父母的看到孩子生病，会赶紧带孩子去看病，然后不停地问孩子："哪里不舒服？""想吃什么啊？"心焦得恨不得自己替孩子受罪。可是父母在含辛茹苦地把孩子抚养成人后，自己却不知不觉地年老体衰了。这时候，孩子长大成人，成天忙于自己的工作学习，又有几个人像当年父母照顾自己一样悉心照顾父母呢？正应了那句话——痴心父母古来多，孝顺子孙谁见了？

不过，历史上，确有先人给我们树立了榜样：

汉文帝即位后，励精图治，兴修水利，衣着朴素，废除肉刑，使汉朝进入安定的时期。这一时期，汉朝境内存在诸侯王国势力过大以及匈奴入侵中原等问题。对待诸侯王，汉文帝采取以德服人的措施，力求让百姓少受战争之苦，所以当时百姓小康。汉文帝与其子汉景帝统治时期，政治宽松，百姓安居乐业，被合称为“文景之治”。

汉文帝刘恒最令后世感动的，也许还是他亲尝汤药的故事：

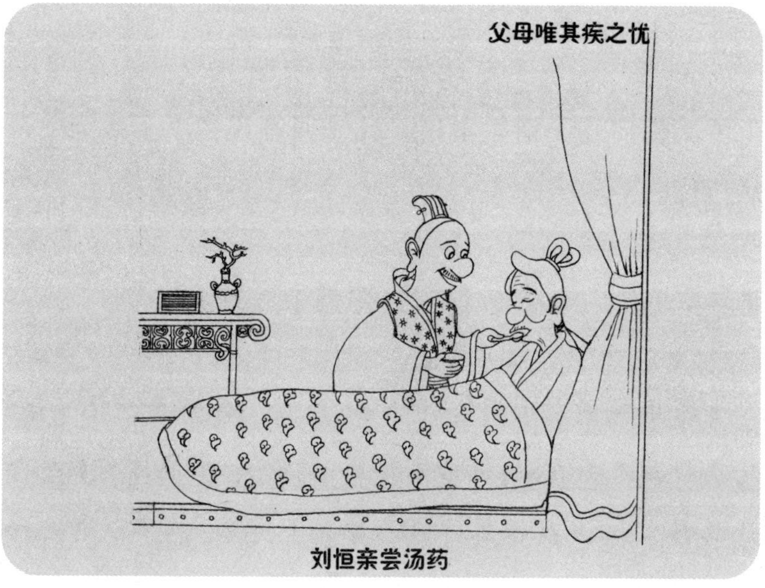

刘恒亲尝汤药

刘恒对他的母后很孝顺,从不怠慢。有一次,母亲患了重病,卧床不起,一病就是三年。刘恒三年如一日,亲自为母亲煎药汤,每次煎完,自己总要先尝一尝,试试汤药苦不苦、烫不烫,觉得差不多了,才给母亲喝,并且日夜守护在母亲病床前。每次看到母亲睡了,才趴在母亲病床边睡一会儿。在他的悉心照料下,三年后母亲终于康复。

刘恒孝顺母亲的事,在朝野广为流传。人们都称赞他的仁孝,并把他的故事列为二十四孝的第二孝世代流传。有诗颂曰:

仁孝闻天下,
巍巍冠百王。
母后三载病,
汤药必先尝。

九十　身体发肤，受之父母

【经典】

shēn tǐ fà fū shòu zhī fù mǔ bù gǎn huǐ shāng xiào zhī shǐ yě

身体发肤，受之父母，不敢毁伤，孝之始也。

xiào jīng kāi zōng míng yì zhāng

——《孝经·开宗明义章》

【解读】

身体、毛发、皮肤，都是父母给的，保护自己的身体不受损伤，是尽孝的基础。

【人生智慧】

晋代有个叫范宣的人，自小刻苦自励，后来博通典籍，精于“三礼”，在江南传经授业，学徒广众，在儒学的传播及古代丧仪的规定方面，对后世都产生了深远的影响。唐人评论他说："宣子之乐道安贫，弘风阐教，斯并通儒之高尚者也。"

范宣自幼便喜隐遁。晋成帝咸和元年，太尉郗鉴任他为主簿，朝廷征召为太学博士、散骑郎，他都拒而不就。太守殷羡见其茅屋破陋，要给他修建新屋，也被婉辞拒绝。范宣简朴廉洁，豫章太守曾送给他一百匹绢，他不接受。减到五十匹，还是不接受。就这样依次减半，最后减到只有一匹，他也始终没有接受。豫章太守后来和范宣同乘一辆车，拿了两丈绢给范宣，说："一个人难道要让老婆没有裤子穿吗？"范宣才笑着接受了。

范宣的孝心在历史上也是出了名的。父母死后，他背土成坟，在墓侧结庐而居，以尽孝道。《世说新语》中还记载，范宣八岁的时候，在后园挖菜，不小心伤了手指头，就大哭起来。有人问他："疼吗？"范宣回答："不是疼，是因为身体发肤受之父母，我不敢伤毁，所以才哭啊。"

老子曾说过，身为大国之君，怎能轻视生命，轻率躁动地治理天下呢？轻率就会失去根本，躁动就会失去主体。

战国时期，韩魏两国为攫取土地而争战不休。子华子去拜见韩国国君昭僖侯，只见昭僖侯正因为战事深锁愁眉，十分忧虑。

子华子对昭僖侯说："假如现在天下人在您面前立下誓约，约定您可以获取天下，但是用左手去取，左臂就会被砍掉；用右手去取，右臂就会被砍掉。但是只要去取，就一定能得到天下。您会去取吗？"

昭信侯回答说:“寡人不取。”

子华子说:“非常好。由此看来,两只手臂比天下更宝贵。而毫无疑问,生命是比手臂更宝贵的;韩国与天下相比,当然整个天下更为宝贵。而如今韩国与魏国争夺的这块土地,又远不如韩国宝贵。您何必为此而愁眉深锁、伤了身体呢?”

昭信侯听了,心情一下子轻松起来,高兴地对子华子说:“说得好!这么多人开导过我,却从没人讲过这样的话。”子华子可谓真正懂得轻重的人。

身体发肤,受之父母。我们要好好爱惜自己,珍惜自己的生命健康!健康是一切幸福与快乐之本源。

九十一 孝哉闵子骞

【经典】

zǐ yuē xiào zāi mǐn zǐ qiān rén bù jiàn yú qí fù mǔ kūn

子曰:“孝哉闵子骞!人不间于其父母昆

dì zhī yán

弟之言。”

lún yǔ xiān jìn

——《论语·先进》

【解读】

孔子说:“闵子骞真是孝顺呀,没人对他爹娘兄弟称赞他的话有异议。”

【人生智慧】

《庄子》中说:“亲父不为其子媒,亲父誉之,不若非其父者也。”就是说,父亲不能为自己的儿子做媒人,因为父母总是看不到自己孩子的缺点,不管孩子怎样,都会觉得他很完美。所以父亲做媒,人家就难以相信他说的话。

但是对于闵子骞,孔子却说没有人会对闵子骞的爹娘兄弟称赞他的话有异议,这是为什么?

闵子骞是春秋时人,他母亲去世很早,父亲娶了继母后,又生了两个弟弟。后母对他十分不好,常常虐待他。冬天,后母用芦花代替棉花给他做衣服,而给两个亲生儿子用的是又软又暖的新棉花。芦花做的衣服看起来很厚实,但是不保暖。

一天,父亲带闵子骞外出,父子俩驾车一同出行。因为天气太冷,衣服又不保暖,他冻得瑟瑟发抖。父亲见状很生气,衣服已经穿得这么厚,还在发抖,以为他是在偷懒不好好干活。一气之下,就拿起鞭子抽打闵子骞。结果鞭子打下去,衣服破

了，芦花飞出来。父亲这才明白了，原来是后母虐待自己的孩子。父亲很生气，回到家里，立即就要把继室休掉。

可闵子骞对后母非但不记恨，反而有些同情。他觉得不能因为这么一件小事就休掉后母，于是，他跪下来，对父亲说：求你不要赶后母走吧。毕竟还有两个小弟弟呀！母在一子寒，母去三子单。有母亲在，只有我一个人寒冷；如果母亲走了，我和两个弟弟都会挨饿受冻的。

虽然受到后母的虐待，闵子骞至诚的孝心却丝毫不减，而且还想到兄弟和家庭的和乐。这份孝心让他的父亲息怒，这份孝心也让他的后母惭愧。

闵子骞真诚的孝心转化了家庭的恶缘，使家庭从此幸福和乐。“亲憎我，孝方贤。”我们时时处处想着“德未修”，所以“感未至”，真诚就能永不忘失。

第九编　治国之道

九十二　其身正，不令而行

【经典】

zǐ yuē　qí shēn zhèng　bù lìng ér xíng　qí shēn bù

1.子曰："其身正，不令而行；其身不

zhèng　suī lìng bù cóng

正，虽令不从。"

lún yǔ　zǐ lù

——《论语·子路》

jìn zhī yǐ zhì　ér shēn bù xiān xíng　mín bù néng zhǐ

2.禁之以制，而身不先行，民不能止。

yàn zǐ chūn qiū　nèi piān　zá xià

——《晏子春秋·内篇·杂下》

【解读】

1.孔子说："统治者本身品行端正，他不下命令，事情也行得通。他本身品行不正，即便三令五申，百姓也不会听从。"

2.通过法令制度禁止的事情，如果统治者不能以身作则，那老百姓也不会停手不做。

【人生智慧】

商纣王造了一副象牙筷子,作为太师的箕子感到担忧。因为箕子心里清楚,有了象牙筷子,就不会使用普通的陶器,而会使用与之匹配的犀角杯或玉杯;有了象牙筷子和玉杯,就不会吃用豆子熬的素汤,而要吃牦牛、大象、豹胎之类的奇珍异味;吃牦牛、大象、豹胎,就不会穿粗布短衣,住茅草屋,而要穿华丽的织锦,住宽敞的宫室配以奢华的台榭。照这样消费下去,普天之下的东西也不够他享受,不能满足他的贪欲。箕子很害怕,觉得这样下去后果会很严重,所以从一开始就深深地担忧。

过了五年,商纣王摆设肉林,建炮烙之刑,登上酒糟堆成的山,得意地俯视酒池。商纣王残暴地杀戮臣下和百姓,最终国破身亡。

春秋时期的齐桓公,非常喜欢穿紫色的衣服。慢慢地,齐国上下,从大臣到百姓,都跟着桓公穿紫色衣服。于是紫色布料的价格猛涨,当时五匹素的价格还赶不上一匹紫色的布。

齐桓公为此深感忧虑,他对大臣管仲说:“因为我爱穿紫衣服,弄得全国上下都喜欢穿紫衣服,紫色布料现在贵得离谱,价格还一天一天往上涨,停都停不下来,我该怎么办?”管仲说:“君王想要制止这种状况,自己先带头不穿紫衣服不就

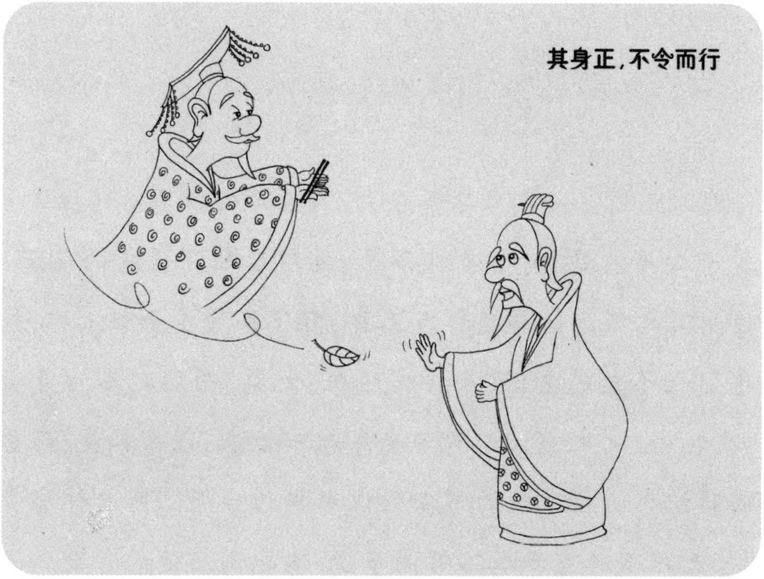

得了？您就对近侍说：‘我现在特别厌恶紫衣服的气味。’如果在这个时候近侍中恰巧有穿紫衣服进见的，您一定要说：‘稍微退后一点，我厌恶紫衣服的气味。’”桓公说：“好吧。”就照着去做了。结果，在一天之内，君主的侍从官就没有一个穿紫衣服的了；到第二天，国都中就没有一个人穿紫衣服了；到第三天，整个齐国境内都没有一个人穿紫衣服了。

历史上还有一个人，叫公仪休，他曾经做过鲁国丞相。他爱吃鱼，鲁国国都的人都争相买鱼进献给他，可公仪休一概不收。公仪休的弟弟对此很纳闷，不解地问他：“你这么爱吃鱼，人家送鱼给你，你却不收，这是为什么？”公仪休说：“正因为我爱吃鱼，我才不收。假如我收了鱼，就得在一些事上照顾那些送鱼的人；如果照顾他们，就会违背法纪；如果违背法纪，我相位也就不保了。这样的话，即便我爱吃鱼，他们也不会再给我送了，我自己呢，也没有足够的财力去买鱼吃了。而我不收鱼，就不会被免职，就算我想吃再多的鱼，我自己也能买得起啊。”韩非总结说：“公仪休这么做，是懂得靠人不如靠己，依靠别人相助，不如自助。”

一个贤明的君主，一定是简约不繁的。君主不能泄露自己的爱好，否则，就容易被别有用心的臣下所利用。据说清宫皇帝的御膳，每一餐都有多达几十甚至上百种的珍馐美味。皇帝吃饭的时候，也是每种菜肴和食品都品尝一下，即便遇到十分合乎自己口味的，也一定不能多吃。为的是避免身边的人知道他的爱好后就会投其所好，博得君主的好感，并进一步为自己谋取私利。

可见，作为一国之君，自身端正是多么重要。

九十三　不在其位，不谋其政

【经典】

zǐ yuē bù zài qí wèi bù móu qí zhèng
1.子曰：“不在其位，不谋其政。”

lún yǔ tài bó
——《论语·泰伯》

yǒu guān shǒu zhě bù dé qí zhí zé qù yǒu yán zé zhě bù dé qí yán zé qù
2.有官守者，不得其职则去；有言责者，不得其言则去。

mèng zǐ gōng sūn chǒu xià
——《孟子·公孙丑下》

zhì shì wèi bù kě yuè zhí bù kě luàn
3.治世，位不可越，职不可乱。

dèng xī zǐ wú hòu
——《邓析子·无厚》

【解读】

1.孔子说:“不在那个职位上,就不参与谋划那个职位负责的政事。”

2.有官位的人,如果无法尽其职责就应该辞官不干;有进言责任的人,如果言语不被采纳,就应该辞职走人。

3.治理国家,职位不可随意僭越,职责不能混乱。

【人生智慧】

战国初期,韩昭侯有一次喝醉酒睡着了。掌帽官怕他着凉,就给他盖上了衣服。韩昭侯睡醒后很高兴,问身边的侍从:“谁给我盖的衣服啊?”侍从回答说:“是掌帽官。”昭侯便同时处罚了掌衣官和掌帽官。

处罚掌衣官,是因为掌衣官失职,该给自己盖衣服而没有盖;处罚掌帽官,是因为掌帽官越权,盖衣服不属于他的职权范围,他却擅自盖了。

韩昭侯并非不担心受寒着凉,而是认为越权对君权和国家的危害超过了着凉。“功当其事,事当其言,则赏;功不当其事,事不当其言,则诛。明君之道,臣不得陈言而不当。”(《韩非子·二柄》)。韩非认为,君主想要禁止不正之风,就要去审核臣下的言谈和职事。君主根据臣下的言谈授予相应的职事,再根据他的职事要求他的政绩。政绩符合职事,职事符合言论的,就赏;政绩不符合职事,职事不符合言论的,就罚。这不是不喜欢大功,而是认为政绩与职位不符合的危害超过了所立的大功,所以要罚。

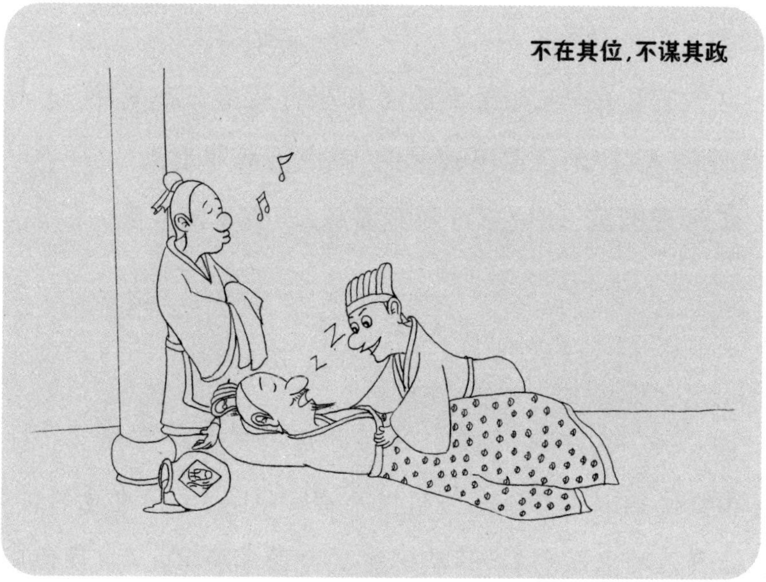

九十四 节用爱人，使民以时

【经典】

zǐ yuē dǎo qiān shèng zhī guó jìng shì ér xìn jié

子曰："道（导）千乘之国，敬事而信，节

yòng ér ài rén shǐ mín yǐ shí

用而爱人，使民以时。"

lún yǔ xué ér

——《论语·学而》

【解读】

孔子说："治理拥有一千辆兵车的国家，要谨慎地处理政事，诚信地对待人民，节省国家财用，爱护百姓，征调百姓服役要依循农时。"

【人生智慧】

隋炀帝刚刚登基不久，就下诏大兴土木，每月调集二百万人,每月劳累而死的人接近百万。为了巡幸江南,他又下令开凿大运河,百姓死伤无数。隋炀帝只顾自己讲究排场,极尽奢华享受,完全不体恤爱惜百姓。他没有意识到,如果没有百姓,自己给谁做君主呢?因而,他最终难逃覆亡命运。

无独有偶,在欧洲历史上,也有一位穷奢极侈的皇帝——法国国王路易十四。路易十四执政的时候,大肆搜刮国内财富,修建卢浮宫和凡尔赛宫。要知道,修建富丽堂皇的宫殿本身并不是目的,路易十四修建精美绝伦的宫殿,旨在收藏他的稀世珍宝。当时世界上的艺术珍品,包括绘画、雕塑和其他顶级的工艺精品,只要他喜欢的,都努力搞到,放在宫中以供观瞻。为了聚敛钱财,路易十四倾尽法国的财力物力,撤换了几位出色的财政大臣。路易十四的宫殿里,琳琅满目,件件都是稀世珍宝。而他,路易十四,是所有财宝的主人。是的,绞尽脑汁,他得到了,拥有了。可是如今,这些财宝依然陈列在那里,却不见了当时的主人。真应了那句话——“万里长城今犹在,不见当年秦始皇。”

与此相反,汉文帝即位后,国家刚刚从战乱中统一,国力疲弱,百姓困顿。汉文帝曾经打算筑一座露台,召集工匠测算了一下成本,得知需要花费百金。文帝说:“百金,相当于十户中等人家的家产了。我继承先帝营造的宫室,还常常觉得受之有愧,再建一座露台做什么呢?”于是,文帝断然放弃了修建露台的打算。汉文帝不愧为“节用爱民”的典范。他执政的时候,还下令废除了惨绝人寰的腐刑。仔细想来,这无疑也是闪耀着人性光辉的壮举啊。正是汉文帝的仁慈和博爱，待民如子，使得国家很快从战乱贫弱中恢复过来，为汉朝的强盛奠定了坚实的基础。

汉文帝珍惜民力

九十五　为政以德

【经典】

zǐ yuē wéi zhèng yǐ dé pì rú běi chén jū qí suǒ ér zhòng xīng gǒng zhī

1.子曰:“为政以德,譬如北辰,居其所而众星共(拱)之。”

lún yǔ wéi zhèng

——《论语·为政》

jì kāng zǐ wèn zhèng yú kǒng zǐ yuē rú shā wú dào yǐ jiù yǒu dào hé rú kǒng zǐ duì yuē zǐ wéi zhèng yān yòng shā zǐ yù shàn ér mín shàn yǐ jūn zǐ zhī dé fēng xiǎo rén zhī dé cǎo cǎo shàng zhī fēng bì yǎn

2.季康子问政于孔子曰:“如杀无道,以就有道,何如?”孔子对曰:“子为政,焉用杀?子欲善,而民善矣。君子之德风,小人之德草。草上之风,必偃。”

lún yǔ yán yuān

——《论语·颜渊》

【解读】

1.孔子说:“实行德政,自己便像北极星一般,在一个位置待着不动,别的星辰都环绕着它。”

2.季康子向孔子请教如何施政,说道:“假若杀掉坏人、亲近好人,怎么样?”孔子答道:“您施政,为何非要靠杀戮呢?您想把国家治理好,百姓就会好起来。统治者的德行好比风,老百姓的德行好比草,风向哪边吹,草就向哪边倒。”

【人生智慧】

纵观中国古代历史,法治似乎从来都不是主流,变法者自身也大都不得善终。力主法治的韩非死于狱中,实施变法的商鞅、吴起等,均未得善终。中国古代社会,占主流的还是德治。一般不主张通过司法解决纷争,而是力图把纠纷消灭在民间。在普遍追求“息讼”的大背景下,中国古代的法律制度并不完善健全。直到明代,学者薛瑄在其著作《读书录》中还宣称:“法者,辅治之具,当以教化为先。”中国古代,刑罚的目的更多是“杀一儆百”,起警诫作用。无独有偶,这个观点,居然能在西方找到同调。法国启蒙时期的思想家孟德斯鸠也声称:“文明国之制刑,不在惩恶,而在劝善。”

我们看看古人是怎么做的:

《泷冈阡表》是宋代文人欧阳修晚年追忆父母生前言行事

迹写成的墓道碑文。文中有一段记录了欧阳修的母亲口述欧阳修父亲当年处理案件的情形。欧阳修的父亲为官时,经常夜间秉烛阅读记录案件审讯的卷宗,常常读着读着就把卷宗扔在一边喟叹。欧阳修的母亲感到奇怪,就问他怎么了。欧父解释道:“这是个死刑案件。我想通过复核,看看能不能放他一条生路,结果找不到任何可以免除死刑的理由。”欧母追问:“可以为死刑犯争取求生的机会吗?”欧父回答道:“如果我找不出任何可以为他减免死刑的理由,那死者和我本人,就都没有什么遗憾了。假如还能找到丝毫免于一死的理由,我不尽力据理为他开脱,那犯人就会死得冤屈啊。我一贯坚持为死刑犯寻求一丝生机,最终结果还往往不能让他们免于一死。何况一般官员处理这类死刑案件,往往不加仔细鉴别就判了死刑啊。”由此可见欧父为官内心之仁厚。

欧阳修之前还有一位清正明察的有德官员,他就是孔子的弟子子羔。子羔担任卫国狱官的时候,曾经对一个犯人处以砍脚的刑罚。不久卫国发生了蒯聩企图从儿子手里夺回王位的政乱,子羔不想卷入这场争端,便从卫都出逃。

这时,城门早已关闭。按命令,士兵不得擅自打开城门。守门的刚好是那个被砍了脚的犯人。他看到子羔慌慌张张地想要逃出城门,就冲着子羔挥挥手,告诉子羔那边的城墙上有个缺口。

子羔远远地瞅了那缺口一眼,冲守门人摇摇头,说:“不行!君子不能像盗贼一样从墙上爬出去!”守门人又告诉子羔另一条路："那边还有个小洞。"子羔还是摇摇头，说："不行！君子不能像狗一样从洞里钻出去。"

缺脚的守门人见子羔如此坚决，便告诉他附近有个小房子，那儿比较安全。子羔于是躲进了小房子。追捕子羔的乱兵没发现子羔，闹哄哄地走了。

子羔出来，准备离开。临走时，他对守门人说："当年我为了执行国家法律，亲自下令砍去了你的脚。如今我处在危难之中，你正好可以报仇雪恨，可你却三次指点我逃生之路，难道你不恨我吗？你为什么要这么做呢？"

守门人的回答让子羔非常意外，又十分感动。他说："你下令砍我的脚，是我罪该如此，那是没法改变的情形。在这之前，您依据法规来审理我的案子，先处罚了别人，然后才处理我。

我知道，这是您在为我争取更多时间来考虑是否可以免除我的罪过。我心里很清楚。但是我罪行确凿，案件根据事实判决，罪名根据事实确立。行刑的时候，您心里是凄凉的，我从您的脸色上就能看出来。我也知道，您跟我并没有私情，您为要砍去我的脚而闷闷不乐，这是出自您天生的君子之道。所以，我其实对您心悦诚服，从没有怨恨过您，更没想过报仇。”

后来，孔子知道了这件事，非常肯定子羔的为官与为人。孔子说：“子羔真是善于做官啊！同样是实施法规，心存仁义，懂得宽恕，就会培植恩德；施加严刑酷罚就会招致仇怨。子羔能够真正公正无私地做事。”子羔身体力行了“为政以德”。

战国时赵孝成王的母亲赵威后，可谓深谙以德治国之道。齐襄王派遣使者问候赵威后，还没有把齐王的书信打开，赵威后就问使者道：“今年的收成还好吧？老百姓还好吧？齐王还好吧？”

使者不高兴了，说：“我奉命出使前来问候您，如今您不问候我们大王，却先问收成和老百姓怎么样，难道把卑贱的放在前面，把尊贵的放在后面吗？”

赵威后说：“不是这样的。如果收成不好，拿什么养活百姓？如果没有百姓，怎么会有国君？难道问候的时候不先问根本而先问末节吗？”然后赵威后进一步问使者道：“齐国有个叫钟离子的处士，他还好吗？这个人的为人，有粮食的人他会给他们食物吃，没有粮食的人他也给他们食物吃；有衣服的人他给他们衣服穿，没有衣服的人他也给他们衣服穿。这是帮助齐王养活他的百姓。为什么至今还没有任用他为官呢？叶阳子还好吗？这个人的为人，怜悯鳏夫、寡妇，抚恤孤儿，周济穷困的人，帮助缺少衣食的人。这是帮助齐王繁衍他的百姓。为什么至今还没有任用他为官呢？北宫家的女儿婴儿子还好吗？她摘掉玉环耳坠，一直到老都不出嫁，来奉养父母。这是带领百姓都来孝敬自己的父母啊。朝廷为什么至今都不赐封她呢？这两个士人没有任用，一个女子没有赐封，怎么能统治齐国，治理老百姓呢？於陵子仲还活着吗？这个人的为人，上不向齐王称臣，下不能料理好自己的家庭，中不结交诸侯。这是带头让百姓都无所事事。为什么到现在还不把他处死？"

作为一个君主，或者一个头领，如果不推行德政，就不会有人为他挺身而出、两肋插刀。战国时期的管燕，得罪了齐王，对他身边的人说："你们当中谁肯跟我一起去投奔别的国君？"

身边的人都默不作声。管燕涕泪涟涟地说："太可悲了！为什么士人能这么轻易地得到，却难以让他们为自己效劳啊！"

这时候，一个名叫田需的人回答说："士人在你这里一日三餐都不能吃饱，然而您家的鹅、鸭的食物却吃不完；您后宫的女人穿着各色的绫罗绸缎，拖着精美的细纱，然而您的门客还无力装饰自己衣服的边缘。况且，财富是您所看轻的，死亡是士人所看重的，您不肯把自己看轻的东西给予士人，却要求士人用自己看重的东西来侍奉您，并非是难以让士人效力啊（而是您的方法不对）。"

不推行德政，最终会失掉民心，也会败掉国家大业。

九十六　富之，教之

【经典】

zǐ shì wèi rǎn yǒu pú zǐ yuē shù yǐ zāi rǎn
1. 子适卫，冉有仆。子曰：“庶矣哉！”冉
yǒu yuē jì shù yǐ yòu hé jiā yān yuē fù zhī yuē
有曰：“既庶矣，又何加焉？”曰：“富之。”曰：
jì fù yǐ yòu hé jiā yān yuē jiào zhī
“既富矣，又何加焉？”曰：“教之。”

lún yǔ zǐ lù
——《论语·子路》

fán zhì guó zhī dào bì xiān fù mín mín fù zé yì zhì
2. 凡治国之道，必先富民。民富则易治
yě mín pín zé nán zhì yě
也，民贫则难治也。

guǎn zǐ zhì guó
——《管子·治国》

【解读】

1.孔子到卫国去,冉有替他驾车。孔子说:“卫国人口真多啊!”冉有问道:“人口已经很多了,该进一步做些什么呢?”孔子说:“使百姓富足。”冉有又问道:“百姓富足了之后,再进一步做些什么呢?”孔子说:“教化他们。”

2.治理国家一定要先使百姓富裕起来,百姓富裕了就容易治理,百姓贫穷就难以治理。

【人生智慧】

以孔子为代表的儒家,把传统的富民观点丰富发展成为一种安邦治国的经济理论。孔子提出“足食”“富而后教”的论点,把提升黎民百姓的物质财富和提高他们的生活水平作为实施礼乐教化的基础。孔子的富民措施主要是“因民之所利而利之”(《论语·尧曰》),即实行宽惠的经济政策,允许人民牟利取财,同时要求统治者节用薄敛。孔子把人民的富足看作政府获得充足财源的基础,主张民富先于国富,国富建立在民富的基础上,这就是著名的“百姓足,君孰与不足;百姓不足,君孰与足”(《论语·颜渊》)的财政思想。

孔子的富民思想具有深远的影响。战国时期,儒家学派的主要继承者孟子与荀子,都对富民思想作了进一步阐发。孟子的富民政策主要是发展生产和减轻赋税,“易其田畴,薄其税

敛，民可使富也”（《孟子·尽心上》）。他发展生产的具体措施是制恒产，兴井田，给每个农户五亩宅、百亩田，使老百姓“仰足以事父母，俯足以畜妻子，乐岁终身饱，凶年免于死亡”。他的薄税敛主张是：商铺不纳税，也不征货物税、房地税和无职业者的人头税，只征单一的农业税，即相当于农民收获九分之一的地租。孟子认为实行了这些富民措施，就能使“老者衣帛食肉，黎民不饥不寒”（《孟子·梁惠王上》），从而达到家给人足，天下大治。

荀子继承了早期儒家“不与民争利”的观点，进一步阐发了治国必先富民的意义。他批评统治者好利聚敛，使得“府库已实而百姓贫”。荀子分析了财富分配与国家兴亡的关系，他说：“王者富民，霸者富士，仅存之国富大夫，亡国富筐箧、实府库。”(《荀子·王制》)他从治国必先富民的理论出发,要求统治者采取节用薄敛和倡导发展生产等措施,使老百姓富裕起来。他说:“家五亩宅,百亩田,务其业而勿夺其时,所以富之也。”(《荀子·大略》)他认为人民富裕,有利于生产发展,“裕民则民富,民富则田肥以易”。生产发展程度越高,国家也就越富裕,从而“上下俱富”(《荀子·富国》)。荀子把民富与国富在理论上统一起来,对儒家的富民思想作了总结性的阐发。

九十七　民无信不立

【经典】

zǐ gòng wèn zhèng zǐ yuē zú shí zú bīng mín xìn zhī
子贡问政。子曰：“足食，足兵，民信之

yǐ zǐ gòng yuē bì bù dé yǐ ér qù yú sī sān zhě hé
矣。”子贡曰：“必不得已而去，于斯三者何

xiān yuē qù bīng zǐ gòng yuē bì bù dé yǐ ér qù
先？”曰：“去兵。”子贡曰：“必不得已而去，

yú sī èr zhě hé xiān yuē qù shí zì gǔ jiē yǒu sǐ mín
于斯二者何先？”曰：“去食。自古皆有死，民

wú xìn bù lì
无信不立。”

lún yǔ yán yuān
——《论语·颜渊》

【解读】

子贡请教如何处理国政。孔子说：“使粮食充足，使国防军备充实，并使百姓信服政府。”子贡问道：“如果不得已必须要

去除其中一项的话，在这三项中该先去掉哪项呢？”孔子说：“去掉军备。”子贡又问道：“如果不得已还必须去除一项的话，在这两项中该先去掉哪项呢？”孔子说：“那只好去除粮食了。自古以来人都免不了会死，可是如果百姓不信服政府，政教就无从建立了。”

【人生智慧】

吴起是著名的法家代表人，吴起守信的故事在历史上也被传为佳话。

吴起在魏武侯时担任西河地区长官。当时秦国有个侦察用的小哨亭靠近魏国边境，吴起很想除掉它，因为这个哨亭对魏国构成威胁。但要除掉它，似乎又不值得专门动用军队。吴起终于想出了一个办法。他在北城门外竖起一根车辕，传下命令道：“有谁能把这根车辕搬到南门外，就赏赐他上等的田地和住宅。”

命令下达后，开始大家都不相信，没有人去搬。后来有人抱着试试看的心理，把车辕搬到了南门外。吴起立即按照承诺兑现了赏赐。不久，吴起又在东门外放了一石红豆，并下令说：“有谁能把这一石红豆挑到西门，也按前一次的标准行赏。”这下所有人都抢着去挑红豆。

吴起见时机成熟了，就下达命令：“明天攻打秦国的哨亭，有谁率先登上去，就任命他为大夫，赏赐上等的田地和住宅。”命令刚一下达，百姓都争先恐后，一个早上就把哨亭攻克了。

在自己家里,吴起也是一个坚持原则的人。有一次他让妻子织丝带。妻子织好后,吴起一量,尺寸比要求的标准窄了点。吴起让她改,妻子答应了,等织完,吴起又量了一下,结果还是不合乎尺度。吴起非常生气,妻子争辩说:"我开头就把经线确定好了,不可以改了。"吴起为这事休掉了妻子。

妻子回娘家后,让自己的哥哥去找吴起求情,让她回去。她哥哥说:"法令,是吴起制定的。他立法的目的,是为了富国强兵、建功立业。他的言出必行肯定需要首先在自己家里得到验证,然后才能推行起来。你别指望回去了。"

立法的目的,就是让法规在百姓间树立起公信力。只有这样,制订的法规才能贯彻执行。"信",是社会准则,也是人与人相处的原则。

吴起这一举措,给商鞅很多启发。

据说,商鞅在秦国实行变法,拟定好有关法令,颁布之前,

民无信不立

商鞅立信

他怕民众不相信,就在南门外竖起一根三丈高的木头,宣布有谁能把它搬到集市的北门外并竖立起来,就奖励十金。一开始大家都感到好奇,不相信,也没有人去搬。商鞅又下一道命令,把赏金增加到五十金。有一个人半信半疑地去搬了,商鞅立马就赏给他五十金,兑现承诺。之后,商鞅颁布新法,大获成功。可见取信于民是执政的基础。

对于一个君主而言,更要讲究"信",因为"信"是立国之本。春秋五霸之一的晋文公,一次带兵攻打原城时,只携带了十天的干粮,并跟大夫约定十天之内收兵。十天的期限到了,晋军却没能攻下原城,文公鸣金收兵。正打算离开时,有个从原城内出来的士人透露消息,说:"再有三天,原城就会被攻下了。"群臣近侍向文公进谏说:"原城之内的力量已经快耗尽了,君主您暂且等等吧。"

文公说:"我当初和将士们约好的期限是十天,现在期限到了还不收兵,那我就会失掉信用。失去了信用,即便得到原城又有什么用呢?这种事我是不会干的。"于是收兵离去。

原城的人得知后,都很受触动,互相议论说:"这么信守承诺的君主,我们怎能不归顺呢?"就向晋文公投降了。

卫国一些人听到后,也说:"这么信守承诺的君主,我们怎么能不跟从他呢?"随之也投降了晋文公。孔子听说了这件事,点评道:"攻打原城而一并得到卫国,晋文公靠的是信用。"

这就是历史上传为佳话的"围原得卫"的故事。能够不战而胜,晋文公凭借的是诚信。

九十八 君君，臣臣，父父，子子

【经典】

qí jǐng gōng wèn zhèng yú kǒng zǐ kǒng zǐ duì yuē jūn jūn
齐景公问政于孔子，孔子对曰：“君君，
chén chén fù fù zǐ zǐ gōng yuē shàn zāi xìn rú jūn bù
臣臣，父父，子子。”公曰：“善哉！信如君不
jūn chén bù chén fù bù fù zǐ bù zǐ suī yǒu sù wú dé ér
君，臣不臣，父不父，子不子，虽有粟，吾得而
shí zhū
食诸？”

lún yǔ yán yuān
——《论语·颜渊》

【解读】

齐景公向孔子询问政事。孔子答道：“做君主的要像个君主，做臣子的要像个臣子，做父亲的要有父亲的样子，做儿子的要有儿子的样子。”景公道：“对呀！若是君主不像君主，臣子

不像臣子，父亲不像父亲，儿子不像儿子，即便粮食很多，我能吃得着吗？”

【人生智慧】

齐庄公时，齐国棠邑大夫棠公的妻子颇具美貌，齐庄公对她垂涎三尺，并生起占有之心。棠公死后，齐国大夫崔杼将棠公的妻子娶回了家。齐庄公与崔杼的妻子私通，经常到崔杼家里和她幽会，并且把崔杼的帽子拿走送人。崔杼自然怀恨在心，并伺机报复。

后来齐国设宴招待贵宾，崔杼称病没有出席。齐庄公亲自前往探视，并借机去找崔杼的妻子。

崔杼的妻子走进内室，与崔杼紧闭房门不出来。齐庄公抱着庭内的柱子唱歌，挑逗崔杼妻。

宦官贾举一向怨恨庄公，此时，他将庄公的随从拦在大门之外，并将大门关牢。崔杼的家丁手执武器，在庭院中一拥而上，把齐庄公团团包围。齐庄公打算翻墙而逃，却被利箭射中了大腿，最终被杀害。齐庄公与崔杼，可谓“君不君，臣不臣”，所以才有此结果。

九十九　行己恭，事上敬，养民惠，使民义

【经典】

zǐ wèi zǐ chǎn　yǒu jūn zǐ zhī dào sì yān　qí xíng jǐ yě

子谓子产："有君子之道四焉：其行己也

gōng　qí shì shàng yě jìng　qí yǎng mín yě huì　qí shǐ mín yě yì

恭，其事上也敬，其养民也惠，其使民也义。"

lún yǔ　gōng yě cháng

——《论语·公冶长》

【解读】

孔子评价郑国大夫子产，说："他有四种行为合乎君子之道：立身处世谦恭，侍奉君上恭敬，能让百姓得到实惠，役使人民合乎道义。"

【人生智慧】

子产名侨，又叫公孙侨，是郑公子发的儿子，郑穆公的孙

子。子产当政是在郑简公二十三年(公元前543年)。那时,郑国刚刚经历一场大乱,满目疮痍。子产采取积极手段,重整社会秩序。

子产执政第一年期间,老百姓不胜约束之苦。等过了三年之后,郑国国家富足、社会安定。老百姓作歌颂扬子产道:

我有子弟,子产诲之,

我有田畴,子产殖之,

子产而死,谁其嗣之!

子产执政二十几年,这个原本脆弱纷乱的国家,竟然在列强环伺之中复兴起来,国家从此享受着独立和尊严。郑定公八年——公元前522年,子产去世的消息传到鲁国,孔子称赞他为"古之遗爱",并为之流下了难过的泪水。

一〇〇 道之以德，齐之以礼

【经典】

zǐ yuē dǎo zhī yǐ zhèng qí zhī yǐ xíng mín miǎn
子曰："道（导）之以政，齐之以刑，民免
ér wú chǐ dǎo zhī yǐ dé qí zhī yǐ lǐ yǒu chǐ qiě
而无耻；道（导）之以德，齐之以礼，有耻且
gé lún yǔ wéi zhèng
格。" ——《论语·为政》

【解读】

孔子说："用政令法制来训导百姓，用刑罚来约束他们，这样百姓就会只求苟且避免犯法受刑，但无羞耻之心；用道德来引导人民，用礼教来整饬他们，这样百姓不仅有羞耻之心，而且会真心归服。"

【人生智慧】

楚国有个名叫直躬的人,他父亲偷了一只羊。直躬就到衙门里告发了自己的父亲。官府派人把直躬的父亲抓起来,准备处死。直躬请求自己代为父亲受惩罚。将要行刑的时候,直躬对执行死刑的官吏说:“父亲偷了羊我揭发他,不正表明了我的诚信吗?父亲要被杀头而我代为受惩罚,不正表明了我的孝心吗?像我这么既诚信且孝顺的人,都要被杀头的话,全国的人,还有不该杀的吗?”

楚王听了直躬这番话,就决定不杀他。

孔子听说了此事,评论道:“太奇怪了!直躬所谓的诚信!利用父亲,两次为自己博取荣名啊。”

孔子显然觉得直躬这样做有点过分甚至无耻了。所以,人们评价,直躬的诚信还不如不诚信。

中国古代民间的纠纷,往往不是通过司法程序解决的。古人往往倡导息讼宁狱,法治的观念是难以通行的。

纵观中国古代历史,几乎每一个力主严酷法治的人物均不得善终。

大名鼎鼎的军事家吴起,也是法家的代表人物。吴起曾经求学于孔子的弟子子夏和曾子,初任鲁将,继任魏将和魏西河守。公元前390年,吴起遭魏武侯大臣的排挤,入楚,任宛(河南南阳)守,一年后升任楚国令尹。令尹是楚国的最高官职。吴起执掌军政大权，主持变法，促使楚国富强，南收扬越，北并陈蔡，却三晋，西伐秦。公元前381年，楚国救赵攻魏，攻到黄河岸边，饮马大河。这是吴起变法后楚国军事上取得的重大胜利。

就在这年，楚悼王去世，吴起在楚悼王治丧的处所，遭遇七十多贵族的联合攻击。吴起趴在楚悼王的尸体上，贵族的箭射中楚悼王的尸身，七十余贵族因此而获罪，株连三族。吴起当时的一句话是："我叫你们看看我是如何用兵的！"吴起深知，伤害楚王的尸体，也是死罪，所以就用这种极端的方式，跟自己众多的敌人同归于尽。

楚国贵族仇恨吴起，是因为吴起的变法改革触动了贵族的根本利益。新法规定"使封君之子孙，三世而收爵禄"，贵族的爵禄不再世袭继承，三代之后就由国家收回。这一做法，自然引起贵族们的极端不满和强烈反对。更有甚者，吴起疏散贵族，发派贵族移民边疆开垦荒地，原本养尊处优的贵族们，生活一下子变得苦不堪言，自然怨恨吴起。吴起惨烈的下场，也许并非偶然。

我们再来看看名相李斯的下场。

李斯本是楚国上蔡人，曾经到齐国求学，师从荀卿学习"帝王之术"。李斯学成后，决定到秦国。荀卿问李斯为什么要到秦国时，李斯回答说："干事业都需要时机，现在各国争雄，正是立功成名的好机会。秦国雄心勃勃，想奋力一统天下，到那里可以大干一场。人生在世，卑贱是最大的耻辱，穷困是最大的悲哀。一个人总处于卑贱穷困的处境，就会遭人讥笑。不爱名利,无所作为,不是读书人的想法。所以,我要到秦国去。”

李斯到秦国,先得到吕不韦的器重,后又深受秦王赏识。他协助秦王废除分封制,实行郡县制,统一文字和度量衡,修驰道,车同轨,书同文,统一货币。李斯的功业,影响千年,惠及后代。司马迁在《史记》中评价他:作为一介平民,把握住机遇,凭借能力才干辅佐秦始皇,终于成就霸业。李斯的功劳,的确可以称得上伟大。

秦始皇死后,按照惯例,应由秦始皇长子扶苏继位。但是秦二世胡亥的老师赵高想让胡亥称帝,以便自己掌握大权。胡亥、赵高争取到李斯的支持,篡改遗旨,责令公子扶苏自杀。胡亥继承帝位,比秦始皇更加残忍。李斯与胡亥、赵高勾结,互相利用,钩心斗角。李斯不惜一切代价,想得到功名,为了保存既得利益,不敢规劝胡亥。在李斯、赵高的怂恿下,秦二世胡亥更加奢侈腐化,胡作非为。各地农民因为不堪重负,奋起反抗。为了镇压农民起义,秦二世胡亥不断从关中征发民众去打仗,给人民带来极大的负担和苦难。而且,胡亥为修阿房宫,征发徭役,把人民推向苦难深渊。当时全国人民的反秦起义风起云涌,为了统治阶级的共同利益,李斯同右丞相去疾、将军冯劫,劝秦二世胡亥停建阿房宫,减少徭役。当时,秦二世正与宫女宴饮作乐,见李斯等人上书,十分恼怒,下令将他们逮捕入狱。李斯在狱中多次上书,都被赵高扣留。赵高借机诬告李斯与其儿子李由谋反,对李斯严刑拷打,李斯被迫承认谋反,在秦二世二年(公元前208年)七月被处死。

李斯身居要职、大富大贵的时候，儿女也备显荣耀。一次李斯在家宴请百官，门前车马竟然数以千计，那时真是显赫无比。等到他和整个家族都被定成死罪，临刑前，李斯回头看看即将和自己一同被处死的儿子，又抬眼凝望远方，凄凉地说："我真想和你回到我们的故乡上蔡，牵着黄犬，走出城门，到郊外去追逐自由奔跑的野兔，还有这样的机会吗？"李斯最后被赵高用酷刑处死，整个家族也被杀光。

回首古代几位法家代表人物，吴起在公元前381年，被七十余贵族乱箭射死，后又遭车裂肢解。商鞅在公元前338年，被击毙分尸，株连全家。韩非于公元前233年，遭遇诬陷，被毒死在秦国云阳狱中。包括李斯在内的法家先锋，相继死于非命。

相反，推行德政的圣贤，却世世代代受到赞誉和追捧。

一〇一 安不忘危

【经典】

wēi zhě ān qí wèi zhě yě wáng zhě bǎo qí cún zhě yě
危者，安其位者也。亡者，保其存者也。
luàn zhě yǒu qí zhì zhě yě shì gù jūn zǐ ān ér bù wàng wēi cún
乱者，有其治者也。是故君子安而不忘危，存
ér bù wàng wáng zhì ér bù wàng luàn shì yǐ shēn ān ér guó jiā kě
而不忘亡，治而不忘乱，是以身安而国家可
bǎo yě
保也。

zhōu yì xì cí xià
——《周易·系辞下》

【解读】

危险是由于自以为安全造成的，灭亡是由于自以为能保存长久造成的，动乱是由于自以为政治清平造成的。所以，君子在安全的时候不忘危险，在生存的时候不忘灭亡，在清平的时候不忘动乱，如此才能身安并使国家得以保全。

【人生智慧】

孟子“生于忧患，死于安乐”的主张，大概也是从《周易》中受到的启发吧。

时光退回到春秋时代，齐襄公昏庸，齐国内乱，公子小白为逃避杀身之祸，于公元前686年夏在鲍叔牙的保护下逃到位于莒国的姥姥家避难。第二年，齐襄公去世，公子小白历经艰险回齐国做了国君，他就是后来的春秋五霸之首齐桓公。

一天，齐桓公和管仲、鲍叔牙、宁戚喝酒，齐桓公跟鲍叔牙

安不忘危

齐桓公与管仲、鲍叔牙、宁戚饮酒

说:“先生为什么不给我们祝酒呢?”鲍叔牙捧着酒杯站起来,说:“希望君王您不要忘记当年在莒国逃难的日子;希望管仲不要忘记和公子纠的逃亡生涯以及最后被绑缚着从鲁国遣送回齐国的日子;希望宁戚不要忘记假扮牛贩而高歌于大王车前的时候!”齐桓公离开席位向鲍叔牙拜谢道:“我和两位大夫都不会忘记这番教诲,齐国一定不会就此衰败的。”鲍叔牙这番话是要提醒桓公和大臣们居安思危,这样才不会骄傲跋扈,才能守住来之不易的江山。

一〇二 得道多助，失道寡助

【经典】

mèng zǐ yuē tiān shí bù rú dì lì dì lì bù rú rén
孟子曰：“天时不如地利，地利不如人

hé sān lǐ zhī chéng qī lǐ zhī guō huán ér gōng zhī ér bù shèng
和。三里之城，七里之郭，环而攻之而不胜。

fú huán ér gōng zhī bì yǒu dé tiān shí zhě yǐ rán ér bù shèng
夫环而攻之，必有得天时者矣；然而不胜

zhě shì tiān shí bù rú dì lì yě chéng fēi bù gāo yě chí fēi bù
者，是天时不如地利也。城非不高也，池非不

shēn yě bīng gé fēi bù jiān lì yě mǐ sù fēi bù duō yě wěi ér
深也，兵革非不坚利也，米粟非不多也；委而

qù zhī shì dì lì bù rú rén hé yě gù yuē yù mín bù yǐ fēng
去之，是地利不如人和也。故曰：域民不以封

jiāng zhī jiè gù guó bù yǐ shān xī zhī xiǎn wēi tiān xià bù yǐ bīng
疆之界，固国不以山谿之险，威天下不以兵

gé zhī lì dé dào zhě duō zhù shī dào zhě guǎ zhù guǎ zhù zhī
革之利；得道者多助，失道者寡助。寡助之

zhì qīn qī pàn zhī duō zhù zhī zhì tiān xià shùn zhī yǐ
至，亲戚畔（叛）之；多助之至，天下顺之。以

tiān xià zhī suǒ shùn gōng qīn qī zhī suǒ pàn gù jūn zǐ yǒu
天下之所顺，攻亲戚之所畔（叛）；故君子有

bù zhàn zhàn bì shèng yǐ
不战，战必胜矣。”

mèng zǐ gōng sūn chǒu xià
——《孟子·公孙丑下》

【解读】

孟子说：“天候时机不如地势有利，地势有利不如人心团结。譬如一座小城，周围只有三里的城墙，外面环着一重周围七里的外城，把它包围起来攻打，却不能取胜。既然把它包围起来攻打，那么旷日持久，一定有得天时的时候，可是仍旧不能取胜，这是因为天候时机不如地势有利啊！城墙不是不高，护城河不是不深，兵器和盔甲不是不锋利、坚固，粮食也不是不多，结果敌人一来，守城的军民依然舍弃了城池、军需逃走。这是因为地势有利不如人心团结啊！所以说：要限制人民，不必依靠疆域的界限；要巩固国防，不必依靠高山深涧的险要；要威服天下，不必依靠兵器盔甲的坚利。能得正道行仁政的国君，帮助他的人就多；失去正道不行仁政的，帮助他的人就少。帮助的人少到极点，亲戚都会背叛他；帮助的人多到极点，天下的人都会归顺他。拿天下归顺的力量，去攻打那亲戚所背叛的国君，胜负很明显地可以区分出来。所以，行正道得民心的

国君只是不战而已，战斗的话定会获得胜利。”

【人生智慧】

商纣王是中国历史上有名的暴君，他穷奢极欲，不但学夏桀建造了酒池，而且把肉割成一条一条的，悬挂在树上，称为“肉林”，让一帮男女赤裸着身子，在酒池肉林中追逐嬉戏。商纣带领他的亲信和王公贵族中的无耻之徒不分昼夜地狂欢豪饮。

说起残忍暴虐，商纣也比夏桀有过之而无不及。他发明了一种叫作“炮烙”的酷刑：在一根铜柱子上涂上油，点起一大堆炭火，火烧旺了以后，把铜柱放到炭火上，然后强迫受刑的人赤着脚在铜柱上走来走去。铜柱在炭火中已经被烧得滚烫，受刑的人脚一踏上去，就会被烙得血肉模糊。涂了油的铜柱很

滑，即使脚不被烙伤，在上面也不容易站住，所以铜柱上的人走不了几步就会滑落下来，掉进下面烧得通红的炭火堆里，最后被活活烧死。纣王的爱妃妲己看到有人掉进炭火中时，就会开口一笑，以此为乐。忠臣比干见纣王这样荒淫残暴，屡次劝谏。开始时纣王用话搪塞过去，仍旧我行我素。比干继续劝谏，纣王越来越不耐烦，最后恶狠狠地对比干说："听说圣人心上有七个孔窍，你老是向我讲这些大道理，感觉自己是个圣人对吧？我倒要看看你心上是不是生了七个窍！"说罢，下令杀了比干，把他的心挖出来查看比对。

在殷商都城朝歌以西，有一个部族叫岐周。岐周的首领叫姬昌，人称西伯侯。与商纣王恰恰相反，西伯侯姬昌爱民如子，岐周地区的百姓安居乐业。岐周的发展使商纣感到了威胁，于是将西伯昌囚禁于羑里长达七年。周人以珍宝和美女将西伯赎出，此后，在吕尚的辅佐下，西伯昌表面上耽于游乐，对殷纣十分驯服，实际上却更为积善修德，和悦百姓，大力发展生产，使更多的诸侯前来归附，成为所谓的受命之主，即周文王。

周文王去世后，其子姬发继位，称周武王。武王继续以吕尚为师，周公旦为辅，重用召公、毕公等贤人，继续文王未竟的事业。周文王受命第十一年十二月，武王联合各国诸侯，挥师东向，于次年二月甲子日在牧野打败商朝的军队，杀死殷纣王，史称"武王灭商"，建立了周朝。

周文王和周武王积善修德，得到了百姓的拥护和各方诸侯的归附，而商纣的残忍暴虐为自己埋下了灭亡的种子，这不就是孟子说的“得道多助，失道寡助”吗？

一〇三 恩及禽兽

【经典】

zǐ diào ér bù gāng yì bù shè sù
子钓而不纲，弋不射宿。

lún yǔ shù ér
——《论语·述而》

【解读】

孔子用钓竿钓鱼，不用大网捕鱼；用带生丝的箭射飞鸟，却不射杀栖息在鸟巢里的鸟。

【人生智慧】

据说商汤讨伐夏桀之前，有一天外出，看见野外有人四面张了网捕捉禽鸟。此人嘴里祷告着："愿天地四方的禽鸟，都飞入我的网中。"

商汤听了，说："这也太过分了，这是要一网打尽吗？"于是他要求捕鸟人撤去三面的网，并祷告说："想去左边的就向左飞，想去右边的就向右飞，不听命令又无主张的，才落入我的网中。"

各国诸侯听说这件事后，都说："商汤的德行真令人敬佩，他连禽兽都恩惠有加。"以后汤讨伐桀，各诸侯国都准备好干粮和水迎接他的大军。

由此我们不禁联想到孔子的渔猎行为：他不竭泽尽取，体现了他的仁；不贪多务得，放过归巢的鸟，体现了他的义。孔子对待鸟兽的态度，充分展现出他的仁爱精神。对动物尚且如此，何况对于作为同胞的人类呢？

恩及禽兽，爱护自然界的各种物种和生灵，也是现代文明与环保精神的体现。随着社会的发展和技术的进步，人们渔猎的手段也越来越发达。为了追求短期的利益，很多珍稀动物遭到猎杀，很多水域出现竭泽而渔的现象，导致自然界的生态链断裂或者失衡，进而引发生态灾难。在人类生存的生态环境不断恶化的今天，孔子恩及禽兽的精神，对于现代人还是很有启迪意义的。

万峰围绕一峰深，
向此长修苦行心。
自扫雪中归鹿迹，
天明恐被猎人寻。

这是唐代诗人陆龟蒙的一首题为《头陀僧》的小诗。仔细体味，诗中的描述，令人感动。万峰环绕之中，一位苦行修炼的僧人，在茫茫大雪中趁着月色清扫小鹿留下的足印，因为担心天明之后猎人发现小鹿的行踪。这是怎样的慈悲情怀！我们相信，僧人的悲悯精神，依然会深深触动后世读者的灵魂。

一〇四　治大国，若烹小鲜

【经典】

zhì dà guó ruò pēng xiǎo xiān
治大国，若烹小鲜。

lǎo zǐ dì liù shí zhāng
——《老子》第六十章

【解读】

治理大国，要像煎烹小鱼一样。

【人生智慧】

烹小鲜，可以理解为煎小鱼。

煎小鱼有什么要领呢？有经验的人都知道，鱼下锅后，一定要谨慎小心，不能随便翻动，否则鱼会被翻碎的。

西汉初年，在刘邦建立汉朝的伟大事业中，丞相萧何立下了汗马功劳。萧何忠心耿耿。刘邦带兵在外征战，萧何负责镇守领土、安抚百姓、保证军需、供给粮饷，为刘邦做坚强的后援。萧何也是备受百姓爱戴的丞相，因为他处处为百姓着想，分土地，减赋税，千方百计让百姓安居乐业。

萧何去世后，曹参担任丞相。时任皇帝听说曹参每天只是跟人喝酒，并不用心处理政事，便找来曹参的儿子，让他去提醒一下自己的父亲。谁知，儿子回家劝谏曹参时，曹参却要动手打他，还斥责儿子不懂治理国家。

皇帝觉得奇怪，便把曹参叫来询问缘由。曹参说，丞相萧何制订的规章制度非常合理，应该继续遵照执行，好让百姓在多年战争之后得到休养生息，这样才能恢复国力。皇帝觉得有理，便不再追究。萧何和曹参的宗旨是，不劳民，不伤财。

总之，就是不加重百姓的负担，所以得到了百姓的拥护和赞扬。

与之相反，战国时期，诸侯纷争，经过多年混战，秦始皇终于统一了中国。统一后，秦始皇推行了所谓的万全之策：担心江山再被人夺去，便派遣大量士卒戍守边疆，修筑万里长城，建造关口桥梁，设置障碍要塞。秦朝还在全国各地修建传递公文的驿站，备齐车马。为杜绝读书人活跃人心，秦始皇竟然采纳李斯的建议焚书坑儒。

统一大业完成之后，一切安排就绪之际，大秦王朝是否固若金汤了呢？秦始皇的后世是否就可以如其所愿坐享其成、高枕无忧了呢？事实上，秦始皇统一中国后短短十五年，刘邦就夺取天下、改朝换代了。十五年，在历史长河中，不过弹指一挥间。

第十编　用兵之道

一〇五　兵者，不祥之器

【经典】

fú wéi bīng zhě　bù xiáng zhī qì　wù huò wù zhī　gù yǒu dào
夫唯兵者，不祥之器，物或恶之，故有道
zhě bù chǔ　jūn zǐ jū zé guì zuǒ　yòng bīng zé guì yòu　bīng zhě
者不处。君子居则贵左，用兵则贵右。兵者，
bù xiáng zhī qì　fēi jūn zǐ zhī qì　bù dé yǐ ér yòng zhī　tián dàn
不祥之器，非君子之器，不得已而用之，恬淡
wéi shàng　shèng ér bù měi　ér měi zhī zhě　shì lè shā rén　fú lè
为上。胜而不美，而美之者，是乐杀人。夫乐
shā rén zhě　zé bù kě dé zhì yú tiān xià yǐ
杀人者，则不可得志于天下矣。

lǎo zǐ　dì sān shí yī zhāng
——《老子》第三十一章

【解读】

兵器，是不吉利的东西。大家都厌恶它，所以有“道”之人不去接近它。君子平时以左边为尊贵，打仗时则以右边为尊贵。兵

器，是不吉利的东西，不是君子所应该使用的。万不得已而使用它，最好是淡然处之。胜利了也不要自以为了不起，如果自以为了不起，就是以杀人为乐。以杀人为乐的人，是不能在天下取得成功的。

【人生智慧】

公元前5世纪，楚国国君请巧匠公输般(因是鲁国人，又被称作鲁班)设计制造了攻城用的云梯，准备攻打宋国。墨子得知这个消息后，急忙从鲁国赶往楚国，一心想要制止这场战争。他匆忙赶路，顾不上歇息，鞋子破了把脚磨烂了，他就从自己衣服上撕下一片布，裹在脚上，继续赶路。

他不畏风霜劳苦，用了十日十夜，千里迢迢赶到楚国，见到了公输般。公输般看到墨子，就问他："先生远道而来，有何指教？"

墨子说："北方有个人对我不敬，侮辱了我，我想请您去杀了他！"

公输般一听很不高兴。

"我送您十两黄金！"墨子又说。

公输般感觉受了莫大的侮辱，生气地说："您把我看成小人了，我奉行道义，决不杀人！"

墨子激动地站起身来，向公输般拜了两拜，说："我有几句话要说。我在北方听说您造了云梯，帮助楚国进攻宋国。宋国有什么过错？楚国地大物博，最稀缺的是百姓。而现在您要用楚国最稀缺的东西去争夺最不稀缺的土地，不能说您富有智慧；宋国没有罪过，您却要帮助攻打它，不能说您讲究仁道；您明知这样做不好，却不阻止楚王，不能说您富有忠心；即使您向楚王争辩了，却没有达到目的，不能说您本领强大；您声称讲究道义而不肯杀死一个人，现在却准备杀很多的人，不能说您明事理。”

公输般一时语塞，不知如何回答。

“不可以停止进攻的准备吗？”墨子问公输般。

“那不行，”公输般坚决地说，“我已经对楚王说了，不能失信于人。”

墨子说：“好吧，那您能带我去见楚王吗？”

公输般说：“可以。”

见到楚王后，墨子问楚王：“现在有这么一个人，舍弃自己华丽的车子不坐，却想去窃取邻居的破车子；舍弃自己的锦绣衣服不穿，却想去窃取邻居的粗布衣；舍弃自己的白米精肉不吃，却想去窃取邻居的糟糠恶食，您认为这是个怎样的人呢？”

楚王回答说：“这必定是盗窃成性的人。”

“楚国方圆五千里，”墨子说，“宋国却只有五百里，这就如同豪车和破车的差别；楚国云梦有无数犀兕、麋鹿，长江、汉水有大量鱼鳖、龟鼋，宋国却连野鸡、兔子、鲤鱼也极其罕见，这就如同白米精肉和糟糠粗饭的差别；楚国盛产长松、文梓、楠木、豫章，宋国却没有大树，这就如同锦绣和短毡袄的差别。所以依在下看来，大王派兵攻打宋国，就是舍本逐末。大王如果发动战争，不但道理上说不过去，事实上也达不到目的。”

“你说得不错，”楚王说，“不过公输般已经在帮我制造云梯，必须要攻打宋国。”

墨子要求楚王同意自己跟公输般演示云梯攻城和防御的方法。墨子解下身上的革带当作城池，用一些小板充当守城的器械，当着楚王的面与公输般模拟了一场攻守械斗。

公输般用云梯、撞车、飞石等九次攻城，墨子进行了九次成功的抵抗。公输般攻城解数用尽，而墨子防守之法尚且有余。最后，公输般“战败”。

公输般失败了，却说：“我知道用什么方法赢你，但是我

不说。”

墨子说:“我知道您想怎样对付我,我也不说。”

楚王听了感觉莫名其妙，便问道:“你们两个是什么意思?”

墨子说:“公输般的意思不过是想杀掉我。他以为杀掉我,宋国就没法守城了。其实,我已经派了三百多名弟子到宋国做好守城准备了。您即使杀了我,楚国也打不了胜仗。”

楚王听后,终于放弃了攻打宋国的想法。

一〇六 以奇用兵

【经典】

yǐ zhèng zhì guó yǐ qí yòng bīng yǐ wú shì qǔ tiān xià
1.以正治国，以奇用兵，以无事取天下。

lǎo zǐ dì wǔ shí qī zhāng
——《老子》第五十七章

yòng bīng yǒu yán wú bù gǎn wéi zhǔ ér wéi kè bù gǎn jìn cùn ér tuì chǐ shì wèi háng wú háng rǎng wú bì rēng wú dí zhí wú bīng huò mò dà yú qīng dí qīng dí jī sàng wú bǎo gù kàng bīng xiāng ruò āi zhě shèng yǐ
2.用兵有言："吾不敢为主，而为客；不敢进寸，而退尺。"是谓行无行，攘无臂，扔无敌，执无兵。祸莫大于轻敌，轻敌几丧吾宝。故抗兵相若，哀者胜矣。"

lǎo zǐ dì liù shí jiǔ zhāng
——《老子》第六十九章

【解读】

1.用清静无为的方法治理国家，用奇异诡秘的计谋用兵，用不扰害百姓的政策统治天下。

2.用兵打仗的人说过这样的话："我不敢采取攻势，而采取守势；不敢前进一寸，而要后退一尺。"这就是说，摆阵势，像没有阵势可摆一样；挥胳膊，像没有胳膊可举一样；迎敌人，像没有敌人可攻击一样；手执兵器，像没有拿兵器一样。最大的祸患莫过于低估了敌人的力量，低估敌人的力量，就几乎丧失了我的"三宝"原则。所以，两军交战，力量相当时，哀兵必胜。

【人生智慧】

《三国演义》中记载了诸葛亮草船借箭的故事：

周瑜为了刁难诸葛亮，提出让诸葛亮在十日之内赶制十万支箭的要求。诸葛亮却出人意料地说："曹操大军不日将至，若候十日，必误大事。"他表示只需三天，就可以办完复命。

周瑜一听大喜，当即与诸葛亮立下了军令状。因为周瑜觉得，诸葛亮无论如何也不可能在三天之内赶造出十万支箭，因此，诸葛亮必失算无疑。

周瑜随后安排鲁肃到诸葛亮那里查看动静，打探虚实。诸葛亮一见鲁肃就故意请求鲁肃救救自己。忠厚善良的鲁肃回答说："你自取其祸，叫我如何救你？"

诸葛亮说:“你借给我二十只船,每船配置三十名军士,船只全用青布为幔,捆扎千余草把子,分别竖在船舷两侧。这一切,我自有妙用,到第三日,包管会有十万支箭。”

鲁肃答应了诸葛亮的请求,在周瑜那里替他保密。他见到周瑜后,不谈借船之事,只说诸葛亮并不准备造箭用的竹、翎毛、胶漆等物品。周瑜听罢大惑不解。

诸葛亮向鲁肃借得船只、兵卒后,按计划准备停当。第一天,不见诸葛亮有什么动静。第二天,仍然不见诸葛亮有什么动静。直到第三天夜里四更时分,诸葛亮才秘密将鲁肃请到船上,并告诉鲁肃要去取箭。

鲁肃不解地问:“到何处去取?”诸葛亮回答道:“不必多问,前去便知。”鲁肃莫名其妙,只得陪着诸葛亮去看个究竟。

凌晨,江面雾气霏霏,漆黑一片。诸葛亮下令用长索将二十只船连在一起,起锚向北朝曹操军队大营进发。五更时分,船队已接近曹操的水寨。这时,诸葛亮又教士卒将船只头朝西尾朝东一字摆开,横于曹军寨前。然后,他又命令士卒擂鼓呐喊,制造出击鼓进军的声势。鲁肃见状,大惊失色,诸葛亮却坦然告诉他说:“我料定,在这浓雾之夜,曹操绝不敢贸然出战。你我尽可放心饮酒,等到大雾散尽,我们便可回去。”

曹操闻报后,果然担心重雾锁江,怕遭到埋伏,不肯轻易出战。他急忙调集旱寨的弓弩手六千多人赶到江边,会同水军射手,共约一万多人,一齐向江中乱射,企图以此阻止击鼓叫阵的“孙刘联军”。一时间,箭如飞蝗,纷纷射在草把和布幔上。

过了一会儿，诸葛亮又命令船队头朝东尾朝西，再次靠近水寨，并下令加劲擂鼓呐喊。等到日出雾散，船上草把排满密密麻麻的箭。此时，诸葛亮才下令船队返回，还命令士卒齐声大喊："谢谢曹丞相的箭！"当曹操得知真相时，诸葛亮的船队顺风顺水，已经离去二十余里，曹操懊悔不已。

诸葛亮的船队返营后，清点数量，共计得到十几万支箭，为时不过三天。鲁肃亲临而目睹其事，赞叹诸葛亮为"神人"。原来，诸葛亮不仅通天文，识地理，而且懂奇门，晓阴阳，更擅长行军作战和布阵，在三天之前，已料定必有大雾可以为己所用。

当周瑜得知这一切后，自叹不如。

诸葛亮还导演了空城计，把敌兵耍得团团转，不愧是"以奇用兵"的高手，令人叹服！

一〇七 兵不厌诈

【经典】

bīng zhě guǐ dào yě gù néng ér shì zhī bù néng yòng ér shì

兵者，诡道也。故能而示之不能，用而示

zhī bù yòng jìn ér shì zhī yuǎn yuǎn ér shì zhī jìn

之不用，近而示之远，远而示之近。

sūn zǐ bīng fǎ jì piān

——《孙子兵法·计篇》

【解读】

用兵，需诡诈。因此，有能力打却要装作不能打，要攻打时却要装作不准备攻打，想攻打近处却装作要攻打远处，想攻打远处时却装作要攻打近处。

【人生智慧】

《史记·孙子吴起列传》中记载了孙膑与庞涓的故事：

孙膑曾经与庞涓同在鬼谷子门下学习兵法。庞涓急于成名,就早早下山,在魏国做起军师。

后来,孙膑也来到魏国。魏惠王想检验他俩的才干,就安排他们排兵布阵,结果总是孙膑胜出。庞涓嫉妒孙膑,又害怕魏王从此重用孙膑,就使用诡计诬陷孙膑,割掉他的膝盖骨,并把他关进监狱。

孙膑清楚庞涓不会放过自己,便佯装疯狂,以求活命。

终于有一天,齐国使臣来到魏国都城大梁,偶然见到了身陷囹圄的孙膑,孙膑抓住机会,在交谈中充分展露了自己的才能。齐国使臣慧眼识才,就偷偷把他载回齐国。齐将田忌非常赏识孙膑,热情招待他,两人还成了朋友。那个著名的田忌赛马的故事,正是孙膑用他的聪明才智,让田忌在比赛中三局两胜,赢得齐王的千金赌注。

田忌趁机把孙膑推荐给齐威王。齐威王向孙膑请教兵法,并尊他为老师。

公元前353年,齐威王派兵救赵时准备任命孙膑为主将,孙膑不想暴露自己,不想引起庞涓的注意。齐威王只好任命孙膑为军师,田忌为大将。孙膑和田忌二人联手,在桂陵大败庞涓。

十多年后,孙膑与庞涓再次相遇疆场,也就有了历史上著名的马陵道之战。那是公元前342年,庞涓率领魏军攻打韩国,韩国向齐国求救。齐威王答应救援,却使用权谋,待魏、韩两军交战到筋疲力尽时,才派田忌和孙膑率齐军出击。

孙膑直接奔袭魏都大梁。庞涓立刻从韩国撤军追击齐军。

孙膑对主将田忌说："魏军一向骄悍贪婪，看不起齐军。我们可以略施计谋，用逐日减灶的办法，制造齐国士兵胆怯逃亡的假象，诱使魏军轻敌冒进，我们伺机伏击。"

田忌深以为然，第一天在营地造了十万灶，第二天减为五万，第三天减为三万。按照古时兵制，十人为一火，十万灶，折算起来就相当于一百万军队，三万灶就是三十万。果然不出所料，魏军从后面追击，每到齐军扎营的地方，庞涓必定派人查点齐军的灶数。到第三天，他推定齐军逃亡士兵已经过半，心中不禁暗暗高兴，当即决定抛下大军，独自率领精锐部队日夜兼程追击齐军。

孙膑估算了庞涓的行军速度，料定晚上必定到达马陵(今河北大名县东南)，便安排齐军在马陵道两旁设下埋伏，伺机

兵不厌诈

一举歼灭魏军。马陵道一带道路狭窄险阻，两旁树木丛生，孙膑令士兵把道路两旁的树都砍倒堆放在路上，以阻碍通行，只留一棵最高大的树耸立着，又把那棵大树的皮剥下，在树干上写了“庞涓死于此树下”七个醒目的大字。孙膑调集一万名射手，分为两队，埋伏在道路两旁的险要之处，命令他们只要一看到这棵大树下出现火光，就立即瞄准火光射箭，又安排一支部队隐藏在马陵道附近，以截断魏军退路。

庞涓求胜心切，马不停蹄，终于在天黑时分赶到马陵道。那棵兀然耸立的大树引起他的注意，隐约觉得树上好像写着字，但光线昏暗看不清楚，就命令士卒点起火把，“庞涓死于此树下”七个大字惊现于眼前，庞涓意识到自己中计。说时迟，那时快，齐军的箭雨点般射来。庞涓知道必死无疑，遂拔剑自刎。魏军失去主帅后大乱，齐军趁机掩杀，魏军遭遇了前所未有的惨败。

《孙子兵法》中说：“兵者，诡道也。”兵不厌诈，说的就是这个意思。孙膑智擒庞涓，就是制造了减灶假象，诱敌深入，最后将其一举歼灭。马陵道之战，是孙膑军事生涯中最辉煌的经典战役。

一〇八 利而诱之

【经典】

lì ér yòu zhī luàn ér qǔ zhī shí ér bèi zhī qiáng ér bì
利而诱之，乱而取之，实而备之，强而避
zhī nù ér náo zhī bēi ér jiāo zhī yì ér láo zhī qīn
之，怒而挠之，卑而骄之，佚（逸）而劳之，亲
ér lí zhī gōng qí wú bèi chū qí bù yì cǐ bīng jiā zhī shèng
而离之。攻其无备，出其不意。此兵家之胜，
bù kě xiān chuán yě
不可先传也。

sūn zǐ bīng fǎ jì piān
——《孙子兵法·计篇》

【解读】

敌人贪图利益，就去诱惑他；敌军混乱，就趁机攻取他；敌军力量充实，就要防备他；敌军强大时，要避免与其交战；敌军暴躁易怒，可以激怒他，让他失去理智；敌军自卑而谨慎，就使他骄傲自大;敌军力量充沛,就想办法使其劳累;敌军内部亲密团结,就要设法离间它。要攻击敌军没有防备的地方,在敌军没有料到的时机发动进攻。这些都是军事家作战中随机应变的诀窍,不是事先规定好再来一一传授的。

【人生智慧】

公元前 658 年,晋献公打算出兵讨伐虢国。

虞国与虢国毗邻,而且同姓,两国关系一直很好。晋献公攻打虢国,担心虞国会出手帮助虢国。

晋大夫荀息建议晋献公向虞国借道攻打虢国。荀息说:“虞、虢关系虽然好,但两国国君的性情完全不同,虢公骄横,虞公贪婪。不如我们用重宝收买虞公,借虞国之道去伐虢,虞公只要收受贿赂答应给我们借道,就必定不会出兵援救虢国。”

晋献公采纳了荀息的建议,派荀息带着两件宝贝去见虞公。荀息拜见虞公,先是一番美言把虞公夸得心花怒放,然后趁机呈上礼物:一是垂棘出产的美玉——“垂棘之璧”;一是晋献公最钟爱的名马——“屈产之乘”。荀息对虞公说:“这两样均是天下罕见的至宝,晋君特此奉上交好于您。”

虞公被美言和宝物所打动,承诺道:“晋国如有用得着我的地方,不要客气。”

荀息趁机讲了借道伐虢一事,并保证道:“一旦伐虢得胜

有所收获，必定悉数奉送虞国作为回报，晋国愿与虞国结永世之好。”虞公答应给晋国借道。

晋军经由虞国向虢国发起进攻。为讨好晋国，虞公还派兵充当晋军的先锋。

时隔三年，公元前 655 年，晋献公再次向虞公借道伐虢。虞国大夫宫之奇对虞公说：“虞、虢两国，辅车相依。虞国不能再借道给晋军了。”虞公听了，默然不应。宫之奇又说：“虞、虢两国，就好比嘴唇和牙齿，唇亡齿寒。虢国要是灭亡了，虞国就难以生存了，虞国非但不能借道给晋军，还应联合虢国防备晋国。”但是，虞公贪图眼前利益，不听劝告，再次答应了晋军借道的要求。宫之奇于是携带家眷逃到了别的国家。

公元前655年秋冬时节，虢君逃亡。晋军灭了虢国之后，凯旋班师，途经虞国时，乘其不备，发动突袭，一举攻占虞国。虞公只得交出美玉和宝马。当荀息牵着名马“屈产之乘”，捧着宝玉“垂棘之璧”，奉还给晋献公的时候，晋献公不无幽默地说：“玉倒没什么变化，只是马的牙齿比原先长了！”

晋国假道伐虢，首先以“利诱”，成功拉开虢、虞两国的关系，又利用虞国的麻痹发动突袭，“攻其不备”，一举两得，大获全胜。这些成功的战争实例，也成为《孙子兵法》智慧的源泉。

一〇九 以逸待劳

【经典】

yǐ jìn dài yuǎn yǐ yì dài láo yǐ bǎo dài jī

1.以近待远，以佚（逸）待劳，以饱待饥。

sūn zǐ bīng fǎ jūn zhēng piān

——《孙子兵法·军争篇》

fán xiān chǔ zhàn dì ér dài dí zhě yì hòu chǔ zhàn

2.凡先处战地而待敌者佚（逸），后处战

dì ér qū zhàn zhě láo gù shàn zhàn zhě zhì rén ér bù zhì yú rén

地而趋战者劳。故善战者，致人而不致于人。

sūn zǐ bīng fǎ xū shí piān

——《孙子兵法·虚实篇》

【解读】

1.就近进入战场来等待长途奔袭的敌军，以从容稳定来应对仓促疲劳的敌军，以饱食的部队应对饥饿的敌军。

2.凡是先到达战场等待敌人的军队就安逸，后到达战场的军队奔走应战就会疲劳。所以,善于用兵作战的人,能调动敌人而不是被敌人调动。

【人生智慧】

公元前606年,楚国发生内乱,令尹斗越椒趁楚庄王率兵出征时发动兵变。

此前,楚穆王雄心勃勃,正要大展身手时,却突然暴病而死,其子旅继位,这就是后来赫赫有名的楚庄王。

楚庄王即位之初,一连三年,整天游玩田猎,既不关心国家政事,也不关注敌国发展。为阻止大臣进谏,他在宫门上挂了一个牌子,上面写着:“进谏者,杀毋赦!”大臣们都很着急,不知该怎么办。有一天,右司马(主管军事的官)对楚庄王说:“南山有一只大鸟,栖息在那三年了,从未展翅飞翔,不飞不叫,静默无声,您知道这是什么鸟吗?”楚庄王明白右司马的用意,他说:“那可不是一只寻常的鸟,它不张开翅膀,为的是让羽翼长得丰满;不高声鸣叫,为的是默察民情。虽然现在不飞不叫,一飞必定冲天,一叫必定惊人。”右司马明白了楚庄王的心意,暗自高兴。

又过了许久,庄王还是没有动静,大夫苏从也按捺不住了,不顾禁令前往劝谏庄王。楚庄王说:“你明知我的禁令还来劝谏,真是太傻了。”苏从说:“您比我更傻。我进谏被杀,死后还可得到一个忠臣的名声。可您这样下去,国家必亡。那时您就成了亡国之君，什么都没有了。”

楚庄王知道时机已经成熟，于是一改往日的颓废，先安排大臣分担令尹的工作，以削弱斗越椒手中的实权。然后整顿朝政，亲自处理国家大事。斗越椒的权力被大大削弱，心中很是不满。他借楚庄王率兵北伐之机，举兵占领郢都，然后率军在途中拦截庄王，企图把庄王消灭在郢都之外。

楚庄王的军队刚打完仗，士卒疲惫，斗越椒则以逸待劳。楚庄王明白不能硬拼，便假装败退，悄悄把军队主力埋伏在漳水东岸，只留一小部分士卒引诱敌人。斗越椒求胜心切，他见庄王军队败退，便奋力追击。庄王则利用斗越椒的这一心理，引诱他不断追击，同时派人假扮百姓向斗越椒报信说“楚王就在前边”，把斗越椒牢牢地牵引住。斗越椒不让士卒吃饭休息，一路狂奔追赶，当发现中计打算撤退时，身后的桥已被庄王的士卒拆除了。看到回路被切断，斗越椒顿时惊慌起来，只好命令士卒隔河与庄王的军队对峙。

庄王军中有一名神箭手，叫养由基。他对斗越椒说："隔着宽阔的河面，我们用箭很难射中彼此。早就听说您擅长射箭，不如你我二人站在两岸，各射三支箭，一决高低。"

斗越椒问过养由基姓名，发现对方只不过是个小辈，他自恃善射，便答应了。比赛开始时，斗越椒先射。第一箭射来，养由基用弓轻轻一拨，箭便掉到河里去了。第二箭射来，养由基稍稍下蹲，箭便从头顶飞过去了。斗越椒见状大叫道："不许躲！"第三箭射来，养由基一伸手轻松地把箭抓住了。轮到养由基射时，他连续两次只拉弓不放箭，斗越椒左躲右闪都落了空，惊魂未定之时，养由基的第三箭射出了，恰中斗越椒脑门，斗越椒立时丧命。树倒猢狲散，一场内乱就这样平息了。

回顾这场战争，自一开始，楚庄王就处于劣势，但他运用妙计，成功地把敌人拖垮，置敌人于险境，进而掌握主动权。楚庄王"以逸待劳"，取得了最终的胜利。

一一〇 以仁激勇

【经典】

sūn zǐ yuē bīng zhě guó zhī dà shì sǐ shēng zhī dì cún
孙子曰："兵者，国之大事，死生之地，存
wáng zhī dào bù kě bù chá yě gù jīng zhī yǐ wǔ shì jiào zhī yǐ
亡之道，不可不察也。故经之以五事，校之以
jì ér suǒ qí qíng yī yuē dào èr yuē tiān sān yuē dì sì yuē
计，而索其情。一曰道，二曰天，三曰地，四曰
jiàng wǔ yuē fǎ dào zhě lìng mín yǔ shàng tóng yì yě gù kě yǐ
将，五曰法。道者，令民与上同意也，故可以
yǔ zhī sǐ kě yǐ yǔ zhī shēng ér bù wèi wēi tiān zhě yīn
与之死，可以与之生，而不畏危。天者，阴
yáng hán shǔ shí zhì yě dì zhě yuǎn jìn xiǎn yì guǎng xiá
阳、寒暑、时制也。地者，远近、险易、广狭、
sǐ shēng yě jiàng zhě zhì xìn rén yǒng yán yě fǎ zhě qū
死生也。将者，智、信、仁、勇、严也。法者，曲
zhì guān dào zhǔ yòng yě fán cǐ wǔ zhě jiàng mò bù wén zhī zhī
制、官道、主用也。凡此五者，将莫不闻，知之

zhě shèng bù zhī zhě bù shèng
者胜，不知者不胜。”

sūn zǐ bīng fǎ jì piān
——《孙子兵法·计篇》

【解读】

孙子说：“战争是一个国家的头等大事，关系到军民的生死、国家的存亡，不能不慎重地考察分析。因此，必须通过敌我双方五个方面的分析以及各种战争要素的对比，来预测战争的胜负。一是道，二是天，三是地，四是将，五是法。道，指君主和民众目标相同，意志统一，可以同生共死，而不会惧怕危险。天，指阴晴、寒暑、四季更替。地，指路程的远近、地形险要还是平坦、战场广阔还是狭窄、属于生地还是死地等地理条件。将，指将领足智多谋、赏罚有信，对部下真心关爱，勇敢果断，军纪严明。法，指组织结构、责权划分、人员编制、管理制度、资源保障、物资调配。对这五个方面，将领都不能不做深刻了解。了解就能取胜，否则就不能取胜。”

【人生智慧】

公元前606年，楚庄王平定斗越椒之乱后，在宫中摆“太平宴”，宴请群臣，庆贺胜利，君臣都很高兴，喝得酣畅淋漓，直到夜幕降临，大家仍然兴致很高，点起火烛继续畅饮，楚庄王还把他最宠幸的爱妃许姬叫来为大家敬酒助兴。正在兴头上，突然一阵风把灯吹灭了。有人垂涎许姬的惊人美貌，趁黑借着酒胆扯许姬的裙子，摸许姬的手。许姬很恼火，趁势把那人的帽缨揪下来，握着帽缨走到楚庄王身边，向庄王禀报并建议楚庄王快命人点灯，看看是谁干的。庄王听罢，却对周围正忙着找火点灯的人说："不要点灯！这样很好。"然后庄王又转身说："我今天跟诸位一起喝个痛快，都把帽子摘下来，把帽缨取掉，咱们开怀畅饮！"大臣们觉得莫名其妙，但还是遵照庄王的吩咐做了。在场的人都绝缨摘帽后，庄王才下令点灯。

许姬不明白楚庄王的用意，散席后追问庄王为何要掩护猥亵者逃脱。庄王说："我今天宴请文武百官，大家兴致很高，从早喝到晚，都有几分醉意，酒后失态不足为奇。如果我按你的意思严查严惩，其他人也都会很尴尬，宴席就会不欢而散，这不是我宴请群臣的目的啊。"许姬不由得赞叹楚庄王的度量和眼光。

后人把这次宴会称为"绝缨会"。

几年后，楚庄王举兵讨伐郑国，副将唐狡自告奋勇充当先锋，率领一百名勇士冲杀在前。唐狡勇猛善战，攻无不克，战无不胜，在伐郑战役中立下大功。战役结束后，庄王论功行赏，准备厚赏唐狡。唐狡羞愧地对庄王说："我怎敢领赏？当年曾在席间失礼冒犯许姬，承蒙大王不杀之恩，才会有今天的舍命相报，怎敢领赏！"楚庄王感叹道："假如当初明烛治罪，今天怎有这样忠心为我效死杀敌的勇士啊！"

楚庄王不愧为一代明君，从大局出发，化气愤于淡然，他的仁心激发了唐狡日后舍命相报的勇气，宽容了别人，也成全了自己。

上兵伐谋

【经典】

fán yòng bīng zhī fǎ quán guó wéi shàng pò guó cì zhī quán
1.凡用兵之法，全国为上，破国次之；全
jūn wéi shàng pò jūn cì zhī quán lǚ wéi shàng pò lǚ cì zhī quán
军为上，破军次之；全旅为上，破旅次之；全
zú wéi shàng pò zú cì zhī quán wǔ wéi shàng pò wǔ cì zhī shì
卒为上，破卒次之；全伍为上，破伍次之。是
gù bǎi zhàn bǎi shèng fēi shàn zhī shàn zhě yě bù zhàn ér qū rén zhī
故百战百胜，非善之善者也；不战而屈人之
bīng shàn zhī shàn zhě yě gù shàng bīng fá móu qí cì fá jiāo qí
兵，善之善者也。故上兵伐谋，其次伐交，其
cì fá bīng qí xià gōng chéng gōng chéng zhī fǎ wéi bù dé yǐ
次伐兵，其下攻城。攻城之法，为不得已。

sūn zǐ bīng fǎ móu gōng piān
——《孙子兵法·谋攻篇》

gù shàn yòng bīng zhě qū rén zhī bīng ér fēi zhàn yě bá rén
2.故善用兵者，屈人之兵而非战也，拔人

zhī chéng ér fēi gōng yě huǐ rén zhī guó ér fēi jiǔ yě bì yǐ quán

之城而非攻也，毁人之国而非久也，必以全

zhēng yú tiān xià gù bīng bù dùn ér lì kě quán cǐ móu gōng zhī fǎ

争于天下，故兵不顿而利可全，此谋攻之法

yě

也。

sūn zǐ bīng fǎ móu gōng piān

——《孙子兵法·谋攻篇》

【解读】

1.战争的原则是：使敌人举国降服是上策，用武力击破敌国次之；使敌人全军降服是上策，击败敌军次之；使敌人全旅降服是上策，击破敌旅次之；使敌人全卒降服是上策，击破敌卒次之；使敌人全伍降服是上策，击破敌伍次之。所以，一打仗就胜利的，算不上是最高明的；不交战就能使敌人降服的，才是最高明的。因此，上等的军事行动是用谋略挫败敌方的战略意图或战争行为，其次就是用外交战胜敌人，再次是用武力击败敌军，最下之策是攻打敌人的城池。攻城是不得已而为之，是没有办法的办法。

2.所以，善于用兵打仗的人，使敌人屈服不靠交战，拿下敌人的城邑不靠战争，摧毁敌国不需长期作战，一定要用“全胜”的策略争胜于天下，既不使国力兵力受挫，又能保全利益，这就是谋攻智取。

【人生智慧】

公元前719年春,卫国州吁刺死卫桓公夺取君位后,急于立威服众。相邻的郑国与卫国起过矛盾争执,卫君州吁决定先从攻打郑国入手来树立自己的威信。

卫国攻打郑国,担心齐国前来救援郑国。州吁于是利用了各国之间的矛盾,加以重金贿赂收买,联合宋、鲁、陈、蔡四国组成五国联军,出动一千三百乘战车,把郑国都城东门团团包围。郑庄公慌忙召集群臣商量对策。听完大臣们的意见,郑庄公分析说:"尽管五国联军包围郑国,各国出兵的动机和目的却不相同,州吁刚刚篡位,尚未赢得本国民心和诸侯信任,率众攻打我们,不过是想借此立威。我们跟鲁国相隔遥远,又没有什么矛盾,鲁国出兵伐郑,是因为掌管鲁国兵权的公子翚贪图卫国的贿赂。陈、蔡两国是我们的近邻,但彼此之间一直没什么大矛盾。所以鲁、陈、蔡三国,都不会跟我们死磕到底。只有宋国跟我们有点冲突,因为宋国的公子冯在郑国,宋殇公一直担心我们支持公子冯回国争夺君位,所以这次借机出兵。如果把公子冯移送到长葛,宋军也会跟去那里。这样我们的对手就只剩卫国了。我们只要做个样子,派少量士卒出东门跟卫军打一仗,假装败退,这样一来,州吁的军队既没有太大损失,又落得个战胜之名,还满足了立威的目的,他必定会撤军。"

群臣觉得有理,就立刻遵照执行。先把公子冯送到长葛,接着派使臣对宋殇公说:"当初公子冯逃亡到郑国，我们不忍心将他杀死。现在我们已安排他到长葛等候您的处罚,希望您去那里解决你们之间的纠纷吧。"宋殇公果然下令宋军移兵包围长葛。

蔡、陈、鲁三军看见宋军离去,军心也开始动摇。这时郑国派出五百士卒,出东门跟卫军交战。蔡、陈、鲁三军乐得袖手旁观,纷纷作壁上观。按照预定计划,郑军只打了几个回合便佯装败退逃入东门,追来的卫军见城门紧闭,无法开战,便下令把东门外已成熟的庄稼割下掠走,算作战利品。

见此情景,鲁、陈、蔡三国将士都来祝贺卫军取得胜利。由于郑国示弱不战,各国联军纷纷班师回国。卫君州吁觉得"立威"的目的已经实现,就顺水推舟,命令卫军高唱凯歌回国了。

卫、鲁、陈、蔡、宋五国伐郑，史称“东门之役”，这场战争被郑庄公巧妙地化解了。郑庄公可谓精于谋略，深谙用兵智慧。

《孙子兵法·谋攻篇》中讲的，用兵打仗，上策是在开战之前就挫败敌人的谋划，其次是从外交上使敌国陷入孤立无援的境地，再次是摆阵布战打败敌国，下策才是攻打敌人的城池。这些高妙的理论，是否也是孙子对郑庄公巧妙化解“东门之役”的军事实践的理论升华呢？

一一二 远交近攻

【经典】

xíng jìn shì gé lì cóng jìn qǔ hài yǐ yuǎn gé

1.形禁势格，利从近取，害以远隔。

sān shí liù jì yuǎn jiāo jìn gōng

——《三十六计·远交近攻》

wáng bù rú yuǎn jiāo ér jìn gōng dé cùn zé wáng zhī cùn dé chǐ yì wáng zhī chǐ yě

2.王不如远交而近攻。得寸，则王之寸；得尺，亦王之尺也。

zhàn guó cè qín cè sān

——《战国策·秦策三》

【解读】

1.受到地势的限制和阻碍，先攻取近处的敌人有利，越过近敌先去攻取远隔之敌是有害的。

2.大王您不如和远处的国家结盟，而进攻近处的国家。这样，得到一寸土地是大王您的，得到一尺也是大王您的。

【人生智慧】

宋国公子冯争夺君位失败后逃到郑国，郑庄公收留了他，引起宋殇公不满，郑、宋两国也因此结怨。公元前719年，卫国州吁杀死同父异母兄弟自立为君，为赢得诸侯认可并稳定国内民心，他建议宋殇公一起攻打郑国，并除掉公子冯，此举可谓正合宋殇公心意。当时，卫国与陈、蔡两国交好，卫、宋、陈、蔡等国于是联合进攻郑国，就是上文所说的“东门之役”。东门一战，虽然郑庄公神机妙算，巧妙解围，但郑国依然存在可能被宋、卫两国夹击的危险。

郑国与卫国也有矛盾，当初郑庄公的弟弟段在其母纵容支持下密谋夺位，郑庄公发觉并挫败了这一阴谋，杀死弟弟段，幽禁了母亲，段的儿子公孙滑却逃到了卫国。卫桓公不但收留了公孙滑，还帮他夺取了郑国的廪延。此后郑卫两国矛盾日趋恶化，宋、卫两国成为郑庄公的心腹大患。

公元前717年，宋国侵犯邾国，邾国向郑国求救，郑庄公趁机派兵伐宋。宋国急忙向鲁国求救，但因为派出的使者愚蠢，不但没有请到救兵，反而惹怒了鲁隐公。郑庄公得知此事后，连忙派使者去鲁国交好，承诺归还之前从鲁国侵夺的土地，适时拉拢贿赂，化干戈为玉帛。宋国转而向齐国求助，齐国出面调停，郑庄公只得给齐国面子。郑庄公与鲁国、齐国周旋

的目的，都是为了切断宋国外交，这是郑庄公实施远交近攻策略的第一步。

公元前714年，郑庄公见时机成熟，便联合齐、鲁两国一起讨伐宋国。宋国联合卫国进行抵抗。但宋卫联军根本无力与郑、鲁、齐三军抗衡，连吃败仗，终于意识到不能跟郑、鲁、齐三军正面较量，便乘郑国国内空虚之际进攻郑国，接着攻打戴国。郑庄公把攻占的郜邑和防邑送给齐国和鲁国，自己率兵返回，途经戴国时，歼灭了戴、宋、卫三国军队，顺道灭了郕、许，又再次攻伐宋国，大败宋军，宋、卫被迫向郑国求和。郑国屡战屡胜，威势大增，郑庄公从此确立了霸主地位。

郑庄公"远交近攻"的战略和用兵智慧，定然给了后世的孙子不少启发。

一一三　金蝉脱壳

【经典】

cún qí xíng wán qí shì yǒu bù yí dí bù dòng

存其形，完其势；友不疑，敌不动。

sān shí liù jì jīn chán tuō qiào

——《三十六计·金蝉脱壳》

【解读】

保存阵地已有的战斗形貌，进一步完备继续战斗的各种态势，使得友军不会加以怀疑，敌军也不敢贸然行动。

【人生智慧】

蝉蜕变时，身体脱壳而出，只留下蝉蜕挂在枝头。此计用于军事，是指通过伪装摆脱敌人，从而成功撤退或转移。

三国时期，诸葛亮六出祁山，北伐中原，但一直未能成功，在第六次北伐时，终因积劳成疾，在五丈原病死军中。为了避免蜀军在退回汉中的路上遭受损失，诸葛亮临终之时向姜维密授退兵之计。

姜维遵照诸葛亮的吩咐，在诸葛亮死后，秘不发丧，对外严密封锁消息。他带着灵柩，率部秘密撤退。司马懿派兵跟踪追击蜀军。姜维命工匠仿照诸葛亮的模样，雕刻了一个木头人，羽扇纶巾，稳坐车中。并派杨仪率领一部人马大张旗鼓地向魏军发动进攻。

魏军远望蜀军，军容整齐，旗鼓大张，诸葛亮稳坐车中，指挥若定，自然不敢轻举妄动。司马懿深知诸葛亮“诡计多端”，便怀疑此次退兵是诱敌之计，于是命令士卒撤退，严密观察蜀军动向。

姜维则趁司马懿退兵的时机，指挥主力部队迅速转移，撤回汉中。等司马懿得知诸葛亮已死，再进兵追击时，显然已经为时太晚了。

除了三国时的诸葛亮，宋朝的毕再遇也用过“金蝉脱壳”的妙计。

宋朝开禧年间，金兵屡次进犯中原。宋军将领毕再遇率部与金军对阵，连打几次胜仗。金兵又调集数万精锐骑兵与宋军决战。此时宋军只有几千人马，决战的话，胜算不大。

为保存实力，毕再遇暂时撤退。金军已经兵临城下，如果知道宋军撤退，必定会进行追杀，宋军的损失将十分惨重。毕再遇暗中做好撤退部署。半夜时分，下令士兵擂响战鼓，金军听见鼓声大作，以为宋军趁夜劫营，急忙集合部队迎战。哪知只听战鼓隆隆作响，却不见宋兵出城。宋军一夜鼓声搅得金兵不得休息。金军将领以为宋军采用疲兵之计，故意捣乱，便不予理会，也放松了警惕。宋军的鼓声连续响了两天两夜，金兵无动于衷。到了第三天，金兵发觉鼓声逐渐微弱，断定宋军已经疲惫，就分兵几路包抄，靠近宋营时，宋军却毫无反应。等金兵蜂拥而上，冲进宋营时，才发现宋军已经人去营空了。

原来，毕再遇命令士卒将几十只羊的后腿捆绑在树上，又在羊四周放了几十面鼓，这样一来，倒悬的羊就用前腿拼命蹬踢，于是鼓声隆隆不断。在鼓声掩护中，毕再遇的军队用两天时间安全转移了。

这就是“金蝉脱壳”在军事实战中的妙用。

一一四 避实击虚

【经典】

fú bīng xíng xiàng shuǐ shuǐ zhī xíng bì gāo ér qū xià
夫兵形象（像）水。水之形，避高而趋下；
bīng zhī xíng bì shí ér jī xū shuǐ yīn dì ér zhì liú bīng yīn dí
兵之形，避实而击虚。水因地而制流，兵因敌
ér zhì shèng gù bīng wú cháng shì shuǐ wú cháng xíng néng yīn dí biàn
而制胜。故兵无常势，水无常形。能因敌变
huà ér qǔ shèng zhě wèi zhī shén
化而取胜者，谓之神。

sūn zǐ bīng fǎ xū shí piān
——《孙子兵法·虚实篇》

【解读】

用兵作战就像流水一样。水的特性是避开高处流向低处，用兵取胜的关键是避开实力强大的敌人而攻其薄弱环节；水根据地势来决定流向，军队根据敌情来采取制胜的方略。所以

用兵作战没有一成不变的态势，正如流水没有固定的形状和流向。能够根据敌情变化而取胜的，可以称之为神。

【人生智慧】

战国中期，各诸侯国为扩展疆域，大肆吞并；为争夺霸权，经常发动大规模的战争。公元前354年，赵国进攻卫国，企图吞并卫国，以跟魏国抗衡。卫本是魏的属国，魏国借口保护卫国，出动大军包围赵国都城邯郸，邯郸危急。

赵王急忙派使臣向齐国求救。齐威王正图谋称霸中原，他认为可以趁机扩大齐国势力，便答应救赵。但是，从自身利益出发，齐威王既不愿魏国强大，也希望赵国削弱，于是就谋划坐收渔翁之利。他表面答应赵国出兵，目的是让赵国安心坚持抵抗，等赵、魏二军交战消耗到两败俱伤时，齐国再出兵。赵军在跟魏国交战中，五战五败，都城邯郸危在旦夕。

齐威王认为时机已经成熟，就任命田忌为主将、孙膑为军师，率领齐军伐魏救赵。田忌打算率军直奔赵国解邯郸之围，孙膑建议田忌进攻魏国都城大梁：一来因为魏军主力在外，国内空虚，乘机进军，势必获胜；二来进攻大梁，会迫使魏军回军自救。这样，自然就解了邯郸之围，又迫使魏军分兵两路，可以趁机各个击破。

田忌采纳了孙膑的建议，率齐军主力奔袭魏国都城大梁。魏军主帅庞涓得知大梁危急，果然分兵回军营救。齐军在魏军

的必经之地桂陵严阵以待。桂陵地势险要，齐军严阵部署在此，以逸待劳。魏军刚刚从上一个战场撤离，又经长途征程，早已精疲力竭，被齐军打得惨败。

这就是中国历史上有名的战役——桂陵之战。

桂陵之战，孙膑灵活运用并成功实施了《孙子兵法》中的“避实击虚”“攻其必救”的战略。

一一五　知彼知己

【经典】

zhī bǐ zhī jǐ　bǎi zhàn bù dài　bù zhī bǐ ér zhī jǐ　yī

知彼知己，百战不殆；不知彼而知己，一

shèng yī fù　bù zhī bǐ　bù zhī jǐ　měi zhàn bì bài

胜一负；不知彼、不知己，每战必败。

sūn zǐ bīng fǎ　móu gōng piān

——《孙子兵法·谋攻篇》

【解读】

如果了解敌方也了解自己，每次战斗都不会有危险；如果不了解对方但了解自己，胜负的概率各半；如果既不了解对方又不了解自己，那么每战必败。

【人生智慧】

公元前684年，齐军大举进击鲁国。齐鲁两国矛盾的根源是，齐襄公死后，鲁国曾支持公子纠回国即位，公子小白(即齐桓公)争得王位后，因此事而对鲁庄公耿耿于怀，他先在乾时(今山东桓台县南)大败鲁军，逼鲁国杀死公子纠，又派大军进攻鲁国，鲁国被迫应战。

这时，有个叫曹刿的人，想通过为鲁庄公守门的一个同乡求见鲁庄公。同乡婉言拒绝说："这是肉食者(官员)的事儿，你我作为普通百姓，何必掺和呢？"曹刿说："肉食者浅陋，不一定能深谋远虑。"

曹刿终于说服了同乡去通报鲁庄公。鲁庄公召见了曹刿。曹刿一见面就开门见山地问庄公："齐军大敌压境，您靠什么跟齐军作战呢？"

鲁庄公说："我即位以来，吃的、穿的、住的、用的，从不独享，总是分一些给别人；祭祀用的牛、羊、玉帛，从来都严格按照礼数的规定，一直也很虔诚。"鲁庄公言外之意是，他平时爱护臣民，虔诚祭祀，危难关头臣民也会挺身为他效命，神灵也会保佑鲁国打胜仗。

曹刿说："单凭这两点还不足以应战。"

鲁庄公又说："国内大小案件，我虽不能全都亲自调查，但我从不草率处理。"

曹刿说："有这一条，就好办了。"

意思是说，一个国家要打赢一场战争，仅靠君主身边经常受到恩惠的人是不够的，靠神灵保佑也是行不通的，只有勤政爱民、公平正义，才是克敌制胜的法宝。

齐鲁两军在长勺开战。曹刿和鲁庄公同乘一辆战车。齐军率先击鼓向鲁军发起进攻，鲁庄公想立即下令反击，曹刿制止他说："还不到时候。"鲁军严阵防守，齐军第一轮冲锋没能获胜，又一次击鼓冲锋。鲁庄公打算下令出击，曹刿再次阻止道："还没到时候。"鲁军严阵以待，只守不攻。

鲁庄公不明白曹刿为何这样做，曹刿说："用兵打仗，主要靠士气。反复进攻，定会消耗士卒的体力；反复进攻而不能获胜，必定挫伤士卒的锐气。等敌军精疲力竭、士气低落时再反攻，就能一举获胜。"

古代用兵打仗，用金鼓指挥战斗，击鼓是进军令，鸣金是收兵令。等齐军第三次击鼓进攻，曹刿对庄公说："时机到了，您下令击鼓反击吧！"鲁庄公一声令下，鲁国军中鼓声大作，鲁

国士兵铆足了劲儿冲向齐军。早已疲惫不堪的齐军抵挡不住鲁军的猛烈进攻，败北而逃。

鲁庄公刚要下令追击，曹刿说："且慢！"他先跳下战车仔细勘察齐军撤退的车辙印，又站在车前横木上瞭望齐军逃亡的情形，然后对庄公说："可以追击。"

原来曹刿担心齐军佯装撤退，看到车辙痕迹不整，队伍混乱，明白敌军败逃属实，才决定乘胜追击。

长勺之战，曹刿"知己知彼"，立下了辉煌的战功。

一一六　攻心为上

【经典】

gù sān jūn kě duó qì　jiāng jūn kě duó xīn
故三军可夺气，将军可夺心。

sūn zǐ bīng fǎ　jūn zhēngpiān
——《孙子兵法·军争篇》

【解读】

对于敌军，要瓦解其士气，动摇其将帅的信心。

【人生智慧】

晋文公城濮之战大败楚军后，召集诸侯会盟。郑国跟晋国订立了盟约，但暗中又跟楚国结盟，晋文公决定再次会合诸侯讨伐郑国。大臣们说："晋国已经几次会合诸侯了，我们自己的兵力足以对付郑国，不必麻烦别国了。"晋文公说："秦国曾与我们约定,如果遇到战事共同出兵,我得告知秦国。”

当时秦穆公意欲向东扩张,接到晋文公的消息,秦穆公亲自带兵协助晋国攻打郑国。秦晋联军兵临郑国都城,郑国都城被包围得水泄不通。郑文公十分着急,大夫佚之狐对文公说:“郑国处境危险,如果派烛之武去见秦君,秦国一定会退兵。”

郑文公听从了佚之狐的建议,前去请烛之武游说秦君。烛之武推辞道:“我壮年时尚且不如别人,何况现在已经老了,我做不了什么事了。”郑文公明白烛之武是抱怨自己平时没重用他,就诚恳地说:“我没及早重用您,在危急时刻才来向您求助,这是我的错。假如郑国灭亡了,对您也没有好处啊!”

烛之武答应了郑文公的请求。当天夜里,郑军守城士卒用绳子把烛之武从城墙上坠下去,烛之武借着夜色溜进秦营拜见秦穆公。烛之武开门见山地说:“秦、晋两国围攻郑国,郑国就要灭亡了。如果郑国灭亡对穆公您有好处,那就值得劳烦您的大军。可是秦国在晋国以西,郑国与秦国相距千里,秦国能越过别的国家到远方设置边邑吗?如果不能,那么郑国的土地将被晋国占领,邻国强大了,相形之下秦国就会显得弱小。难道您如此兴师动众,就是为了消灭郑国来扩充邻国疆域吗?”秦穆公沉默了。烛之武继续说:“如果秦军不消灭郑国,留下郑国做您的东道主,贵国使臣往来路过时,供给他们食宿给养,这对您也没什么坏处。”烛之武发觉秦穆公已经心动,更加恳切地说:“再说,您也曾有恩于晋君,他也曾承诺给您焦、瑕两地作为回报。可他早晨刚刚渡河回国,晚上就在那里筑城防御，这些您都是清楚的。晋国哪有满足的时候？它既想向东侵吞郑国，又要向西扩展疆域。如果不侵夺秦国，从哪里获得土地呢？损害秦国增益晋国的事儿，您还是慎重吧。”

秦穆公听了烛之武一席话，觉得很有道理，就单方面跟郑国订立了盟约，然后派杞子、逢孙、杨孙三人率两千士卒戍守郑国北门，自己率领秦国大军回国了。

秦军不辞而别，晋方十分生气，大夫子犯建议袭击秦军，晋文公说：“不行！当初要不是秦君帮我回国即位，我就没有今天。仰仗过别人的帮助再去损害人家，是不道义的。假如因此失去盟国，是不明智的。我们还是回去吧。”晋国也以撤军为条件，跟郑国订立盟约，然后撤离了郑国。

烛之武不愧是善于“攻心”的高手。

一一七 避锐击惰

【经典】

shì gù zhāo qì ruì zhòu qì duò mù qì guī gù shàn yòng bīng

是故朝气锐，昼气惰，暮气归。故善用兵

zhě bì qí ruì qì jī qí duò guī

者，避其锐气，击其惰归。

sūn zǐ bīng fǎ jūn zhēng piān

——《孙子兵法·军争篇》

【解读】

战场上，军队的士气变化犹如早晚的天气，刚投入战斗时士气饱满，如同朝气；过一段时间士气就像白天的昼气，逐渐懈怠；到最后士气就像傍晚的暮气，衰竭殆尽。所以，善战的将帅，总是避开敌人的锐气，等到敌军士气懈怠衰竭时再发起进攻。

【人生智慧】

公元前624年,秦将孟明视请求秦穆公举兵伐晋,以报崤山之仇。

崤山一战,秦军企图偷袭郑国,郑国商人弦高灵机应变,智退秦军。秦军自郑返国途经崤山时,遭到晋军伏击,全军覆没,秦军将领孟明视、西乞术、白乙丙被俘虏。晋宗室的文嬴是秦穆公的女儿,见秦国三员大将被俘,便向晋襄公求情道:"这三人的确损害了秦晋两国的关系,秦穆公如果得到他们仨,恨不能吃了他们的肉。您不如把他们放回去,接受秦国处罚,也满足穆公的心愿。何必劳烦您亲自动手呢?"晋襄公觉得文嬴说得有理,就答应了,下令释放孟明视、西乞术和白乙丙。

晋将先轸朝见襄公,问起秦国的囚犯,襄公说:"夫人特地为此事来请求过我,我已经把他们释放了。"先轸一听,气愤地说:"士卒们费那么大劲才把他们抓获,妇人几句谎言,您就把他们放了,毁了晋军的战果,助长敌人的气焰,离亡国不远了!"晋襄公也感到后悔,急忙派阳处父去追孟明视等人。

阳处父追到河边,孟明视、西乞术和白乙丙已经登上船离开河岸了。阳处父解下驾车的马,对孟明视等人说:"将军且慢,我们大王特地派我来给你们送马,请三位上岸把马带走。"

孟明视意识到晋襄公这是后悔了,就站在船上对阳处父叩谢道:"贵国君主宽宏大量,没有杀了我们衅鼓,让我们回秦国受死。如果秦君杀了我们，我们死也不会忘记晋国的恩德；如果秦军遵从晋君的好意赦免了我们，三年后，我们将前来拜谢！”言外之意是，三年之后，要来报仇雪耻。

孟明视、西乞术、白乙丙回国后，秦穆公不仅未加责罚，还一再检讨自己未能听取蹇叔和百里奚的劝告，导致惨败，还连带三位将军受辱。此后的三年时间，孟明视苦练士卒，积累作战经验，为的是兑现诺言，报三年前崤山惨败之仇。

出征前，孟明视优抚将士，安抚家属，大军踏上征程，秦穆公亲自督战，指挥将士冲向晋国。大军刚渡过黄河，孟明视就下令烧毁所有渡船。秦穆公不解其意。孟明视说：“兵以气胜。焚舟的目的，是自绝归路，以此告示三军，这次出征有进无退，非胜即死，宁死勿归，以激励将士们的士气和斗志。”

孟明视亲自率领先头部队长驱直入，一举攻克王官城，直逼晋国都城绛州。晋襄公召集群臣商量对策。大将赵衰说：“崤山战后，秦军已连续三次被晋军打败，秦国上下已经愤怒到了极点，这次倾尽全国兵力而来，必定会殊死决战。我们不如暂且避其锐气，让秦军稍微占些便宜，免得两国兵祸连连，两败俱伤。”晋襄公觉得赵衰的意见很有道理，于是令晋军只坚守四境，不与秦军正面交战。秦穆公发觉晋军只守不攻，以为晋国已经胆怯屈服了。秦穆公在崤山战场故地，隆重祭奠了阵亡将士，为秦国挽回面子之后，便命令将士高唱凯歌班师回国。

这样一来，秦晋两军没有交战，秦国达到了报仇雪耻的目的，挽回了面子，晋国也最大限度地降低了损失。

孙子大约把这些著名战例的成功经验，都总结到了自己的战略和战术中，正如其在《孙子兵法·作战篇》中所说："不尽知用兵之害者，则不能尽知用兵之利"；"故善用兵者，避其锐气，击其惰归"。

一一八 动如雷震

【经典】

gù bīng yǐ zhà lì yǐ lì dòng yǐ fēn hé wéi biàn zhě yě
故兵以诈立，以利动，以分和为变者也。gù qí jí rú fēng qí xú rú lín qīn lüè rú huǒ bù dòng rú
故其疾如风，其徐如林，侵掠如火，不动如shān nán zhī rú yīn dòng rú léi zhèn lüè xiāng fēn zhòng kuò dì fēn
山，难知如阴，动如雷震。掠乡分众，廓地分lì xuán quán ér dòng
利，悬权而动。

sūn zǐ bīng fǎ jūn zhēng piān
——《孙子兵法·军争篇》

【解读】

所以，用兵凭借诡诈奇兵而获胜，根据获利的多少来决定是否行动，根据双方情势分散或集中兵力。军队的行动，迅速时要如狂风飞旋，从容时要如森林徐徐展开，攻城略地时要如烈火般迅猛，驻守防御时要如大山般岿然不动，军情隐蔽时要如乌云蔽日难以把握，大军出动时要如雷霆万钧不可躲避。夺取的敌方财物、掳掠的百姓，应分给大家。开拓疆土，将土地分给功臣。这些都应该根据实际情况权衡利弊后再采取行动。

【人生智慧】

春秋战国时期，吴越两国之间争战不断。公元前 496 年，越王勾践初即位，政权尚未稳定，吴王阖闾乘机率精兵三万攻打越国。勾践以弱克强，出奇制胜。吴军惨败，吴王阖闾受伤，死于退兵途中。

阖闾之子夫差即位后，发誓要报仇雪耻。两年后，夫差倾尽吴国兵力攻伐越国。吴、越两军在夫椒(今太湖椒山)会战，吴军一举打败越军。越王勾践带领五千残兵败将逃到会稽山上，紧接着又被夫差派出的重兵包围。勾践仰天长叹道："我就这样完了吗？"大夫文仲足智多谋，劝谏勾践道："商汤曾被困在夏台，周文王曾被囚在羑里，后来均成就王业；齐公子小白(齐桓公)曾避乱他乡，晋公子重耳(晋文公)曾逃往异国，后来均成就霸业。眼下可行韬晦之计，暂且卑辞厚礼向吴王求和，日后再图谋翻身。"勾践听从了文仲的建议，向吴国求和。

吴王夫差身边有一位宠臣，十分贪婪，越王勾践先派文仲携带美女宝物贿赂他，求他劝说吴王接受求和。吴王夫差果然被说动。勾践于是带着家眷到吴国做人质。在吴国期间，勾践过着屈辱的生活，像奴隶一样为死去的吴王阖闾守墓，为时任吴王夫差当马夫。为博得夫差的信任，勾践对他毕恭毕敬。每次夫差出门，勾践都为他备好车马，小心伺候。夫差生病，勾践为他端屎倒尿，据说还亲口尝夫差的粪便，以辨别其病情的阴阳寒热。勾践的行为，一方面让夫差觉得感动，认为他忠诚可信；另一方面，也让夫差误以为他失去了大志，已经不再构成威胁。于是三年之后，夫差便将勾践释放回国。

勾践一回到越国，立即采取措施，富民强国。他一方面发展生产，一方面招贤纳士，整饬内政外交，强化军事力量。为了麻痹吴王夫差，放松吴国对越国的戒备，勾践每年都按时向吴国进贡，还挑选绝色佳人送给吴王夫差，引诱他耽于犬马声色的享乐。与此同时，勾践时刻不忘自我鞭策，卧薪尝胆，励精图治，激励自己奋发图强。经过多年的苦心准备和卓越奋斗，越国重新强大起来。

公元前473年，时机终于成熟，勾践亲自率领精兵数万攻伐吴国，一举攻克吴国都城。吴王夫差被困在阳山（今江苏苏州一带），他也仿照勾践当年，委屈求和。所不同的是，勾践头脑十分清醒，断然拒绝了夫差的请求。吴王夫差无奈之下，掩面自杀。勾践终于报仇雪耻。

越王勾践韬光养晦，多年时间里，他“难知如阴”，把自己隐藏得很深，暗中积蓄力量，等到足够强大时，又“动如雷震”，一举攻克劲敌吴国。勾践可谓深谙用兵之术。

一一九 攻其不戒

【经典】

bīng zhī qíng zhǔ sù chéng rén zhī bù jí yóu bù yú zhī dào
兵之情主速，乘人之不及，由不虞之道，

gōng qí suǒ bù jiè yě
攻其所不戒也。

sūn zǐ bīng fǎ jiǔ dì piān
——《孙子兵法·九地篇》

【解读】

用兵之道贵在神速，要趁敌人措手不及之时，走敌人意料不到的道路，攻击敌人没有戒备的地方。

【人生智慧】

公元前 627 年，秦军偷袭郑国的阴谋被商人弦高识破并巧妙化解。秦军不甘心无功而返，就在撤军途中顺手灭掉了滑国。

秦军的举动，晋国看得清清楚楚。三年前，晋秦两国曾相约联合攻打郑国，结果秦军听从烛之武的劝告，中途撤兵，导致伐郑计划落空，引起晋国的强烈不满。秦军这次偷袭郑国，恰逢晋文公去世不久，晋襄公刚刚即位。晋国上下都对秦国的做法很是不满，况且秦国还是晋国称霸的障碍。于是，晋襄公接受先轸的建议，在秦军返国的必经之地——崤山，埋伏下将士准备伺机攻打秦军。

崤山位于秦晋两国之间，高山绝谷，峻坂迂回，形势险峻。先轸估算好秦军达到崤山的时间，先派他的儿子先且居率五千精兵埋伏在崤山左侧，派胥婴率五千精兵埋伏在崤山右侧，派狐射姑率五千精兵埋伏在西崤山，命令士卒预先将树木砍倒，以阻断秦军退路，又派梁弘和莱驹率五千精兵埋伏在东崤山，先轸自己带领一些老将跟晋襄公一起率大军在离崤山二十里的地方安营扎寨。各路军队部署完备，只等秦军钻入"口袋"。

秦军果然在先轸估算的时间到达崤山。早在秦军预谋偷袭郑国时，老臣蹇叔和百里奚都曾试图劝阻过，制止失败后，百里奚告诫儿子白乙丙说："这次偷袭，郑国倒不构成多大的威胁，需要警惕的是晋国。崤山地势险要，你们要多加小心。"蹇叔劝阻秦穆公失败后，送别秦军出师的队伍时，也曾预言秦军会在崤山遭到伏击，他哭着跟两个儿子说："我将在那里为你们收尸。"

秦军返国路上途经崤山时,白乙丙想起父亲的警告,提醒主帅孟明视严加戒备。孟明视听从白乙丙的建议,把秦军分为四队,每队间隔一、二里,逶迤前进。秦军先锋与晋军莱驹投石问路的小股士卒相遇,晋军假装败退。孟明视接到情报,认为险情已经结束,便命令四队秦军合并前进,落入晋军埋伏。晋军各路伏兵协同作战,采取卡头、断尾、斩腰战术,将秦军截为几段,分别围困在险峻的峡谷中。秦军战车三百,进退无路,形同笼中困兽,被晋军击溃。秦军三位将帅——孟明视、西乞术、白乙丙被晋军活捉。

《孙子兵法》中说"真正懂得用兵的将帅,打起仗来绝不会被迷惑,采取的应敌措施必须变化无穷",还说"了解天时,懂得地利,才能有十分的胜算",真是切中要害。

一二〇 合于利动

【经典】

fú zhàn shèng gōng qǔ ér bù xiū qí gōng zhě xiōng mìng yuē fèi
夫战胜攻取而不修其功者，凶，命曰“费
liú gù yuē míng zhǔ lǜ zhī liáng jiàng xiū zhī fēi lì bù dòng
留”。故曰：明主虑之，良将修之。非利不动，
fēi dé bù yòng fēi wēi bù zhàn zhǔ bù kě yǐ nù ér xīng shī jiàng
非得不用，非危不战。主不可以怒而兴师，将
bù kě yǐ yùn ér zhì zhàn hé yú lì ér dòng bù hé yú lì ér
不可以愠而致战。合于利而动，不合于利而
zhǐ nù kě yǐ fù xǐ yùn kě yǐ fù yuè wáng guó bù kě yǐ fù
止。怒可以复喜，愠可以复悦，亡国不可以复
cún sǐ zhě bù kě yǐ fù shēng gù míng jūn shèn zhī liáng jiàng jǐng
存，死者不可以复生。故明君慎之，良将警
zhī cǐ ān guó quán jūn zhī dào yě
之。此安国全军之道也。

sūn zǐ bīng fǎ huǒ gōng piān
——《孙子兵法·火攻篇》

【解读】

打了胜仗，攻取了土地城邑，而不能巩固战果的话，就很危险，这种情况叫“费留”。所以说，明智的国君要慎重地考虑这个问题，贤良的将帅要严肃地研究这个问题。没有好处不要行动，没有取胜的把握不能用兵，不到危急关头不要开战。国君不可因一时愤怒而发动战争，将帅不可因一时气愤而出阵挑战。符合国家利益才用兵，不符合国家利益就停手。愤怒还可以重新变为欢喜，气愤也可以重新转为高兴，但是国家灭亡了就不能复存，人死了也不能再生。所以，明智的国君应该慎重对待战争，贤良的将帅对此应该警惕，这是安定国家和保全军队的基本方法。

【人生智慧】

公元前632年，城濮之战后，晋文公正式登上霸主的地位。楚国虽然被晋军打败，但称霸的野心仍然不减，依然不断地向北扩展势力，谋求霸主地位。位于晋、楚之间的郑国，就成了两国的必争之地，频频遭受兵祸之害。郑国无力与晋楚抗衡，楚来就楚、晋来就晋，放弃原则和立场苟且偷生。楚王发现郑国叛楚就晋，感到非常生气，出兵讨伐郑国。

楚军包围郑国都城后，郑国急忙向晋国求救。可是苦等了三个月，晋军还没到来，郑国无法支撑，只好向楚国赔罪，请求结盟。

楚庄王觉得已经讨回尊严，就答应与郑国结盟，楚军正准备撤退，郑国收到消息：晋国的援军马上到达。郑襄公心里明白，晋国得知郑国与楚国结盟，肯定也会大怒，郑国势必又在劫难逃，慌忙之中召集大臣商量对策。大夫皇戌说："晋军知道我们与楚国结盟，肯定会攻打我们。不如趁此机会让晋楚两国决战，二虎相斗，必有一伤，我们就坐山观虎斗。到时候，如果楚国胜了，我们就归附楚国；晋国胜了，我们就归附晋国。"郑襄公觉得这个计策不错，就派人先后去游说晋军和楚军，暗中离间晋楚两国的关系。

晋军主帅荀林父得知楚军准备撤退后，就打算下令撤军。但是上将先谷生性争强好胜，认为遇到强敌就后退不是大丈夫所为，就私自带军渡过了黄河追击楚军。荀林父无奈也只好率部渡河。

楚庄王听说晋军追来，考虑到楚军已经持续作战三个月，士气衰退，决定不与晋军交战，便派使者去跟荀林父讲和。荀林父本来就不想交战，答应了楚国的请求，不料却遭到先谷坚决反对。先谷还辱骂楚国使者。更有甚者，荀林父用人不当，竟派跟先谷一样主战的魏奇到楚军阵营议和。魏奇非但没有履行议和的使命，反而出言不逊，冒犯并惹怒了楚庄王。

楚庄王于是收回班师成命，对晋军发动突然袭击。晋军毫无准备，仓促在邲地(今河南开封一带)迎战。晋军被打得落荒而逃。楚军一直追击晋军到黄河渡口。晋军死伤惨重。楚军大获全胜。

郑襄公夹在晋楚两国之间坐山观虎斗，可谓尽知用兵之利与害。

郑襄公坐山观虎斗

参考资料

[1]《汉语大词典》,汉语大词典出版社 1986 年版。

[2]《古代汉语词典(第 2 版)》,商务印书馆 2014 年版。

[3]《现汉语语词典(第 6 版)》,商务印书馆 2012 年版。

[4]杨伯峻《春秋左传注》,中华书局 2009 年版。

[5]司马迁《史记》,中华书局 2009 年版。

[6]杨天宇《礼记译注》,上海古籍出版社 2004 年版。

[7]王世舜、王翠叶《尚书》,中华书局 2012 年版。

[8]高亨《周易大传今注》,齐鲁书社 2013 年版。

[9]张忆《老子白话今译》,中国书店 1992 年版。

[10]王财贵《老子庄子选》,上海古籍出版社 2016 年版。

[11]杨伯峻《论语译注》,中华书局 2009 年版。

[12]王财贵《学庸论语》,上海古籍出版社 2016 年版。

[13]公孙道明《孙子兵法与三十六计》,广西民族出版社 1995 年版。

[14]郭化若《孙子译注》,上海古籍出版社 2006 年版。

[15]陈曦《孙子兵法》,中华书局 2015 年版。

[16]鲁国尧、马智强《孟子全译》,江苏古籍出版社 1998 年版。

[17]万丽华、蓝旭《孟子》,中华书局 2013 年版。

[18]杨伯峻《孟子译注》,中华书局 2010 年版。

[19]蒋南华等《荀子全译》,贵州人民出版社 1995 年版。

[20]缪文远等《战国策》,中华书局 2016 年版。

[21]程美秀《孙子"十胜"思想与现代企业制胜》,中国经济出版社 2000 年版。

[22]陶黎铭、张英主编《孙子智慧故事》,上海外语教育出版社 2010 年版。

[23]陈训章总编著《中华文化基础教材》,中华书局 2013 年版。

图书在版编目(CIP)数据

中华智慧精华／翟江月等编著. --济南：齐鲁书社，2017. 11
ISBN 978-7-5333-3794-0

Ⅰ. ①中… Ⅱ. ①翟… Ⅲ. ①中华文化 Ⅳ. ①K203

中国版本图书馆 CIP 数据核字(2017)第 145148 号

中华智慧精华

ZHONGHUA ZHIHUI JINGHUA

翟江月　沈志佳 等　编著

主管单位	山东出版传媒股份有限公司
出版发行	齊魯書社
社　　址	济南市英雄山路 189 号
邮　　编	250002
网　　址	www. qlss. com. cn
电子邮箱	qilupress@ 126. com
营销中心	(0531)82098521　82098519
印　　刷	山东德州新华印务有限责任公司
开　　本	710mm × 1000mm　1/16
印　　张	30. 25
插　　页	3
字　　数	288 千
版　　次	2017 年 11 月第 1 版
印　　次	2017 年 11 月第 1 次印刷
印　　数	1—2000
标准书号	ISBN 978 - 7 - 5333 - 3794 - 0
定　　价	**58. 00 元**
